ABUELA
AYAHUASCA

"*Abuela Ayahuasca* es una contribución importante y singular al campo de la literatura sobre la ayahuasca. Su acercamiento a los misterios de esta poderosa planta medicinal es amplia y poética, por demás. Desde la mitología y la filosofía hasta los estudios científicos recientes, este libro explora diferentes perspectivas y facetas de la experiencia con la ayahuasca y su potencial sanador. Funder es sensible a la manera en que el mundo indígena maneja esta planta, y respetuoso respecto de los otros mundos a los que abre la puerta".

RACHEL HARRIS, PH. D. AUTORA DE *LISTENING TO AYAHUASCA: NEW HOPE FOR DEPRESSION, ADDICTION, PTSD, AND ANXIETY*

"*Abuela Ayahuasca* es un excelente estudio acerca del potencial farmacológico, cultural y transformacional de esta notable pócima de la Amazonia. Funder ofrece una panorámica muy accesible sobre el tema, basada en las revelaciones personales obtenidas a partir de su interacción directa con este medicamento mágico. Altamente recomendable para estudiosos de este importante fenómeno cultural, y para quienes pretenden explorar por sí mismos la infusión selvática".

JULIAN VAYNE, AUTOR DE *GETTING HIGHER: THE MANUAL OF PSYCHEDELIC CEREMONY*

"Experimentar con la ayahuasca se ha convertido en una actividad cada vez más popular en los años recientes. Existe una amplia variedad de oportunidades para participar en esta importante práctica. Este estupendo libro de Christian Funder representa un valioso recurso para el explorador interesado. Funder cubre de forma impresionante todos los aspectos de la ayahuasca, desde los hallazgos de vanguardia en materia de neurociencia, hasta los usos indígenas y espirituales de este importante medicamento. Recomiendo ampliamente este texto a la gente de todos los campos y niveles de interés".

BEN SESSA, MBBS (M.D.), MRCPSYCH, CONSEJERO EN PSIQUIATRÍA, TERAPISTA PSICODÉLICO Y MÉDICO OFICIAL EN JEFE PARA AWAKN LIFE SCIENCES.

"Desde descubrimientos actuales de la neurociencia hasta la sabiduría popular amazónica, además de las perspectivas filosóficas de oriente y occidente, relatos en primera persona y citas clásicas de la psicodelia, *Abuela Ayahuasca* integra hallazgos personales, profundidad académica y neurociencia en un completo compilado de ideas en un estilo legible que informa y entretiene a los lectores".

THOMAS B. ROBERTS, PH. D., EDITOR DE
PSYCHEDELICS AND SPIRITUALITY

"Un maravilloso libro. Christian Funder presenta una exploración amplia y profunda de esta planta maestra. Incluso si usted cree que lo sabe todo sobre el tema, en este libro descubrirá que hay más que aprender. Gracias, Christian, por esta gran contribución al mundo de la ayahuasca".

JAN KOUNEN, AUTOR DE *VISIONARY AYAHUASCA*

ABUELA
AYAHUASCA

Medicina vegetal y el cerebro psicodélico

CHRISTIAN FUNDER

TRADUCCIÓN POR
OSCAR MADRIGAL MUÑIZ

Inner Traditions en Español
Rochester, Vermont

Inner Traditions en Español
One Park Street
Rochester, Vermont 05767
www.InnerTraditions.com

Inner Traditions en Español es un sello de Inner Traditions International

ISBN 979-8-88850-199-3 (impreso)
ISBN 979-8-88850-200-6 (libro electrónico)

Impreso y encuadernado en China por Reliance Printing Co., Ltd.

10 9 8 7 6 5 4 3 2 1

Diseño del texto de Virginia Scott Bowman y maquetación por Alfonso Reyes Gómez. Este libro se ha transcrito en Garamond Premier Pro y Gill Sans with Gentle Sans como fuente de visualización.

Para enviar correspondencia al autor de este libro, envíele una carta a la atención de Inner Traditions • Bear & Company, One Park Street, Rochester, VT 05767, y le remitiremos la comunicación, o póngase en contacto con él directamente a través de **www.grandmotherayahuasca.com.**

Escanea el código QR y ahorra un 25 % en Inner Traditions.com
Explora más de 2.000 títulos en español e inglés sobre espiritualidad, ocultismo, misterios antiguos, nuevas ciencias, salud holísticay medicina natural.

El hombre que regresa por la puerta en la pared, ya no será el mismo que salió por ella. Será más sabio, pero menos seguro; más humilde al reconocer su ignorancia y, al mismo tiempo, mejor equipado para comprender la relación entre las palabras y las cosas, entre el razonamiento sistemático y el insondable misterio que trata, aunque siempre en vano, de comprender.

ALDOUS HUXLEY
LAS PUERTAS DE LA PERCEPCIÓN

Descargo de responsabilidad

Este libro no pretende alentar el uso descuidado o desinformado de la ayahuasca u otros alucinógenos. La utilización irresponsable de la ayahuasca puede dar lugar a graves consecuencias. La ayahuasca y otras plantas medicinales psicoactivas deben emplearse con la máxima precaución y respeto, y la experimentación por cuenta propia es profundamente insensata. Tanto el autor como el editor rechazan cualquier responsabilidad respecto de cualesquiera efectos nocivos provocados por el uso de toda clase de plantas o sustancias alucinógenas mencionadas en este libro. Todo chamán experimentado advertirá siempre que el entorno, el contexto y el conocimiento son elementos de vital importancia cuando se trata con estas poderosas plantas.

Este libro fue escrito con la finalidad de proveer al lector de conocimientos acerca de esta antigua planta medicinal, con la esperanza de satisfacer o estimular la curiosidad sobre los psicotrópicos. Además, tiene por propósito servir como un útil cuaderno de notas acerca de una alternativa a base de plantas para lograr la salud y la exploración espiritual.

Índice

Agradecimientos — ix

1 La liana del alma — 1

2 El cerebro psicodélico — 25

3 Medicina de la selva — 56

4 Aventuras hacia lo desconocido — 88

5 Dominio sin sentido — 112

6 Ayahuasca y chamanismo — 122

7 La ayahuasca en mis venas — 140

8 Reintegración — 167

9 Hijos de Gaia — 174

Apéndice Otras plantas psicotrópicas — 196

☉☉☉

Glosario — 223

Notas — 229

Bibliografía — 241

Agradecimientos

Este libro solo ha sido posible porque camino siguiendo las huellas de unos gigantes. Entre ellos están Richard Evan Schultes, Mircea Eliade, Aldous Huxley, Friedrich Schelling, Luis Eduardo Luna, Alfred North Whitehead, Jeremy Narby, Carl Gustav Jung, Robin Carhart-Harris y su mentor, David Nutt, Michael Harner y, por último, pero no menos importante, Terence McKenna. A lo largo del viaje de la exploración psicotrópica, Terence ha sido una increíble fuente de inspiración para mí y, al mismo tiempo, una especie de tío sabio y divertido.

Asimismo, le debo gratitud a todas las personas que han dado sus parabienes a esta obra al compartir sus aventuras con la ayahuasca. En este sentido, querría expresar también mi agradecimiento a Jeremy Narby, por darme autorización de presentar su experiencia con la ayahuasca y algunas partes de su investigación sobre los pueblos indígenas chamánicos de la Alta Amazonia.

Vaya un cálido y amoroso reconocimiento al ayahuasquero y artista plástico Lobsang Meléndez Ahuanari, por permitir el uso de su pintura en la hermosa portada de este libro. También estoy agradecido con todos los científicos que han realizado las revolucionarias investigaciones en que se inspiró esta obra. Prácticamente todos los artículos científicos contaban con acceso irrestricto, lo cual me permitió presentar sus extraordinarios hallazgos en este libro.

Por otro lado, mi gratitud a los increíbles directivos del retiro de ayahuasca al que asistí. También me gustaría reconocer a las dos familias de retiro que conocí en Perú, por compartir conmigo sus sorprendentes experiencias. ¡Qué extraordinario grupo de personas amorosas! De igual manera, quiero agradecer a los queridos amigos y familiares que me dieron amor y estímulo a lo largo de la redacción de este libro. Un agradecimiento especial a mi querido amigo Saul Francesco Uys-Rootenberg, por su pasión y por el tiempo que invirtió al ayudarme a mejorar este trabajo. Por último, me gustaría dar mis más sinceras gracias al espíritu de la ayahuasca, por todo lo que hizo por mí. Le estaré humildemente agradecido por el resto de mi vida.

1

La liana del alma

Nixi honi (liana de visiones), espíritus premonitorios de la selva, origen de nuestra comprensión, den su poder mágico a nuestra poción, iluminen nuestra mente, dennos clarividencia, muéstrennos los designios de nuestros enemigos, expandan nuestro conocimiento, y comprensión de nuestra selva.

CANTO DE LA AYAHUASCA DE LOS NATIVOS
AMAZÓNICOS AMAHUACA, TOMADO DE
LA MENTE NATURAL, DE ANDREW WEIL

La Alta Amazonia es hogar de una planta medicinal de capacidades únicas. Una liana leñosa es mezclada con hojas de un arbusto para crear un brebaje que, de acuerdo con la creencia del pueblo chamánico nativo, puede liberar al alma de su confinamiento corporal, permitiéndole vagar sin ataduras y visitar otros ámbitos que no están limitados por el espacio ni por el tiempo. También creen que existe una liana o escalera que conecta los mundos espiritual y físico, ¡y que la ayahuasca pueda dar acceso a esa senda cósmica[1]! De hecho, la forma de la liana en cuestión tiene la forma de una escalinata en espiral.

Ayahuasca es también el nombre de un espíritu que reside en esa liana. Los ayahuasqueros indígenas de la Amazonia peruana se refieren a ella como Abuela Ayahuasca o Gran Abuela. Se dice que es un sensible espíritu materno de la naturaleza, que brinda enseñanzas guía y curación a la gente que ingiere esta antigua mezcla de plantas.

ACERCA DE LA LIANA

La ayahuasca ha sido utilizada por cientos o quizá incluso miles de años a lo largo de la Alta Amazonia, pero el origen de su utilización se pierde en la bruma de la historia. Aún hoy, sigue siendo un misterio cómo fue que los chamanes supieron combinar estas dos plantas. Es un milagro farmacológico. Mezclar dos plantas no parece un gran evento, hasta que uno conoce la selva amazónica. La idea de que tal cosa pudiera ocurrir por el método de prueba y error da la impresión de ser demasiado excepcional para ser cierta. En la cuenca amazónica hay aproximadamente 80 000 especies vegetales con fronda, y al menos 10 000 de ellas presentan diversas formas de liana[2]. A primera vista, ni la hoja ni la liana se distinguen de manera particular. No obstante, los antiguos chamanes de la cuenca amazónica supieron, de alguna forma, cómo mezclar esos dos ingredientes vegetales para crear el potente brebaje de la ayahuasca. Las leyendas chamánicas afirman que fueron los espíritus vegetales de otras plantas psicoactivas quienes proveyeron el conocimiento para elaborar la ayahuasca[3]. Este mito no es exclusivo de las tradiciones nativas amazónicas. A finales de la década de 1960, Melvin Bristol, un alumno de Richard Evan Schultes, "padre de la etnobotánica psicoactiva", tomó ayahuasca con una tribu indígena en el valle Sibundoy, al sur de Colombia. Durante la ceremonia no dejó de ver la misma planta, una y otra vez. Al día siguiente, Bristol y su equipo salieron a recolectar plantas en la selva cercana; ahí encontraron la que habían visto en la ceremonia previa. Decidieron llevársela a casa para estudiarla; lo que descubrieron fue que, de hecho, era psicoactiva[4].

Ayahuasca es una palabra derivada del antiguo idioma quechua, hablado por los indígenas de los Andes y las tierras altas de Sudamérica. *Aya* se traduce como "alma", "muerte" o "espíritu". *Huasca* significa "liana" o "soga". En consecuencia, ayahuasca quiere decir "liana del espíritu", "liana del alma" o "liana de los muertos". Esto es resultado de la experiencia que ocurre frecuentemente tras la ingestión de este brebaje vegetal: el alma se separa del cuerpo físico para internarse en un ámbito trascendental. Se dice que beber ayahuasca implica "un regreso al vientre materno, a la fuente y origen de todas las cosas"[5]. Ahora bien, la ayahuasca tiene otros nombres nativos: *caapi, dápa, oni, mihi, kahí, kahf, natema, pindé* y *yagé*. La sabiduría popular del pueblo cashinahua habla también de un tiempo remoto, cuando existió un tipo de ayahuasca mítico e incomparable, llamado *shāka huni*, "liana de la ligereza", el cual permitía que quienes lo bebían ascendieran al cielo, con ayuda de la "Dama de la ligereza"[6]. Los jesuitas de finales del siglo XVII, recién llegados al "infierno verde", también le dieron un nombre; se referían a ella como "brebaje diabólico", porque los nativos la utilizaban para entrar en contacto con el demonio[7].

Aunque los botánicos occidentales suelen categorizar la ayahuasca como una especie única, los grupos indígenas tienen nombres especiales para diferentes tipos de esta planta. Los nativos emplean un complejo método de clasificación, pero las distintas clases parecen tener relación con varias características, como la edad, ciertas partes de la liana, sus condiciones de crecimiento, bajo qué fase lunar se cosecha, qué cantos se entonan en esa actividad, etcétera. Los indígenas afirman que cada tipo de ayahuasca tiene efectos únicos. El pueblo tucano, vecino del río colombiano Vaupés, tiene seis tipos diferentes de ayahuasca, o *kahí*, que es como llaman al medicamento. Entre ellos, se dice que el *kahi-riáma* es el más potente. Se sostiene que provoca distorsión de la percepción, evoca la habilidad de predecir el futuro y ocasiona la muerte si se utiliza de manera inapropiada. Se dice que la segunda versión, el *mé-né-kahí-má*, induce alucinaciones visuales, dominadas por serpientes verdes. Un tercer tipo, llamado *suána-kahí-má* (ayahuasca del jaguar rojo), suele ocasionar alucinaciones predominantemente de color escarlata[8].

A lo largo de miles de años, esta misteriosa poción ha sido utilizada por los indígenas amazónicos con propósitos de adivinación, brujería, exploración espiritual y curación. La ayahuasca está profundamente implicada en la vida, la mitología y la filosofía de las tribus chamánicas distribuidas en el territorio amazónico. Más de setenta pueblos distintos de la región la emplean como sacramento profético[9]. En uno de sus registros, Richard Evan Schultes señala la importancia de la ayahuasca entre las tribus indígenas amazónicas.

Es probable que ningún otro alucinógeno del nuevo mundo –ni siquiera el peyote– altere la conciencia de maneras que han sido tan profunda y completamente evaluadas e interpretadas. El *caapi* está realmente integrado en todos los aspectos de la existencia. Influye en la vida prenatal y después de la muerte; opera durante la vida terrena, tiene participación no solo en la salud y la enfermedad, sino también en las relaciones entre individuos, poblados, tribus, en la paz y en la guerra, en casa y en los viajes, en la caza y en la agricultura. De hecho, difícilmente podríamos mencionar un aspecto de la vida o la muerte, la vigilia o el sueño, en donde los alucinógenos *caapi* no jueguen un papel vital, e incluso, abrumador[10].

LA LEYENDA DE LA LIANA

Kajuyali Tsamani es un chamán del yagé, oriundo del valle colombiano Sibundoy, que ostenta un doctorado en antropología. En una conferencia habló sobre la ayahuasca. Su pueblo está profundamente influenciado por esta medicina, y tiene una leyenda respecto del surgimiento de la planta. De acuerdo con ella, el "Padre-Sol del mundo" impregnó a la "Mujer de la Tierra" con su mirada divina. El fruto de esa relación fue la liana de ayahuasca. La mujer que la concibió provenía de tiempos ancestrales y recibía el nombre de Gran Abuela. En el pueblo kobi, la ayahuasca es conocida no solo como la liana del alma, sino también como El Cordón del Universo[11].

Otra leyenda sobre la ayahuasca forma parte de la tradición del pueblo cashinahua, nativo del río Purús. Según la historia, en tiempos antiguos Yube, un chamán ancestral, iba caminando al lado de un río cuando, accidentalmente, dejó caer una fruta en sus aguas. Una anaconda gigante, cuya piel describía toda clase de diseños, emergió del río para comer la fruta caída. Al tiempo que abandonaba el agua, la anaconda fue transformándose en una hermosa mujer. Al instante, Yube quedó prendado de ella, de manera que, al día siguiente, bajó de nuevo al río y lanzó frutas al agua para verla una vez más. Cuando surgió de la corriente, Yube se le abalanzó y le confesó sus sentimientos. La mujer le dijo que, si quería hacerle el amor, tendría que acompañarla a vivir con las serpientes; Yube accedió. Cierto día, el pueblo serpiente se preparaba para beber ayahuasca, así que el chamán se les unió sin saber exactamente de qué se trataba aquello. Tras ingerir el brebaje, Yube gritó horrorizado, porque tuvo visiones en que las serpientes lo atacaban y se lo tragaban. El pueblo serpiente se sintió avergonzado por su comportamiento y le retiró el habla. Entonces, los peces del río le advirtieron que el pueblo serpiente planeaba matarlo debido a su conducta, y lo llevaron con su esposa, a quien había abandonado tres años antes. Desde que se había ido, la esposa de Yube había pasado muchas noches llorando en el mismo sitio en que la dejó, y fue ahí precisamente en donde volvieron a reunirse. Durante la separación, la mujer había dado a luz un hijo, al que Yube retrató empleando los patrones que las serpientes le habían enseñado. Un día, sin embargo, las aguas del río crecieron y la mujer serpiente emergió para tratar de tragarse a Yube, pero él se las arregló para escapar con ayuda de los miembros de su tribu, aunque con los huesos fracturados. Para curar sus dolencias, pidió a la gente de su pueblo que le consiguieran toda clase de lianas, hasta que pudo reconocer entre ellas las plantas que necesitaba para elaborar la *nishi pai*, ayahuasca, tal como le habían enseñado las serpientes. Yube les mostró a los miembros de su tribu cómo prepararla; luego, la bebieron todos juntos, mientras entonaban los cantos que le había revelado la mujer serpiente. Al terminar de cantar, el chamán murió, pero tanto los cantos como la receta ya eran del conocimiento de su tribu. Así fue como conocieron la ancestral medicina y sus profundas propiedades[12]. La tradición de varias tribus amazónicas, como la asháninca, afirma que la receta fue un regalo de los dioses. Muchas narraciones chamánicas del origen mencionan a una anaconda celestial que descendió del firmamento y enseñó a los primeros chamanes cómo elaborar la ayahuasca. De acuerdo con ellas, la cola de la serpiente gigante une al cielo con la tierra, constituyendo el camino hacia el Árbol de la Vida.

Uno de los manuscritos gnósticos encontrados en la biblioteca egipcia Nag Hammadi recibió el título de *Sobre el origen del mundo*. El texto hace referencia al Génesis bíblico y plantea una nueva y radicalmente distinta forma de comprenderlo, en contraposición con las interpretaciones modernas. El manuscrito gnóstico afirma que el episodio del Edén no representa la caída en desgracia del ser humano. Muy por el contrario, comer el fruto del árbol divino no fue un pecado por el que la humanidad debiera arrepentirse por la eternidad, y que la serpiente tampoco era una maligna criatura de tentación. En cambio, sería un mensajero divino enviado por Sofía, la diosa de la sabiduría, para impulsar a la humanidad hacia la iluminación y la gnosis al comer el fruto del Árbol del Conocimiento. Resulta interesante considerar que este divino fruto podría haber sido una planta psicodélica o, más específicamente, la liana de la ayahuasca. Esta crece a lo largo de los árboles y se dice que establece una conexión con una diosa; por otro lado, las visiones que provoca suelen estar dominadas por serpientes. Si bien esta es una hipótesis especulativa, parece tener sentido[13]. La caída en desgracia del ser humano no fue consecuencia de comer el fruto del árbol divino; por el contrario, parecería ser resultado de que dejara de comerlo.

LA REINA DE LA FLORESTA

A lo largo de los últimos siglos, el uso de la ayahuasca se difundió en Perú, Colombia y Ecuador entre las poblaciones indígenas mestizas, integrándose a su medicina tradicional. Durante los primeros años de la década de 1930, esta práctica evolucionó a un uso sacramental en las organizaciones sincréticas de Brasil, mismas que combinan las tradiciones indígenas y religiosas. Una de ellas es la Unión del Vegetal (*União do Vegetal*, UDV). Se trata de un centro espiritual de beneficencia, fundado en las profundidades de la selva por José Gabriel da Costa con el objetivo de "promover la paz en el mundo", tal como él mismo informó a sus discípulos. El propósito de la UDV es contribuir al desarrollo espiritual de la especie humana y al mejoramiento de sus capacidades intelectuales y virtudes morales, sin distinción de raza, sexo, credo, clase social o nacionalidad. La UDV busca lograr lo anterior con ayuda de comunidades amorosas y solidarias, enseñando a los jóvenes que son parte de la naturaleza y compartiéndoles los beneficios de la planta medicinal sagrada, la ayahuasca. Tras el fallecimiento de Da Costa en 1971, los "Maestros del Origen" fundadores continuaron el trabajo, expandiendo la UDV con el establecimiento de nuevas congregaciones en ciudades brasileñas y países extranjeros.

Otra muy reconocida organización es la llamada Santo Daime (o Ayahuasca Sagrada). Es la más antigua, conocida también como "Centro Ecléctico de Fluyente Luz Universal". Se trata de una obra espiritual que pugna por el autoconocimiento y la experiencia divina, o del "Yo superior" que reside en ella. Para cumplir este objetivo, sus miembros emplean, sin un contexto ritual, la ayahuasca como enteógeno sacramental. Sus miembros creen que la "Reina de la floresta" habita en el brebaje, y se refieren a ella como la "maestra de todas las maestras". La doctrina del Santo Daime nació en la selva; se dice que floreció a partir de la gente que la habita. El culto se originó cuando se anunció que su fundador, Raimundo Irineu Serra, había recibido curación y guía directamente de esta reina de la floresta, la cual se le apareció en la forma de un personaje femenino luminoso para decirle que se retirara a la selva, se sometiera a un régimen alimenticio y bebiera ayahuasca durante varios días. A medida que el tiempo pasaba, Serra comenzó a percibir el fluir de las fuerzas mágicas por su persona y en la naturaleza que lo rodeaba. A continuación, la reina de la floresta se le apareció una vez más. En esta ocasión le pidió que edificara una iglesia que se centraría en la experiencia directa del divino misterio al beber ayahuasca. A la infusión se le dio el nombre de "daime", y la iglesia terminó por ser conocida como "santo daime". El espíritu del daime también le enseño a entonar los cantos de los espíritus, a lo cual primero él se rehusó, por considerarse muy mal cantante. La divinidad le dijo que se limitara a abrir la boca, y que los espíritus de las plantas cantarían a través de él. El primer himno que entonó aquel día ha llegado a ser conocido como *Lua Branca* ("Luna Blanca"). Varios cantos le siguieron. Se les considera una conexión entre lo espiritual y lo material, y la Iglesia del Santo Daime les concede gran importancia hasta el día de hoy[14]. La Iglesia del Santo Daime "predica el amor por la naturaleza y consagra el mundo vegetal y todo el planeta como escenario sagrado de nuestra Madre Tierra"[15].

Aunque todavía está rodeada por el misterio, la ayahuasca ha rebasado ya las fronteras de su hogar amazónico. La tradición chamánica nativa alrededor de esta antigua planta medicinal ha penetrado en las comunidades psicodélicas alternativas de la sociedad occidental. Este vetusto brebaje vegetal reintroduce a la extenuada sociedad occidental al mundo animista, mágico e interconectado de los chamanes.

UNA ANTIQUÍSIMA RECETA

Se afirma que la ayahuasca no solo es uno de los alucinógenos más sagrados, sino también un medicamento reverenciado. Los pueblos indígenas del Alto Amazonas la llaman **la medicina**. Los maestros que la cultivan son considerados mediadores divinos y sagrados en la cultura indígena, y establecen contacto con los espíritus a través de plantas medicinales como la ayahuasca. Los rituales que llevan a cabo con esta medicina aportan curación y conocimiento. Luis Eduardo Luna es un antropólogo que quedó fascinado por las tradiciones socioculturales de los pueblos indígenas, por lo que estudió un tipo de chamanismo de la Amazonia peruana llamado **vegetalismo**. Esta práctica chamánica incluía la ingesta de plantas alucinógenas, cantos, salmodias y regímenes alimenticios específicos. Luna comenta: "Dicen que la ayahuasca es un médico. Posee un espíritu fuerte y se le considera un ser inteligente, con el cual es posible adquirir conocimiento y poder si se siguen atentamente la dieta y otras prescripciones"[16]. En uno de sus libros, *Luzifers Lichgarten* (El jardín de luz de Lucifer), Olaf Kraemer registra algo similar: "Los nativos usan ayahuasca en ceremonias de curación y para tener visiones, y describen el líquido como su 'universidad'"[17]. Por su parte, Edmund Wade Davis también comenta: "Beber yagé es aprender. Es el vehículo mediante el cual cada persona adquiere poder y experiencia directa de lo divino"[18].

El brebaje de ayahuasca depende de una interacción sinergética entre dos ingredientes de la selva. El primero de ellos deriva de una planta del género *Psychotria*, de la familia de las rubiáceas, sobre todo de las hojas del arbusto *Psychotria viridis*. En quechua este arbusto es conocido como *chacruna*, y muchas veces las tribus locales se refieren a él como "hojas de la reina"; se le localiza en los humedales bajos del Amazonas. Estas hojas contienen una elevada cantidad de la sustancia psicoactiva N,N-dimetiltriptamina (DMT). En las infusiones de ayahuasca elaboradas fuera de la Amazonia, la *chacruna* es sustituida por sustancias como la acacia o la ruda siria.

Aunque la estructura molecular de esta planta alcaloide es más bien simple, las formas en que la DMT afecta la conciencia no tienen nada de ordinario. En términos de impacto y efectos relativos, la DMT es el más poderoso y transformador de todos los alucinógenos. Terence McKenna describe su potencia: "La DMT es, indudablemente, el más poderoso de los alucinógenos. Es tan potente que, cualquiera que ocupe el segundo lugar, se pierde en el horizonte"[19]. Lo que esta peculiar molécula puede producir en quien lo ingiere sería imposible de describir con palabras. Podría pensarse que una molécula que induce efectos tan poderosos tendría que ser escasa, pero no es así. La DMT está presente en numerosas formas de vida terrestres. Se la encuentra en flores, hongos, árboles, raíces, hojas, cortezas, animales, e incluso en el cuerpo humano. En este momento, cada uno de los seres humanos vivos sobre la Tierra está sintetizando, activando y degradando la DMT en las membranas sinápticas de su cerebro. Resulta bastante paradójico que el más poderoso alucinógeno es, al mismo tiempo, el más benigno e inofensivo. No tenemos que buscar mucho para encontrar a esta fascinante molécula, porque se halla literalmente en todas partes. El alquimista psicodélico Alexander Shulgin escribió en su libro *Tryptamines I Have Known and Loved* (Las triptaminas que he conocido y amado): "La DMT está... en esta flor, en el árbol aquel, y en el animal de acullá. Es más sencillo decir que está en cualquier lugar al que uno decida mirar"[20].

El segundo ingrediente de esta infusión de la selva es una liana que Richard Spruce bautizó, en 1851, con el nombre de *Banisteriopsis caapi*, aunque popularmente se le llama también ayahuasca, como al mismo té. Se trata de una enorme liana o bejuco, una especie de enredadera leñosa que alcanza un tamaño gigantesco en la cuenca amazónica. Si bien esta liana tiene propiedades curativas y psicodélicas cuando se la ingiere de manera independiente, también actúa como el inhibidor de la monoamina oxidasa (IMAO). Normalmente, cuando se comen hojas o rutáceas con contenido de DMT, ciertas enzimas estomacales, conocidas como monoamina oxidasas, descomponen la DMT casi al instante. Por lo tanto, ingerir plantas con DMT no tiene efecto alguno. No obstante, si las hojas o rutáceas con DMT se consumen en combinación con la liana de ayahuasca, los alcaloides presentes en esta última suprimen temporalmente la acción de las enzimas monoamina oxidasas, lo cual permite que la DMT sea procesada en el organismo para inducir una experiencia psicodélica única.

Ambos ingredientes se cuecen juntos durante un tiempo de diez a veinte horas; a medida que se reducen, se añaden más lianas y hojas, dependiendo de cuán fuerte se quiere que sea la infusión. Luego, esta se bebe para explorar la arquitectura de la eternidad.

LA AYAHUASCA EN LA SANGRE

Los efectos de muchas drogas son más o menos fáciles de categorizar. La marihuana suele sumergir al usuario en una bruma de confort y relajamiento, la cocaína provoca un arranque de energía y despierta el estado de alerta, y la morfina no solo inhibe las señales de dolor, sino que también induce una sensación de euforia. Los efectos de la ayahuasca –y de otras drogas psicodélicas, para el caso– son mucho más difíciles de señalar. La extraordinaria naturaleza de la intoxicación por ayahuasca parece respaldar la idea intuitiva de que en el inconsciente hay mucho más que los residuos diurnos y las manifestaciones del deseo sexual reprimido postulados por Freud. Esta poderosa infusión vegetal tiene el potencial de abrir la puerta perdida a los vastos paisajes del inconsciente.

La DMT se enlaza con el receptor de serotonina, pero, a diferencia de los efectos inducidos cuando la serotonina actúa con este receptor, la ayahuasca provoca un espectro mucho más grande de fenómenos peculiares. Puede ocasionar de todo, desde hormigueo en los dedos hasta encuentros con entidades, y la misma cantidad de ayahuasca que hace que una persona no sienta nada, podría catapultar a otra hasta el corazón de la Vía Láctea. La experiencia psicodélica es similar a navegar un océano enorme y oscuro a bordo de una frágil balsa. Pueden ocurrir muchas cosas. Podríamos ir a la deriva en aguas tranquilas mientras observamos el cielo estrellado, arribar a islas adorables de extraordinaria belleza o aferrarnos con desesperación a la madera de la balsa, al tiempo que olas de diez metros revientan una tras otra. Es bastante parecido a lo que Forrest Gump dijo respecto de la vida: "Es como una caja de chocolates; uno nunca sabe qué le va a tocar".

Sería imprudente e inherentemente reduccionista tratar de categorizar la fenomenología de la experiencia con ayahuasca, aun cuando parece que en ella hay temas recurrentes. Es frecuente que provoque un sentido distorsionado de la percepción y lo que Terence McKenna denomina "disolución de los límites", esto es, de los límites que nos separan de otras personas, de nuestro propio cuerpo, de la naturaleza, de la conciencia personal, de la mente de Gaia, de lo masculino y lo femenino, de la vida y la muerte. Los muros que enmarcan la realidad de la conciencia normal parecen, súbitamente, menos macizos, y su caída facilita el encuentro con un mundo completamente nuevo, similar al que conoció Alicia en su viaje al País de las Maravillas. Es atroz, hermoso, confuso, totalmente fuera de nuestro control; nos abre a universos de belleza inconcebible, a una vida autónoma y a una gran riqueza de información. Todo parece fluir en una impresionante unidad, mientras que, al mismo tiempo, cada fenómeno distintivo, ya sea una gota de lluvia o una córnea parece ser, en sí mismo, un universo entero de detalles infinitos y una individualidad etérea de la que podrían contarse miles de historias. Nuestra brújula ontológica comienza a girar y, a partir de ese momento, es complicado decir en dónde están el arriba y el abajo. Dependiendo de la afinidad individual por determinadas zonas de confort, esto puede ser aterrador o confuso, o algo en medio de ambas sensaciones.

Las personas que han ingerido ayahuasca reportan un amplio rango de experiencias que parecen oscuras para el individuo racional de la modernidad. Un listado de algunas de ellas incluiría patrones geométricos de color, vuelos mágicos, percepción extrasensorial, estados de dicha o terror, despersonalización, experimentación de la historia ancestral, renacimiento, visualización de ciudades extrañas, viajes mágicos al corazón de la Vía Láctea, nuevo entendimiento de la muerte, interconexión, percepción alterada, reexperimentación de recuerdos, encuentros con entidades espirituales o bestias salvajes, intuiciones profundas, cambios de forma, pesadillas vívidas, renovación de órganos, o experimentar lo que el famoso psicoanalista suizo Carl Gustav Jung denominó el "inconsciente colectivo", y muchas otras experiencias.

Lo único que puede afirmarse es que la ayahuasca abre un portal hacia una increíble vastedad. Nos revela que la mente tiene proporciones casi cósmicas, y tratar de explicar con exactitud qué ocurrirá tras la ingesta de esta planta medicinal sería una empresa infructuosa. Parecería, sin embargo, que existen varios temas recurrentes en las ceremonias de ayahuasca. Una intoxicación por ayahuasca dura aproximadamente entre seis y ocho horas, y se dice que hay un grupo de procesos fisiológicos que caracterizan sus efectos. No es infrecuente experimentar episodios de sudoración, temblores, náuseas, mareo, vómito y posiblemente diarrea a medida que la ayahuasca encuentra su camino por el torrente sanguíneo. Quien la ingiere podría sufrir un cambio de percepción, y es común que comience a sentirse fácilmente influenciable. Las defensas sicológicas se atenúan y el individuo podría revivir recuerdos traumáticos o visualizar alucinaciones extraordinarias. Estas visiones suelen estar dominadas por grandes serpientes y feroces felinos. De acuerdo con los reportes, estas bestias selváticas suelen humillar al sujeto por el mero hecho de ser humano. Algunos chamanes afirman incluso haberse transformado en una pantera o un jaguar mientras estaban bajo la influencia de la ayahuasca. Los chamanes del pueblo yekuana son conocidos por aullar como jaguares durante sus ceremonias de ayahuasca[21]. Sin perder la conciencia, quien toma la infusión entra a un mundo que tiene las características de un sueño, aun cuando da la impresión de ser tan real –o acaso más– que el mundo "normal". La ayahuasca tiene la reputación de ser una panacea sanadora y se le reconoce como uno de los más poderosos alucinógenos; una vez que la "madre de todas las plantas" abre las puertas hacia los contenidos perdidos de la mente, se dice que estas nunca vuelven a cerrarse por completo.

Por otro lado, como sabiamente reconocen los chamanes peruanos, también puede conducir a horribles pesadillas. La ayahuasca es capaz de abrir las puertas al jardín perdido del Paraíso, pero también a los caminos más oscuros del infierno. Por ejemplo, lo más probable es que no sea coincidencia que en la tradición inca Huáscar sea el "guardián del inframundo". Desde la perspectiva inca, el contenido de una ceremonia de ayahuasca hace referencia al viaje hacia las sombras del alma, a través del oscuro mundo del inconsciente. El espíritu del doctor ayahuasca sabe que el camino a la paz y la iluminación suele encontrarse en medio del horror alucinante y la oscuridad ineludible. Si bien puede ser aterradora, se afirma que la integración de esos tenebrosos rincones del inconsciente resulta esencial para la sanación que la infusión vegetal tiene el potencial de ofrecer. Carl Gustav Jung escribió que debemos dominar y asimilar el lado sombrío de nuestro yo para poder recoger los frutos de la individuación: "Según se dice, ningún árbol puede crecer hasta el cielo, a menos que sus raíces lleguen hasta el infierno"[22].

Es frecuente que los peculiares efectos que tiene la ayahuasca sobre la conciencia parezcan inexplicables, y suelen ser descritos como mágicos y divinos. No es de sorprender que esta planta haya jugado un papel tan importante en los ritos religiosos de las civilizaciones primitivas. La mayoría de las sociedades indígenas consideran a la ayahuasca y otras plantas psicoactivas como maestros divinos. Es bastante obvio que la cultura occidental contemporánea no ve a las plantas alucinógenas bajo esa luz. Son mal vistas, lo mismo que los "salvajes primitivos" que las defienden con ardor. En muchas sociedades no industrializadas del mundo, los alucinógenos son considerados mediadores sagrados entre el ámbito humano y los reinos espirituales; un medio chamánico de comunicación. Igual que el médico utiliza un estetoscopio para escuchar el latido cardiaco de su paciente, el chamán amazónico emplea la ayahuasca para conectar con los reinos espirituales para sanar, enseñar y dar guía.

Los antiguos ayahuasqueros indígenas de la Amazonia peruana sostienen que su conocimiento de las plantas proviene de los mismos espíritus que las habitan. El antropólogo Jeremy Narby le preguntó a un chamán cómo se conectaba con las plantas, a lo que este respondió: "Así es como habla la naturaleza, porque en ella está Dios, y Dios nos habla en nuestras visiones". Cuando un ayahuasquero ingiere su brebaje vegetal, los espíritus se le presentan y le explican todo[23]. Como afirmó el legendario jefe del pueblo amahuaca, Ino Moxo: "La liana de los muertos nunca se equivoca. Ella sabe..."[24].

Por su parte, el ayahuasquero y artista plástico Pablo Amaringo dijo también respecto de la presencia de espíritus en las plantas: "Cada árbol, cada planta contiene un espíritu. La gente podría decir que las plantas no tienen mente. Yo les respondo que están vivas y tienen conciencia. Quizá las plantas no hablen, pero en ellas hay un espíritu que es consciente, que lo ve todo y constituye su alma; en esencia, es lo que les da vida"[25]. Al principio, esto podría sonar ridículo para las mentes modernas. ¿Cómo es posible que esto sea cierto? Por supuesto, las plantas son incapaces de comunicarse. Después de todo, son plantas. Uno podría estar tentado a pensar que esos individuos han pasado tanto tiempo en la floresta que se volvieron locos. Más tarde, Jeremy Narby descubrió que esta explicación no era exclusiva de un solo grupo de pueblos indígenas. Por todos los lugares que visitaba para estudiar la forma de vida de los pueblos nativos, Jeremy acostumbraba formular la misma pregunta: "¿Cómo aprendiste lo que sabes sobre las plantas?" En general, la respuesta era siempre la misma. Las personas ingieren las mezclas vegetales y son guiadas por las esencias o espíritus que son comunes a todos los organismos vivos; de esta manera es que aprenden[26].

LA PURGA

Si bien lo anterior puede sonar como algo mágico, es frecuente escuchar comentarios respecto de que beber ayahuasca resulta más bien desagradable, por decir lo menos. Como bien dijo el antropólogo canadiense Edmund Wade Davis: "Se pueden decir muchas cosas del yagé, menos que es placentero". La ayahuasca es un líquido espeso, acre, de color marrón, cuyo sabor suele describirse como amargo, desagradable y que induce al vómito. Podría pensarse que tragarlo es lo peor del proceso, pero, por desgracia, rara vez es así. Una importante parte de las ceremonias de ayahuasca se denomina "la purga", porque los usuarios tienden a evacuar el estómago. Los miembros del pueblo asháninca llaman a la ayahuasca *kamarampi*, término que deriva de las palabras *kamarank* (vómito) o *kama* (muerte), o quizá de ambas. A menudo, quienes participan en una ceremonia de ayahuasca reciben un cubo para vomitar. Aunque esto suele considerarse repulsivo, constituye uno de los más efectivos elementos sanadores de la ayahuasca. Se trata de un proceso que no solo cura físicamente, sino también emocional, mental y espiritualmente.

Gabor Maté, un reconocido médico y experto en adicciones y traumas, comenta acerca del elemento purgante de la ayahuasca: "No es algo que espere particularmente o que disfrute que ocurra, pero después de que sucede da lugar a una especie de claridad y ligereza poderosas. Porque lo que está siendo purgado es un contenido psíquico que se ha estado reprimiendo. Se purga la ira, el dolor o alguna falsa narrativa sobre uno mismo"[27].

Antes de asistir a una ceremonia de ayahuasca, las personas reciben la instrucción de seguir un estricto régimen alimenticio conocido como "la dieta"*. Esto debe llevarse a cabo durante aproximadamente dos semanas previas a la ceremonia. La dieta chamánica preparatoria original es un poco menos demandante, pero sin importar cómo se realice la dieta, la intención es la misma: preparar al organismo completo para

---

*La dieta chamánica preparatoria será explicada con más detalle en el capítulo 6.

encontrarse con un poderoso espíritu vegetal, y demostrarle respeto y determinación. No se trata únicamente de una dieta física, sino también energética. El usuario debe preparar mente y alma para este encuentro; también es frecuente que se recomiende omitir la actividad sexual y las fiestas, y hacer prácticas de silencio, meditación, taichí y otros tipos de ejercicios de conexión con la tierra.

Además de someterse a un régimen alimenticio, la persona debe ayunar por varias horas antes de la ceremonia, aun cuando un estómago vacío no mitiga, necesariamente, los efectos purgantes. La purga durante la ceremonia de ayahuasca no es como un vómito normal. El brebaje se ocupa de todas las malas energías que se han acumulado en el organismo a lo largo de la vida: todo aquello que llevamos a cuestas y nos abate. La carga emocional y las perturbaciones mentales pueden afectar nuestro equilibrio, y hay límites en la basura que la gente puede soportar antes de que las piernas comiencen a mostrarse vacilantes. Hay una difundida idea transcultural, según la cual el tiempo lo cura todo. Aunque esto suena estupendo, por desgracia no es verdad. El tiempo tiende a disminuir su impacto, pero llega un momento en que el dolor se convierte en algo natural. La capacidad de adaptación del ser humano a distintas circunstancias es notable, y esto incluye la capacidad de ignorar las supurantes heridas internas. Uno comienza a pensar que es normal tener un estado de ánimo lamentable. Si las heridas internas no se tratan, empezarán a afectar la existencia y eso solo se detendrá cuando iniciemos el proceso de sanación.

El espíritu de la ayahuasca llega a lo más profundo de nuestro ser y arranca toda la basura almacenada ahí, mediante un proceso poderoso y a veces difícil de soportar. La purga es una liberación no solo de las toxinas físicas, también de patrones de pensamiento destructivos, emociones latentes y bloqueos energéticos. Las personas ayunan para asegurarse de que tienen el estómago vacío. De esta manera, el espíritu de la ayahuasca puede trabajar con el cuerpo energético, en lugar de hacerlo con la comida. Más que purgar los espaguetis con espárragos, expulsa los celos, las toxinas, el odio a uno mismo, los bloqueos energéticos y los traumas. Es posible que este proceso sea doloroso y también atemorizante. Como afirma el farmacólogo catalán Jordi Riba en un artículo sobre la ayahuasca: "Si usted está tratando de huir de sus problemas, ingerir ayahuasca es lo último que debería hacer"[28].

Aunque no es exclusivo de la ayahuasca, hay muchos reportes de personas que han sido sanadas de problemas tan complejos como las adicciones, la ansiedad, el trastorno de estrés postraumático (TEPT) o la depresión, asistiendo a una o más ceremonias. Desafortunadamente, al regresar de una ceremonia de ayahuasca, la mayor parte de la gente se ve obligada a mostrarse discreta y ni siquiera mencionar las actividades ilegales en que se ha visto envuelta. La Administración de Control de Drogas estadounidense (*Drug Enforcement Administration*, DEA) clasifica a la DMT entre las sustancias ilegales más peligrosas, sin valor medicinal ni terapéutico. En cambio, quienes han ingerido diversos alucinógenos vegetales, suelen ser tratados de manera muy distinta por las tradiciones chamánicas. Un profesor de medicina de Harvard, Ted Kaptchuk, escribió en su artículo sobre el pueblo navajo de Arizona: "Durante cuatro días posteriores a la conclusión de la ceremonia, el paciente es considerado por familiares y amigos como una persona sagrada, y se le da la oportunidad de enfocar, evaluar, interpretar y experimentar un nuevo yo"[29].

EL LADO OSCURO DE LA AYAHUASCA

Internet ha propagado fascinantes relatos de experiencias mágicas y asombrosas con la ayahuasca, atrayendo la atención de un gran número de occidentales curiosos. Las anécdotas más populares suelen ser las de personas que han tenido profundas experiencias espirituales y transformaciones psicológicas. Son pocos quienes están interesados en compartir o leer acerca de vivencias perturbadoras o traumáticas con la ayahuasca. Esto podría ser porque temen verse ridiculizados o ser vilipendiados por "infravalorar" este brebaje vegetal, lo cual tiende a ser un problema también en ciertos retiros de ayahuasca. De cuando en cuando, las personas que no se ven beneficiadas por el medicamento son víctimas de burlas o acusadas de tener "baja energía"; a veces incluso son excluidas del grupo. En el caso de los individuos frágiles que acudieron para sanar y crecer, esto puede ser psicológicamente doloroso y muy nocivo.

Para bien y para mal, el turismo relacionado con la ayahuasca se ha disparado en años recientes. El chamanismo tradicional sigue enraizado entre los pueblos indígenas del mundo, pero la cultura de la ayahuasca también ha caído víctima del colonialismo cultural y un pretendido sincretismo. Si bien algunos chamanes siguen ofreciendo ayahuasca con una intención curativa, la popularidad del brebaje se debe, por lo menos en parte, a un propósito comercial.

Como en cualquier otro sitio del mundo, en Perú también hay personas con malas intenciones. Algunos peruanos aprovechan la oportunidad y lucran con extranjeros inocentes ávidos de aventuras. Marlene Dobkin De Rios fue una antropóloga médica que impulsó el trabajo en el campo de la ayahuasca y criticó sin ambages el "narcoturismo"[30]. Calificó a los malintencionados oportunistas como "neo chamanes". Estos personajes rara vez han recibido enseñanzas de un chamán o seguido las largas y estrictas dietas de los ayahuasqueros. Sin embargo, ofrecen retiros de ayahuasca a turistas incautos. Los neo chamanes tienen poco interés en la sanación; su motivación se centra exclusivamente en las ganancias que pueden obtener de los occidentales desinformados. Se dicen chamanes, pero casi todos ellos solo le estafan dinero a la gente. Tristemente, también hay quienes tienen objetivos más oscuros. Muchas jóvenes han resultado engañadas y abusadas sexualmente por esos falsos chamanes. Los chamanes suelen ser muy apreciados por la sabiduría que se cree que poseen y por sus supuestas habilidades sanadoras. Esta confianza ciega les da un amplio margen para cometer abusos de toda índole. Cuando la persona se halla bajo el influjo del medicamento, está prácticamente indefensa y es blanco fácil de un chamán con intenciones depredadoras. Algunos de los neo chamanes tratan de manipular a las mujeres desde la perspectiva espiritual, diciéndoles que este lamentable acto es parte del "proceso de iniciación trascendental" o algo similar. Aunque los peruanos son conscientes de este peligro, desafortunadamente todavía no todos los extranjeros están al tanto. Se trata de un problema persistente y aún por resolver, que provoca y provocará un serio daño emocional y psicológico a su paso. Lo más importante, cuando se busca un trabajo chamánico, es conocer al chamán.

El contexto interno y el contexto externo tienen una enorme importancia. El contexto interno se refiere a los sentimientos, las expectativas, los miedos y las esperanzas que se tienen respecto de la experiencia. Es todo lo concerniente al ser interior del individuo. El contexto externo tiene que ver con el entorno donde se lleva a cabo el evento, es decir, el lugar, la gente, etcétera. Es preciso subrayar la importancia de estar en un ámbito seguro y protegido, en compañía de facilitadores amables y experimentados. Las personas que ingieren ayahuasca deben hacerlo solamente en presencia de expertos que les hayan sido recomendados por individuos de su confianza, y tampoco estaría de más contar con alguna experiencia chamánica previa. La ayahuasca es una medicina increíblemente fuerte; iniciar la experiencia con ella sería equivalente a aprender a conducir bicicleta en una bajada pronunciada y sin frenos. Las drogas psicodélicas son poderosas herramientas que deben ser utilizadas con el máximo cuidado. No sería correcto darle una sierra eléctrica a alguien y asumir que la manejará bien sin antes haberle dado instrucciones y facilitar su experiencia. Por otro lado, aun cuando los contextos interno y externo sean perfectos, no hay garantía de que uno encontrará lo que está buscando. Hay muchas historias de personas que han participado en retiros, pero no experimentaron nada que valiera la pena. Otras regresaron de ellos confundidas, traumatizadas o incluso más deprimidas. A este respecto, muchos facilitadores y chamanes afirman que el interesado debe sentirse llamado a vivir la experiencia, y advierten que lo mejor es afrontarla sin expectativas. Es posible que tengamos ciertas intenciones o ideas acerca de lo que ocurrirá, pero la ayahuasca no nos da lo que queremos, sino lo que cree que necesitamos. Es como si el brebaje se adaptara a las necesidades y propósitos del usuario, de manera muy similar a como la liana adopta la forma del árbol sobre el que crece. Muchos occidentales se interesan por ingerir ayahuasca en busca de iluminación, pero lo hacen teniendo ideas muy pretenciosas respecto de sí mismos. Luego tendrán que golpearse por un rato, hasta aprender a humillarse y a deshacerse de sus malolientes auras de autocomplacencia. Es entonces que el aprendizaje puede comenzar. Las plantas reintroducen la desintegración del yo, la curación y gnosis, lo cual, naturalmente, conduce a la humildad.

No podemos dejar de mencionar que ha habido muertes asociadas con las ceremonias de ayahuasca. Sin embargo, de acuerdo con varias investigaciones, tales pérdidas fatales no fueron ocasionadas por el brebaje en sí. Robert Gable, profesor de psicología, leyó y recapituló esos estudios y concluyó: "Ninguna muerte ha sido provocada por la huasca ni por cualquier otro brebaje tradicional de ayahuasca con DMT/B-carbolina"[31]. En 2017, el Centro Internacional de Educación, Investigación y Servicios Etnobotánicos (*International Center for Ethnobotanical Education, Research and Service*, ICEERS) difundió un "Reporte Técnico sobre la Ayahuasca" a cargo de investigadores líderes en el campo. El documento concluye lo siguiente: "Tanto la evidencia científica disponible en la actualidad sobre los efectos a largo plazo de la ayahuasca, como los estudios en los que se la utiliza como herramienta terapéutica en poblaciones psiquiátricas, sugieren que la ayahuasca es una sustancia con un aceptable perfil de seguridad fisiológico y psicológico, y con potencial terapéutico"[32].

Si bien se ha establecido que la ayahuasca en sí misma es segura, hay razones para tener cuidado al ingerirla. Las muertes ocurridas durante las ceremonias tienen más que ver con un entorno inseguro. Los reportes de accidentes hablan de individuos que, estando bajo los efectos de la ayahuasca, fueron abandonados al lado de un río y terminaron ahogados, o que paseaban por un lugar alto y cayeron. Nunca hay que dejar solas a las personas cuando están bajo la influencia de este poderoso medicamento. Otra causa de muerte ocurre cuando se toma ayahuasca mientras se están utilizando ciertos medicamentos farmacéuticos. Empleada en combinación con estimulantes como Ritalin o Adderall, la ayahuasca puede ocasionar una seria elevación de la presión arterial, a veces con consecuencias fatales. Por otro lado, quienes toman inhibidores selectivos de la recaptación de serotonina (ISRS) tienen casi siempre prohibido participar en ceremonias con ayahuasca. Los ISRS bloquean la recaptación natural de serotonina y, al combinarse con ayahuasca, pueden ocasionar una condición potencialmente letal denominada síndrome serotoninérgico. Esta condición ocurre por un alto nivel de serotonina en el organismo. En este sentido, puede ser difícil determinar si una persona está padeciendo el síndrome serotoninérgico o tan solo sintiendo los poderosos efectos naturales de la ayahuasca. Finalmente, los retiros de ayahuasca suelen celebrarse en la profundidad de la selva, por lo que la asistencia médica calificada podría tardar en hacerse presente. En consecuencia, si alguien está tomando cualquier tipo de medicación, la mejor sugerencia es que investigue y ponga atención a las recomendaciones.

EL ENIGMA PSICOTRÓPICO

Los compuestos que inducen efectos psicológicos inusuales se encuentran únicamente en un limitado número de plantas. Estas sustancias psicoactivas cuentan con estructuras químicas muy distintas de las que se hallan en las plantas "normales". Aún ignoramos qué función podrían tener estas sustancias en la vida de estas plantas especiales. Se han propuesto varias teorías para explicar la presencia de estos peculiares compuestos. Una hipótesis sostiene que los alcaloides en cuestión son tan solo un inútil producto de desecho de algún otro proceso químico esencial que ocurre en la planta. Casi todas las teorías más prometedoras involucran la presencia de nitrógeno. La mayoría de los compuestos psicoactivos de las plantas con capacidad de alterar la mente contiene ese elemento, por lo que se ha sugerido que podrían ser un desecho metabólico, cuyo propósito sería la eliminación del exceso de nitrógeno. Según esta teoría, de igual manera que los desechos nitrogenados eliminan el exceso de nitrógeno en animales y seres humanos, los compuestos psicoactivos eliminan el exceso de nitrógeno en las plantas. Sin embargo, si esta teoría fuera válida, todas las plantas deberían contener estos compuestos nitrogenados, pero sencillamente esto no es así[33]. Por otro lado, parecería contradictorio que fueran un producto de desecho metabólico, dado que una gran parte del metabolismo de la planta participa en la producción de estos compuestos psicoactivos. Si admitimos la idea de que la naturaleza opera con cierta economía, esto simplemente no tiene sentido.

Otra de las teorías propuestas argumenta que los compuestos psicoactivos presentes en estas plantas especiales resultan venenosos si se ingieren en grandes cantidades. En consecuencia, se sugirió que son un mecanismo de protección de las plantas en contra de los herbívoros, tal como las rosas tienen espinas para protegerse de amenazas potenciales. Aunque esta teoría tampoco es convincente por el hecho de que muchas plantas venenosas son, de hecho, comidas por animales inmunes a los componentes psicodélicos, tal vez no sea una coincidencia. Se ha demostrado que las plantas despiertan interés en cualquier animal que desee consumirlas. La hiedra venenosa, por ejemplo, contiene una pasta oleosa llamada urushiol, bien conocida por ocasionar un molesto sarpullido. No obstante, en algunos animales el urushiol no provoca estos efectos indeseables; caballos, ciervos, cabras, vacas y escarabajos pueden comer hiedra venenosa sin consecuencias negativas. El mismo fenómeno ocurre con los chiles. Comer un bocado de un chile fuerte puede ocasionar un efecto indeseable en los humanos y en casi todos los animales, pero las aves no se ven afectadas. Esto no es una mera coincidencia. Los biólogos sostienen que la planta del chile ha evolucionado de esta manera porque necesita que sus semillas viajen lejos[34]. Esta teoría podría explicar por qué solo algunas especies se ven afectadas negativamente por las sustancias psicoactivas. Pero ¿qué significa esto? ¿Acaso estas extrañas plantas, que contienen sustancias psicoactivas, producen tales compuestos para el consumo humano?

Las sustancias psicoactivas pueden tener consecuencias indeseables, de manera que es posible que funcionen como mecanismo de protección. Dañan o paralizan insectos, a algunos animales y al ser humano, y pueden matar si se ingieren en exceso. Pero ¿por qué no se limitan a ser venenosas, en lugar de tener un efecto tan extraordinario en la conciencia humana? También parece raro que estos compuestos vegetales tengan similitud con los neurotransmisores endógenos. ¿Será coincidencia que todas esas sustancias vegetales alucinógenas actúen como llaves en una cerradura en el receptor 5-HT2A (serotonina) del cerebro humano? Los científicos han descubierto incluso que algunas sustancias psicodélicas se adhieren "más firmemente" a este receptor que la serotonina. Son lo que los farmacólogos denominan "competitivos en el punto de enlace". Podría ser que estos compuestos cumplan una función de la que todavía no somos conscientes, pero parecería una coincidencia bastante peculiar.

Una chamana mexicana del pueblo mazateco tiene una tercera teoría a este respecto. En una conferencia sobre chamanismo afirmó que "los hongos son una dádiva de la madre Tierra para sanarnos"[35]. En su tribu se refieren a los hongos como "niños santos".

Una última teoría que no podemos dejar de lado es la que defiende Terence McKenna, quien desde hace tiempo ha reflexionado acerca del misterioso enigma de las plantas alucinógenas. Según su opinión, a pesar de las numerosas investigaciones realizadas en esta área, seguimos ignorando qué papel juegan las sustancias psicoactivas en las plantas que las contienen. Al mismo tiempo, considera que su notable efecto en la conciencia humana constituye un verdadero acertijo. McKenna sugiere que esto se debe a que hay una ancestral conexión entre los seres humanos y la naturaleza, y estas drogas son los interruptores que nos permiten reintegrarnos a la esencia del mundo natural. Para él, todo lo que hay en la naturaleza constituye una red perfecta de conexiones e interacciones mediadas por feromonas y, hasta el momento, no contamos con el suficiente nivel de análisis y observación sofisticada para saber con precisión cómo funciona esta red interconectada. McKenna cree que las plantas psicoactivas son lo que conecta a los seres humanos con la conciencia planetaria, y viceversa. En una conferencia señaló que "las sustancias psicodélicas son, por naturaleza, la nanomaquinaria evolucionada de la red de Gaia que une esta ecología cósmica; este sistema de relaciones vivas"[36]. Desde su punto de vista, las plantas psicoactivas tienen una forma ingeniosa y creativa de garantizar su supervivencia. Según sus palabras:

Nuestra idea de la naturaleza es que todo se trata de garras y dientes, de la supervivencia del más apto y que el diablo se encargue del resto. La nueva versión de la evolución es totalmente distinta. Sostiene que la manera de lograr la supervivencia consiste en hacernos indispensables para todos los demás. Entonces, el objetivo no es imponernos al ecosistema, sino integrarnos a él de manera tan completa que no pueda funcionar sin nosotros. Así es como nos ponemos en vías de ser una especie dominante, y no buscando aplastar a la oposición[37].

Si las plantas luchan por la supervivencia, sería evolutivamente benéfico permitir que un proceso tan fascinante se desarrolle en nuestro cerebro. En consecuencia, la especie humana haría todo lo que esté a su alcance para proteger este portal hacia lo sagrado. El único problema, sin embargo, es que las sociedades modernas no se han desarrollado lo suficiente para reconocer el significado de esta profunda conexión.

2

El cerebro psicodélico

En nuestro interior hay toda una riqueza de información... oculta en el material genético de cada una de nuestras células... de no contar con algún medio de acceso, ni siquiera habría manera de comenzar a imaginar la extensión y calidad de lo que hay ahí. Las drogas psicodélicas permiten la exploración de este mundo interior y comprender su naturaleza.

ALEXANDER Y ANN SHULGIN, *PIKHAL: UNA HISTORIA QUÍMICA DE AMOR*

Nuestro conocimiento y comprensión de la mente son muy limitados en la actualidad. Hemos cartografiado los océanos más profundos, viajado al espacio exterior y analizado el núcleo del átomo, pero lo que sabemos sobre la mente es muy poco. La ciencia ha hecho muchos descubrimientos respecto de los misterios de la naturaleza, pero tenemos un pobre conocimiento de la lente a través de la cual filtramos el mundo. El mero acto de ser conscientes es un insulto para los chicos malos de la ciencia, que afirman haberlo descubierto todo. Lo cierto es que la ciencia ni siquiera ha podido explicar cómo es que la idea de cerrar la mano deriva en un puño apretado. Como dijo Heidegger, somos "lanzados a ser" y estamos inmersos en este mar de confusiones, pero no tenemos pistas sobre cómo funciona. Los métodos modernos de análisis científico tienden a quedarse cortos en estos ámbitos, y la psicodelia podría ser una de las claves para lograr una mejor comprensión de esta, nuestra peculiar mente. El psiquiatra checo Stanislav Grof afirmó que las sustancias psicodélicas pueden jugar un importante papel en esta investigación. Según él: "para el estudio de la mente, las sustancias psicodélicas serían lo que el telescopio para la astronomía o el microscopio para la biología"[1].

Los dos pioneros de la investigación sobre las sustancias psicodélicas, David Nutt y Robin Carhart-Harris, han analizado sus evidentes propiedades trascendentales sobre la mente humana. Nutt se preguntó: "¿En qué zona del cerebro trabajan para producir sus efectos, y de qué manera los cambios que ocasionan en él conducen a estas notables experiencias, tanto en las alteraciones sensitivas como en las emocionales, junto con un sentido más acendrado de ser uno con el universo?" Nutt y Carhart-Harris decidieron abordar el tema, para lo cual realizaron un ensayo con el compuesto psicoactivo que se localiza en los "hongos mágicos", la psilocibina, pero sus hallazgos fueron más bien imprecisos. Mientras que Nutt y su equipo de investigación habían esperado hallar toda una parafernalia bioquímica en el cerebro, lo que atestiguaron fue, de hecho, lo contrario: una reducción del flujo sanguíneo y actividad disminuida en varias regiones cerebrales. Al principio se preguntaron si habían cometido un error, pero al analizar el fenómeno llegaron a una sorprendente conclusión. David Nutt señaló:

Lo que encontramos fue completamente sorpresivo y totalmente opuesto a lo que predijimos. Porque el hallazgo fue que la psilocibina interrumpió el flujo sanguíneo en zonas clave del cerebro, como la corteza prefrontal, la corteza posterior y el tálamo. Al observar esas regiones, nos damos cuenta de que son las que controlan e integran la manera en que el cerebro procesa la información, son el tipo de zonas de control, los nodos que regulan lo que hacemos y cómo nos sentimos; al desactivarlos se produce una especie de liberación del resto del cerebro, de manera que pueda hacer otras cosas. Esa es la razón de que ocurra una expansión de la conciencia[2].

Las partes del cerebro que recibían un flujo sanguíneo restringido eran áreas constituyentes de un sistema cerebral a gran escala, que había sido previamente clasificado por los neurocientíficos como "red neuronal por defecto".

LA NEUROBIOLOGÍA

La mente humana es errante. Da la impresión de que los seres humanos dedican una buena cantidad de tiempo a lo que no existe. De hecho, pareciera que la dispersión mental es el modo operativo predeterminado del cerebro humano. Si no estamos ocupados en la realización de una tarea inmediata que requiera toda nuestra atención, es frecuente que la mente comience a divagar. La atención se concentra en el interior y la persona prácticamente se olvida del entorno circundante, saltando de un pensamiento pasajero al siguiente. La investigación neurocientífica ha revelado que este comportamiento mental activa áreas específicas del cerebro, mismas que conforman un grupo de estructuras cerebrales interconectadas que se ha dado en llamar red neuronal por defecto (RND). Esta red de regiones del cerebro parece mostrar menos actividad cuando uno está realizando una tarea, pero mayores niveles de acción cuando se halla en estado de vigilia, sin participar en un ejercicio específico y libre de pensar por sí mismo. Es en esos momentos cuando solemos descubrirnos sosteniendo un monólogo interior, soñando despiertos, recordando cosas, imaginando el futuro o pensando en los demás[3]. La actividad de la RND puede reducirse a todos los procesos mentales asociados con el pensamiento espontáneo, es decir, aquel que no implica objetivos explícitos.

El hallazgo original en torno a la RND cerebral ocurrió, de hecho, accidentalmente. Los investigadores estaban estudiando cuáles áreas del cerebro se activaban durante varias tareas orientadas a un objetivo. Para ello, emplearon el estado de reposo para comparar sus datos, pero comenzaron a notar un patrón general en los individuos que supuestamente estaban en relajamiento. Aun cuando no estaban realizando una acción específica, parecían tener niveles inesperadamente elevados de actividad cerebral en zonas particulares del cerebro. Esta observación accidental despertó gran interés en el campo de la neurociencia. El neurocientífico estadounidense Louis Sokoloff y su equipo de investigación analizaron si la tasa metabólica cerebral (otro método para medir la actividad del cerebro) cambiaba cuando los individuos pasaban al reposo después de llevar a cabo una tarea cognitivamente desafiante. Para su asombro, el metabolismo cerebral se mantenía constante. Sencillamente se concentraba en otras partes del cerebro[4]. Estudios posteriores confirmaron que el cerebro no quedaba ocioso cuando no estaba ocupado en una actividad en particular, y que ese "estado de reposo por defecto" se localizaba en áreas específicas. A principios del siglo XXI, Debra Gusnard, Marcus Raichle y Abraham Snyder publicaron varios artículos en los que lograron determinar cuáles son las estructuras involucradas en el estado de reposo. A partir de ellos surgió el concepto de "red neuronal por defecto", en un intento por etiquetar esta actividad de reposo "predeterminada".

En el cautivante y provocador artículo "The Entropic Brain: A Theory of Conscious States Informed by Neuroimaging Research with Psychedelic Drugs" (El cerebro entrópico: Una teoría de los estados de conciencia, a partir de la investigación de neuroimagen con drogas psicodélicas), Carhart-Harris y su equipo de investigación sugieren que la RND no solo es responsable de los procesos mentales asociados con la introspección, sino que también es el equivalente neurobiológico del yo narrativo o ego[5]. Según su opinión, este ego neurobiológico está encargado de mantener la mente bajo control al ejercer una influencia limitada sobre la conciencia, para lo cual organiza y restringe jerárquicamente la cognición. Así, los científicos proponen que las drogas psicodélicas inhiben este mecanismo restrictivo del cerebro.

Para explicar mejor a qué se refieren esos neurocientíficos es preciso comentar una investigación previa que sentó las bases de su hipótesis, misma que está indudablemente inspirada y profundamente vinculada con dos teorías precedentes sobre el funcionamiento cerebral. La primera es la teoría de Karl Friston sobre el "principio de la energía libre", que ha influido todos los aspectos de la neurociencia moderna. La teoría de Friston deriva de otra de índole más general, la del cerebro bayesiano, basada, a su vez, en la idea de que el cerebro trata activamente de construir un modelo del mundo circundante al interactuar con él. Dicho modelo se actualiza constantemente a partir de nueva información; a medida que el tiempo pasa, el cerebro desarrolla un modelo bastante preciso de cómo funciona el mundo. A continuación, el cerebro empieza a usar este modelo para predecir lo que ocurrirá, convirtiéndose en un producto del entorno en que se desarrolla y mejorando cada vez más sus vaticinios respecto de los mecanismos subyacentes del mundo. Por su parte, el principio de la energía libre de Friston explica la manera en que el cerebro participa en el mecanismo predictivo. Según él, en este proceso de predicción de la realidad, el cerebro hará todo lo posible por minimizar la sorpresa, o "energía libre". Pero ¿qué significa eso? La parte del cerebro que maneja el procesamiento cerebral lleva a cabo dos tareas: por un lado, recopila la información que le aportan los sentidos y, simultáneamente, pone en acción su modelo establecido del mundo para predecir cómo reaccionará a continuación. El cerebro no tiene acceso al mundo exterior, así que obtiene la información a partir de la percepción generada por corrientes de impulsos eléctricos. Entonces, compendia toda esa información sensorial y la combina con sus expectativas o creencias previas, en relación con lo que es el mundo, para crear lo que experimentamos como realidad. Así, no nos limitamos a percibir pasivamente el mundo, sino que lo generamos activamente mediante este mecanismo predictivo del cerebro. A medida que el cerebro empieza a refinar este modelo del mundo y aprende cómo funciona, se vuelve perezoso en su construcción de la realidad: toma de los sentidos únicamente la información mínima necesaria y utiliza su modelo establecido del mundo para formar su mejor conjetura sobre lo que ocurrirá a continuación. Friston afirma que el cerebro valora mucho su propio modelo del mundo y busca mantenerlo de esa manera para evitar el caos cognitivo. La diferencia entre el modelo generado del mundo y el mundo percibido es la sorpresa, o energía libre, un elemento que el cerebro se esfuerza por reducir a cualquier costo. Para ello, trata constantemente de explicar la información intuida de forma que refuerce el modelo del mundo ya establecido. Lo que quiere es ver patrones y consolidar los sistemas de creencias porque, debido a su rigidez, le teme a la sorpresa y al desorden[6].

Otro mecanismo cerebral restrictivo también fue abordado por el poeta y escritor William Blake (1757-1827); se trata del enigma irresoluble de la relación mente-cerebro. De acuerdo con Blake, el ser humano tiene tan solo un acceso limitado a la realidad. Según sus propias palabras: "Si las puertas de la percepción fueran purificadas, todo se le mostraría al hombre como es: infinito. Pues el hombre se ha cerrado tanto en sí mismo, que ve todas las cosas a través de las estrechas grietas de su caverna". Esta idea fue recogida más tarde por el filósofo, escritor y premio Nobel Henri Bergson. Contradiciendo la opinión popular, Bergson sostenía que el cerebro no produce conciencia, sino que, más bien, la filtra a partir de una mente universal en la que participan todas las mentes. Esta teoría fue explorada después por el famoso escritor y místico Aldous Huxley. Siguiendo los pasos de Blake, él creía en la existencia de un mecanismo en el cerebro humano que actúa como una "válvula reguladora". Este mecanismo restringe el discernimiento consciente, limitando lo que tenemos permitido percibir del entorno. En su libro *Las puertas de la percepción*, Huxley cita al filósofo Charlie D. Broad.

La función del cerebro, el sistema nervioso y los órganos sensoriales es, principalmente, eliminativa, no productiva. Cada persona, en cada momento, es capaz de recordar todo lo que le ha pasado y de percibir todo lo que ocurre en cualquier punto del universo. La función del cerebro y del sistema nervioso consiste en protegernos de quedar abrumados y confundidos por esta masa de conocimiento en gran parte inútil e irrelevante, acallando la mayor parte de lo que, de otra manera, percibiríamos o recordaríamos en todo momento, y dejando solo una selección muy reducida y especial, que tiene la probabilidad de sernos útil en la práctica[7].

Huxley creía que los humanos tienen una vaga conexión con un yo superior, una parte de uno mismo que está enlazada con el universo –la "inteligencia libre", como él la llamó–, aunque este vínculo no es accesible para la mente controlada por el ego, y quizá ni siquiera es apropiado si uno tiene que funcionar en un mundo competitivo como el nuestro. Huxley reconoce que la válvula reguladora es necesaria, pero al mismo tiempo resulta desalentador que esta sea la única parte de la realidad que aceptamos como verdadera. "Lo que llamamos 'este mundo' es el universo del conocimiento reducido, expresado y, por así decirlo, petrificado por el lenguaje"[8].

Esta idea de una realidad oculta por un velo o unas puertas nebulosas no es nueva en la historia humana. A lo largo de miles de años, una intuición religiosa, chamánica, poética y filosófica ha encontrado eco en la galería de la historia. Se trata del concepto de que únicamente nos ha sido revelada una fracción de la realidad. Los integrantes del pueblo huichol han dicho siempre que el mundo que vemos no es sino una ilusión y que las plantas sagradas, como la datura, nos ofrecen los ojos para ver el mundo real. Platón describió el reino de las formas eternas como algo que solo puede ser visto por quienes participan de la mente divina, y los textos mayas hablan de un velo que evita que veamos la verdadera naturaleza de la realidad.

La teoría de Huxley adopta un enfoque darwiniano. Como en el caso de todos los demás animales, el objetivo del ser humano es la supervivencia. Tener acceso a la realidad integral en cualquier momento dado representaría una hazaña impresionante, pero en última instancia irrelevante e incluso inapropiada si la meta es sobrevivir. En consecuencia, la mente cósmica fue canalizada mediante la válvula reguladora del cerebro y el sistema nervioso, y lo que brota por el extremo opuesto de la misma está muy lejos de la realidad en su descarnada totalidad. No es más que una pequeña muestra. Lo que llamamos realidad no es sino la parte del universo que es absolutamente necesaria para que el ser humano mantenga la vida en este planeta.

Como se mencionó con anterioridad, a partir de todas estas ideas y sus asombrosos hallazgos, Robin Carhart-Harris y su equipo de investigación formularon una enigmática hipótesis. Según afirmaron, esta RND actúa como el "ego neurobiológico" que ordena y restringe el flujo de la conciencia. El hecho de que la expansión de la mente ocurra después de que ciertas áreas dominantes del cerebro sean desactivadas y paralizadas, parece apoyar la hipótesis de que este órgano está menos dedicado a producir conciencia en el ser humano, y más a restringir el abrumador flujo proveniente de la "inteligencia libre". Tras analizar los efectos del LSD en personas sanas mediante estudios de fMRI (resonancia magnética funcional), Amanda Feilding señaló: "Nuestras investigaciones han comenzado a dejar al descubierto el funcionamiento subyacente en los cambiantes estados de conciencia... William James explica que es como ver a través de los velos de la percepción. Huxley describe el ego comparándolo con una válvula reguladora en el cerebro. Qué razón tenían. Ahora hemos visto, por primera vez, las bases empíricas de estos discernimientos"[9].

PERO ¿CÓMO FUNCIONA?

Ahora bien, ¿qué es exactamente lo que ocurre en el cerebro cuando estamos bajo los efectos de una droga psicodélica? Como mencionó David Nutt, las drogas psicodélicas facilitan una inhibición de las "regiones guardianas" de la RND, que entonces liberan al resto del cerebro. Esta liberación contrarresta el principio de la energía libre, y esto provoca que el cerebro pierda el temor a la sorpresa y exprese un mayor repertorio de estados posibles. Aparentemente, las drogas psicodélicas actúan suprimiendo o inhibiendo el mecanismo de la válvula reguladora, y nos dejan ver más allá del limitado material que normalmente tiene permitido una mente restringida.

En su conferencia para TED –titulada *Lifting the Veil*, Levantando el velo–, Carhart-Harris presentó una imagen en donde se comparan las rutas de comunicación entre dos áreas distintas en un cerebro en estado "normal" y otro bajo los efectos de la psilocibina; en la segunda, las rutas trazadas parecen mucho más numerosas. Sin embargo, como explica Carhart-Harris, el número de rutas en ambas ilustraciones es, de hecho, el mismo. El cerebro normal da la impresión de contar con menos conexiones, pero esto se debe a que la comunicación queda restringida casi exclusivamente a las redes locales. No obstante, el cerebro psicodélico está bastante más interconectado. ¿A qué se debe esto?

Imagine un salón de clases. Por lo general, el maestro (en la mayoría de los casos) es capaz de imponer el orden y la organización en el aula. Les pide a sus alumnos que se sienten en silencio, evitando hablar con los compañeros, a menos que solo lo hagan con aquellos que están más próximos. En esta analogía, el cerebro es el salón de clases, la RND es el profesor y las diferentes áreas del cerebro son los estudiantes. En algún punto, las drogas psicodélicas "sedan" al maestro (RND) y los alumnos (áreas del cerebro) se ven liberados de pronto para vagar por el espacio y hablar con todos sus compañeros; es entonces cuando el infierno se desata en el aula (cerebro).

Las sustancias psicodélicas restringen el flujo sanguíneo en la RND. Debilitada, la RND pierde su capacidad de mantener el sistema bajo control, y sus mecanismos represivos dejan de funcionar. Esto provoca caos en el cerebro, normalmente controlado y limitado. Sin grilletes, el camino queda abierto a la anarquía de las conexiones neuronales. Se posibilita entonces la comunicación entre distintas áreas cerebrales, que normalmente están aisladas. Este efecto dominó en cascada del caos neuronal ocasiona que el cerebro se vuelva más unificado; esta interacción neuronal orquestada da lugar a una sensación de expansión de la conciencia[10].

Varios años antes de que se llevara a cabo esta investigación, Terence McKenna señaló también que el caos se opone al ego, y afirmó que dicho caos es justo lo que nos hemos estado perdiendo: "Hemos perdido contacto con el caos, y es por eso que tiene tan mala fama. El arquetipo dominante de nuestro mundo, que es el Ego, le teme y reacciona ante él, porque su existencia se define en términos de control"[11]. La ausencia de control provoca que diferentes áreas del cerebro empiecen a trabajar juntas. Esto incluye las conexiones entre la parte inferior del órgano, que regula el flujo de información, y la sección media, que genera interpretación emocional. Las sustancias psicodélicas actúan como "psico-integradores", en palabras del antropólogo Michael Winkelman. Lo que integran son diferentes niveles del cerebro, de manera que, súbitamente, aquellos que antes se dedicaban a producir alguna información, ahora la obtienen toda. Winkelman señala: "Esto es parte de las abrumadoras experiencias que viven las personas, pero también la razón por la que experimentan percepciones intensas y aprendizajes intuitivos; la sensación de que ahora todo está conectado se debe a que en realidad todo el cerebro lo está, gracias a la forma en que estas sustancias interactúan con el sistema de serotonina"[12].

Este estado mental interconectado también fue descrito en el texto didáctico de psiquiatría danés *Grundbog i Psykiatri* (Libro básico de psiquiatría): "Las experiencias sensoriales fluyen en conjunto: lo que puede verse puede oírse, y lo que puede oírse puede verse... La percepción corporal se ve alterada junto con la idea de tiempo y espacio. El individuo entra en un estado de ensoñación en donde experimenta una unidad con el cosmos"[13]. Carhart-Harris y Huxley argumentan que esta gloriosa sensación podría ocurrir debido a la subalimentación de las áreas del cerebro asociadas con el ego. La RND es incapaz de mantener el sistema bajo control, y el flujo del universo comienza a filtrarse a través de la válvula reguladora, provocando que el individuo se encuentre en lo que parece ser un mundo extraño y desconocido. Son muchas las cosas inusuales que suceden cuando la RND ya no es capaz de restringir la cognición. El individuo comienza a presenciar cosas que son completamente inútiles e inapropiadas para la supervivencia, pero sin interés para el explorador curioso. De pronto, el tiempo y el espacio pierden significado y resulta difícil determinar en donde empieza y termina la forma corporal. Esto se debe, en parte, a que la RND ya no es capaz de controlar la idea del yo; incluso podría surgir la sensación de que uno está muriendo, porque el ego se identifica con el marco corporal. Esto confirma la intuición de que la conciencia no es tanto una propiedad personal, sino algo en lo que participamos, idea muy similar a las creencias animalistas de las tribus chamánicas premodernas.

NUMEROSAS COINCIDENCIAS

Las personas suelen reportar estados de conciencia pura o expandida durante las aventuras psicodélicas, pero tal condición podría ser inducida por otros medios. El estado de conciencia pura sería una realidad y, de hecho, su descubrimiento no es reciente. Aparentemente es uno de los elementos del conocimiento humano registrado en tiempos remotos. Antiguos escritos en sánscrito se refieren a este estado de conciencia pura con el término *samadhi**. Esta condición de estado de concentración se alcanza mediante la meditación profunda, y es descrito claramente en los Vedas y los Upanishads de la antigua India como un estado de conciencia meditativa que se consigue mediante la práctica del *dhyana*, esto es, la búsqueda de la verdad o el exterminio de la ilusión. La meditación o *dhyana* implica retirar de la mente las respuestas automáticas a impresiones o conocimientos sensoriales para alcanzar el samadhi, un estado de perfecta ecuanimidad y conciencia conocido como "calma permanente" en la tradición theravada. Esta profunda concentración mental es un antiguo instrumento budista de conocimiento y una forma de acceder a la verdad. En este estado, la mente no existe fuera del objeto y se trasciende la idea de dualidad.

En consecuencia, el fenómeno psicodélico de interconexión y disolución del ego no es algo nuevo para la práctica religiosa oriental. Sencillamente, los antiguos sabios empleaban un método distinto para alcanzar este estado alterado de conciencia. Gracias a investigaciones recientes con imágenes de fMRI, se ha demostrado incluso que una forma particular de meditación, conocida como conciencia no dual, da lugar a un estado de conciencia más unificado. La meditación que da

---

*En el budismo, samadhi es el último de los ocho elementos del Noble Camino Óctuple, un resumen inicial de la ruta de las prácticas budistas que llevan a la liberación del *samsara* (eterno vagar), el ciclo de renacimiento, y a la consecución del Nirvana, el fin último del budismo. El término **Nirvana** proviene del sánscrito *nis*, "fuera", y *vā*, "soplar", un estado trascendental en el que no existen el sufrimiento, el deseo ni el sentido del yo, y el individuo queda libre de los efectos del karma y del ciclo de muerte y renacimiento.

origen a la conciencia no dual invoca un estado de conciencia anormal en donde sistemas cerebrales normalmente no correlacionados se comportan de manera más sinérgica que competitiva[14].

Por lo tanto, huir de uno mismo no es un resultado exclusivo del uso de sustancias psicodélicas. La comprensión del concepto de la inexistencia de un yo permanente es algo que los budistas han predicado por miles de años. De acuerdo con el budismo, la idea de la inexistencia de un yo permanente está relacionada con el segundo de los tres sellos del *dharma*. Estos sellos constituyen un punto crucial en todas las ramas de la religión budista; a diferencia de los otros dos sellos, que varían dependiendo de la vertiente religiosa y de la región en donde se practique, la enseñanza de la inexistencia del yo está siempre presente. Romain Rolland llega a afirmar que el concepto no es privativo de las religiones orientales, sino que es el arquetipo que apuntala todas las religiones. En una carta dirigida a Freud en 1927, Rolland acuñó la frase "sentimiento oceánico" para referirse a "una sensación de eternidad", algo ilimitado, infinito, la impresión de "ser uno con el mundo exterior como un todo". Rolland estaba particularmente inspirado por el místico hindú Ramakrishna Paramahamsa, y afirmaba que esta es la verdadera fuente de toda energía religiosa. Esta energía es luego captada por los diversos sistemas religiosos, dirigida por ellos hacia canales particulares y, sin duda, también agotada por ellos.

Otro personaje bien conocido se ocupó también de este fenómeno. En 1960, el maestro, filósofo y místico británico Walter Stace, completó su libro *Mysticism and Philosophy* (Misticismo y filosofía), en donde resalta los denominadores comunes de las experiencias místicas en distintas tradiciones espirituales. Stace se nutre de fuentes cristianas, islámicas, judías, del budismo mahayana, hinduistas, paganas y helenistas, para presentar siete características de la experiencia mística:

1. La Conciencia Unitaria, de la cual se excluye por completo la multiplicidad de contenido sensorial, conceptual o empírico, de manera que únicamente quede la vacuidad y la unidad vacía.

Esta es la característica básica, esencial y nuclear de la que se desprenden inevitablemente casi todas las demás.

2. Ser no espacial y no temporal. Esto se deriva, por supuesto, de la característica nuclear recién mencionada.

3. Sentido de objetividad o realidad.

4. Sentimientos de bienaventuranza, dicha, paz, felicidad y otros similares.

5. Sensación de que lo que se aprehende es santo, sagrado o divino.

6. Paradójica.

7. Inefable, según los místicos[15].

Estas cualidades son notablemente similares a las que se reportan en experiencias inducidas por drogas psicodélicas. En una entrevista en torno del budismo y los psicodélicos, Jack Kornfield señala: "En lo que he visto en los ámbitos descritos por Grof y otros investigadores psicodélicos modernos, no hay nada que no haya sido definido por la amplia psicología budista. Al mismo tiempo, la cartografía de Grof es completa. Cubre la investigación de las sustancias psicodélicas modernas y delinea casi todas las experiencias sobre las que tradicionalmente se escribe en el contexto de las prácticas budistas y meditaciones de atención plena. Hay un alto grado de coincidencia aquí"[16].

La rama valentiniana del gnosticismo también apuntó que la práctica de la gnosis y de la experiencia mística tenían el potencial de elevarnos a la unidad. Los valentinianos la describen como "la unión con un ángel" y "penetrar en el Todo". Hace muchos años, Teodoto dijo: "A través de la gnosis, nos elevamos a la categoría de los ángeles, somos restituidos a la unidad, miembro por miembro"[17]. De igual manera, esta interconexión es central en el sistema chamánico de creencias. La naturaleza entrelazada de todas las cosas en la red de vida universal es un tema recurrente en las tradiciones arcaicas de las tribus premodernas. Para ellas no se trata de una idea especulativa; es una suerte de modo práctico de operación trascendental. El éxtasis chamánico es la práctica de la eternidad. Mientras se halla en estos estados extáticos de la mente, el chamán visualiza que el yo que conocemos está conectado con un yo divino superior. Este es un estado de valor inmensamente abarcador del que la mayoría de nosotros podríamos ser capaces. Se trata de un potencial dormido que todos experimentamos, pero que se mantiene latente debido a las preocupaciones, y que es todavía más limitado por el divorcio ecológico y la desconexión que tenemos con lo divino.

Ya sea inducido por la meditación, el ayuno, el efecto de percusiones, las plantas psicodélicas o cualquier otra cosa, esta profunda experiencia de unidad parece ser universal. En este extraordinario proceso se trasciende la ilusión de dualidad entre sujeto y objeto, ser humano y naturaleza, el hombre y el logos. Todo aquello que pertenecía al yo personal se disuelve en la fuente, y uno comienza a experimentar la excepcional sensación de una conciencia cósmica transpersonal. Cuando el ego pierde la batalla, se despierta la verdadera naturaleza del espíritu. La ola individual colapsa en el océano cósmico y la conciencia individual empieza a extenderse más allá de los límites corporales. Esto es lo que los chamanes llaman "muerte del pequeño yo", considerándolo un proceso de nacimiento.

Los miembros del pueblo tucano de Colombia tienen un ritual de ayahuasca que semeja un nacimiento cósmico, en donde el yo se trasciende. Este fenómeno es explicado por Gerardo Reichel-Dolmatoff.

Para reconocer que el individuo debe pasar de una dimensión de la existencia -o plano cósmico- a otra para comunicarse con el mundo espiritual o invisible, los tucanos ingieren caapi como vía de transporte. Para ellos, el viaje representa el proceso de nacimiento y la fractura del muro que separa ambos planos cósmicos y significa, de acuerdo con estudios antropológicos, la ruptura de la placenta. Ingerir caapi (ayahuasca) suele interpretarse como un retorno al "útero cósmico". En vista de que insisten en que algunas veces experimentan un encuentro con la muerte mientras están bajo la influencia de la droga, los tucanos consideran este regreso al útero cósmico como un deceso anticipado que permite entrar en contacto con la divinidad, o una visita a la fuente y origen de todas las cosas"[18].

Para los tucanos, ingerir ayahuasca es una especie de retorno a la parte divina del cosmos de donde afirman haber venido, y cuando regresan de la fuente de todas las cosas, dicen que han "nacido dos veces".

Cuando el ego se desploma, el ser humano percibe su profunda vacuidad, siente que su insignificante yo no es sino una gota en el océano cósmico o, tal como dijo el profeta Abraham a su Señor, tan solo "polvo y cenizas" (Génesis 18:27).

EL INFANTE PSICODÉLICO

En respuesta al "sentimiento oceánico" de Rolland, Freud argumentó que no negaba la posibilidad de que esta sensación pudiera darse en la gente, pero le dio una explicación psicoanalítica. Freud sostuvo que el sentimiento oceánico, si tal cosa existe, es un estado en donde el ego está ausente. El único estado en el que el límite entre el ego y el objeto se ve amenazado, es cuando el individuo está totalmente enamorado. Fuera de este estado inusual, según Freud, el único tiempo en que estamos libres del ego es en la infancia. El ego tiene que desarrollarse y el proceso inicia con el pecho. Los bebés todavía no diferencian entre el sujeto y el objeto, el tú y el yo. Por lo tanto, no distinguen entre su ego y el mundo exterior como fuente de las sensaciones que fluyen a su alrededor. Reciben alimento en respuesta a su llanto, pero todavía no perciben el pecho, ni ninguna otra cosa, como algo que existe fuera de ellos. En cierto sentido, todo es uno. Los infantes aprenden poco a poco, con base en la experiencia; entonces descubren cómo separar su ego del mundo circundante. Freud argumenta que este sentimiento oceánico no es más que un residuo de este estado de conciencia infantil, y recuerda más un estado de narcisismo ilimitado cuyo origen puede rastrearse hasta la indefensión infantil[19].

Más allá de lo que pensara respecto de este residuo infantil, Freud señaló un punto interesante. El estado de ausencia del ego también se encuentra en los infantes. De hecho, la cognición infantil guarda varias similitudes con la cognición psicodélica. Los niños pequeños no entienden la idea del yo y nunca se pierden en la divagación mental. La RND introspectiva no se ha desarrollado todavía. En un artículo publicado por Peter Fransson y su equipo de investigación, se menciona el hallazgo de que, en realidad, los infantes no muestran las interacciones estructuradas entre las regiones cerebrales asociadas con la RND[20]. Esto podría respaldar la teoría de que la RND tiene algo que ver con el ego.

La ausencia de RND para imponer control redunda en una cognición menos restrictiva y más interconectada. El infante tiene una mente más abierta y curiosa, influenciable, imbuida constantemente en un trance hipnótico. Todos estos estados parecen notablemente similares al estado psicodélico. Los marcos mecanicistas del condicionamiento no se han impuesto todavía a la realidad, y todo se halla incrustado aún en el flujo del ser auténtico. Ino Moxo señaló que "los niños, en general, cuentan con nueve sentidos, no cinco, y he sido testigo de que algunos tienen acceso a once"[21]. Sin embargo, como continúa diciendo, a medida que crecen pierden sus sentidos y sus potencialidades. Sus cuerpos físico y astral van contaminándose gradualmente con alimentos, miserias, el divorcio ecológico, pensamientos corrompidos y sueños.

El infante no tiene modelo alguno para comprender el mundo en el que ha sido colocado. Esto da por resultado una gran curiosidad y un proceso de exploración para desarrollar un sistema. La mente es abierta, curiosa, caótica, con ánimo explorador, y nada es predecible. Llenos de curiosidad, los niños pequeños se limitan a explorar gateando o tambaleándose, tratando de tragar cualquier cosa lo bastante desafortunada como para formar parte de su espacio inmediato. Esta es la razón por la que todo es igual de sorpresivo para los niños, ya sea un conejo volador o un juguete que haga ruido. El bebé no cuenta todavía con un modelo establecido del mundo, ni tiene mecanismos predictivos a nivel neurofisiológico que le digan cómo "debería" funcionar ese mundo. A medida que transcurre el tiempo, el cerebro desarrolla su modelo del mundo y empieza a comprender sus mecanismos subyacentes. Entonces, el mecanismo predictivo comienza a tomar cada vez mayor parte en el procesamiento sensorial, hasta que el individuo se integra a un sistema de operación neurofisiológico rígido, controlado y predictivo. Lo que hace el estado psicodélico es disolver o desactivar estas estructuras cerebrales rígidas y permitir que la persona vuelva al modo de operación cognitiva abierto y curioso, como en la infancia. Los expertos en cognición incluso han afirmado que el cerebro curioso y abierto es contrario al rígido y enfocado del adulto promedio. En consecuencia, si uno tiene curiosidad respecto de lo que implica el estado psicodélico, podría verse beneficiado al pasar algún tiempo en una guardería o un jardín de infantes.

Aunque la cognición de tipo infantil parece interesante, sería un error pensar que la RND es deficiente o imperfecta. La capacidad de recordar el pasado, pensar en el futuro y participar en otros procesos metacognitivos es fundamental para el funcionamiento del ser humano. Varios estudios han encontrado que los individuos que padecen la enfermedad de Alzheimer tienen conexiones más débiles entre las áreas que conforman la RND, lo cual indica que estas podrían jugar un papel importante en una memoria sana[22]. También se han encontrado relaciones débiles entre áreas de la RND en personas con autismo, de manera que cabría suponer que tienen un impacto en el funcionamiento normal del comportamiento social[23]. Asimismo, se han detectado relaciones anormales entre áreas de la RND en individuos con TDAH[24].

La capacidad de participar en procesos metacognitivos, como la visualización del futuro, la ensoñación y la contemplación, es maravillosa y representa buena parte de lo que constituye al ser humano. A lo largo de la historia, es probable que los grandes pensadores hayan pasado su existencia bajo el dominio neuronal de la RND. Era frecuente encontrar a Sócrates vagando por las calles de Atenas, con "la cabeza perdida en las nubes", como Aristófanes describió tal estado contemplativo. Sin embargo, lo importante es no quedar atrapados en este sistema intrínseco y alejarnos del sistema mayor que es la vida. Ahora bien, pareciera que los humanos modernos han gravitado muy lejos del estado sensitivo y curioso de los infantes, aun cuando, si existe una auténtica humanidad, este sería el más cercano a ella. Es interesante considerar que, aunque los sistemas de creencias del filósofo Friedrich Nietzsche y del cristianismo no podrían estar más alejados entre sí, ambos coinciden en que nos vendría bien recuperar la mirada infantil. Nietzsche escribió: "Zaratustra se ha convertido en niño, Zaratustra es un despierto"[25]; por su parte, Jesús dijo que las puertas celestiales solo se abrirán a quienes sean como niños: "En verdad les digo: si no cambian y no llegan a ser como niños, nunca entrarán al Reino de los Cielos" (Mateo 18:3).

ANESTESIA EVOLUTIVA

Si bien este estado de conciencia podría parecer intrigante, también sabemos que aumenta la vulnerabilidad a los estímulos. El resultado es un estado cognitivo en el que la percepción y el procesamiento sensorial se ven muy mejorados. La percepción se enriquece y hasta los estímulos normalmente insignificantes pueden parecer abrumadores. Quizá la copa de un árbol adquiera luminosidad y matices brillantes, pero la apertura a estas sensaciones también podría provocar que la bocina de un automóvil o la campanilla de una bicicleta nos produzcan gran impacto, e incluso miedo. Es una espada de doble filo. Es común que la elevación de la conciencia lleve aparejada una gran vulnerabilidad no solo respecto del mundo exterior, sino incluso del interior de la persona. El individuo se ve lanzado a las profundidades de la conciencia que antes estuvieron bloqueadas por la mente disciplinada y, si el ego se resiste, la sensación puede ser de ahogo. Las memorias olvidadas y los traumas reprimidos de los que el ego busca proteger a la persona podrían volver a hacerse presentes, sin dejar lugar a escapatoria alguna. Esta es la razón por la que los científicos han afirmado que el desarrollo del ego podría ser un mecanismo evolutivo. El ego nos ayuda al poner límites a lo que podemos experimentar, con lo cual nos permite funcionar en las sociedades modernas en las que vivimos. Este ego, o RND, no es necesariamente un villano que restringe la conciencia despierta en un intento de engañarnos; por el contrario, sería un mecanismo que contribuye a la supervivencia del individuo[26].

Por otra parte, al experimentar este estado de conciencia, más abierto y profundo, las personas pocas veces mostrarían interés en otras relaciones humanas y casi nunca lograrían algo. ¿Cómo podrían convencerse de desempeñar todas las tareas necesarias para la vida humana, cuando tienen acceso a partes más grandes del universo y son capaces de percibir sin restricciones la totalidad de la existencia? Cabe suponer que una persona inmersa en una realidad de proporciones tan gloriosas no sería el mejor candidato para la supervivencia en la superficie de este planeta. En cambio, sería presa fácil de un león, e incapaz de tener un trabajo de oficina de tiempo completo. Quien pasa cuatro horas inmerso en los maravillosos e intrincados detalles de una engrapadora de oficina, no estaría precisamente calificado para convertirse en el empleado del mes.

Al analizar estas teorías vino a mi mente una experiencia con hongos psicodélicos que tuve en Bali. Ordené una pizza de hongos, sin prever que en el restaurante supondrían que me refería a hongos mágicos. Comí la pizza en la playa; de pronto, me sentí abrumado y completamente cautivado por la minuciosa magnificencia de las olas rompiendo contra la costa. Estaba tan embebido en la imagen, que llegó un punto en el que me sentí parte de las aguas. Al ver hacia arriba, me resultó difícil contener el llanto cuando percibí la belleza de las nubes, literalmente brillando en el cielo. Tuve que ponerme los anteojos de sol, aun cuando me hallaba sentado a la sombra. En ese momento quise quedarme a solas en aquel lugar, concentrado para siempre en la milagrosa perfección de la existencia desnuda, cuya magnificencia parecía estar casi por completo dedicada a mí. Es posible que haya una razón para que una conexión semejante no sea duradera. ¿Cómo podríamos siquiera trabajar si nos enamoráramos de cada árbol y cada rama que vemos en el camino? ¿Cómo podríamos sobrevivir en un mundo competitivo si tuviéramos acceso al fluir del universo todo? Quizá el humano primigenio tuvo contacto con este estado ampliado de conciencia porque vivía en un entorno más cercano a la naturaleza, más apacible, con menos estímulos sensoriales y más posibilidades de conexión. Los científicos argumentan que la naturaleza opera en una frecuencia menos rígida y más equilibrada[27], y que tal vez esto ayudó a los primeros humanos a acceder a un estado mental expandido. El divorcio de la naturaleza y la agobiante abundancia de estímulos sensoriales habrían causado, en consecuencia, un alejamiento de tal estado. Es posible que fuera inapropiado experimentar el mundo de esta manera, por lo menos no un mundo tan ajetreado como el de la civilización moderna. Quizá la mente tuvo que desarrollar este mecanismo reductivo para registrar solo lo absolutamente necesario y poder funcionar. La riqueza de información recibida debió disminuirse drásticamente para que el individuo se desempeñara con propiedad. Podemos suponer, de alguna manera, que el ego ejerce una influencia limitada sobre la conciencia; desde otra perspectiva, podríamos verlo como una madre cuidadosa y tal vez un poco sobreprotectora que trata de apartar a su hijo de lo que interpreta como un riesgo potencial o información totalmente inútil.

Aunque este estado de conciencia es inapropiado para la supervivencia en un mundo competitivo y acelerado, eso no implica que carezca de otros beneficios. Si bien pudiera no tener valor para la supervivencia, sí lo tiene desde las perspectivas estética, espiritual e incluso terapéutica. En los individuos que sufren depresión o ansiedad severa, la cognición suele ser más bien inflexible. Este tipo de personas caen constantemente en la autocrítica y son incapaces de escapar de la eterna presión mental. En ellas se presenta una relación desequilibrada entre las áreas de los sistemas cerebrales que manejan los entornos interno y externo. Su cognición está dominada por el pensamiento introspectivo, asociado con una RND hiperactiva. Este rígido raciocinio provoca que los patrones negativos de pensamiento se manifiesten en la psique como circuitos neuronales enraizados. Cada circuito está vinculado con una actividad o un patrón de pensamiento específicos. A mayor frecuencia de utilización del circuito, más conexiones se generan entre las neuronas relacionadas con la actividad mental en cuestión. El funcionamiento es muy similar al de los caminos en un bosque. A medida que uno de ellos va siendo cada vez más recorrido, también se vuelve más fácil de transitar. La mente fortalece las conexiones mentales asociadas con las actividades que practicamos, y en este caso puede dar lugar a una visión de túnel psicológicamente destructiva. La incapacidad de escapar de los agresivos

y continuos pensamientos autocríticos solo refuerza el circuito neuronal correlacionado, enraizándolo todavía más. En consecuencia, puede
resultar muy difícil escapar del interminable ataque interno a la mente
y, naturalmente, a veces puede conducir a pensamientos y actos suicidas.

En el artículo titulado "The Entropic Brain" (El cerebro entrópico),
Robin Carhart-Harris señala que, si la depresión y la ansiedad severa se
caracterizan por una RND hiperactiva y estrictamente ordenada, mientras que el episodio psicodélico promueve justo lo contrario, podría haber
indicios de un tratamiento efectivo contra ambas condiciones. En sus propias palabras: "Lo que explica el potencial terapéutico de los psicodélicos,
es su habilidad para alterar los patrones estereotípicos de pensamiento y
comportamiento mediante la desintegración de los patrones de actividad
subyacentes"[28]. Una de las misteriosas formas de funcionamiento de los
psicodélicos consiste en permitir la desintegración de la rígida estructura
cerebral, lo cual posibilita que el individuo vea todo desde una perspectiva distinta y quizá más objetiva. Esto, a su vez, puede dar lugar a que el
individuo genere por sí mismo un entendimiento que derive en la capacidad de sanar. En ese momento, la integración psicodélica puede empezar
a cancelar los circuitos de los patrones destructivos habituales en la actividad mental. Es posible que el mundo comience a verse como algo nuevo
y diferente, no porque haya cambiado, sino porque la arquitectura neuronal –y tal vez espiritual– ha sido deconstruida y reedificada. La experiencia psicodélica tiene el potencial de provocar un cambio profundo en la
parte más íntima del individuo, lo cual ocasiona una transfiguración del
mundo cotidiano. El universo parece el mismo, pero, de alguna manera,
es radicalmente diferente. De pronto está repleto de belleza, detalles y
significados. Esto respalda la idea de que el mundo no es objetivo, sino
que está teñido por los colores del alma. La intuición psicodélica está
avalada por filósofos, físicos cuánticos y chamanes. El individuo participa en la conformación de la realidad. En algún sentido, el mundo es
el reflejo de nuestro yo, que se transfigura cuando el alma se transforma
a través de la ininteligible naturaleza de la aventura psicodélica. Lo que
ganamos son nuevos ojos para ver el mundo y un nuevo corazón con el

cual sentirlo. Percibimos que el paraíso no es un lugar perdido entre las nubes, sino un espacio que existe en este mundo, como reflejo del alma teñida con los colores de la gnosis. Como dijo Henry Corbin, la alquimia es hermana de la profecía. La transformación del mundo está inextricablemente entrelazada con la transformación del individuo. En palabras de Ino Moxo: "El milagro está en los ojos de quien ve, no en lo que es visto"[29].

La vida sin psicodélicos es hermosa, pero estos nos ayudan a percibir esa belleza y nos invitan a penetrar más en los extraordinarios misterios de la naturaleza. Vivir bajo la influencia de los psicodélicos no implica estar permanentemente drogados, sino hacerlo en un ambiente de curiosidad y progresiva comprensión muy lejano de los laboratorios y la experimentación controlada, y más enraizado en la presencia percibida de la experiencia corporal inmediata, que danza con el espíritu juguetón de la naturaleza.

NIERIKA

Varios estudios se han centrado en investigar los efectos de la ayahuasca sobre la conciencia humana. En 2015, uno de ellos mostró, en concordancia con diversos resultados de pruebas con la psilocibina, una "significativa disminución de la actividad en casi todas las partes de la RND"[30]. Otra investigación clínica con ayahuasca, liderada por Jordi Riba y su equipo, estableció la hipótesis de que las percepciones y las visualizaciones surgen porque la mente tiene capacidad de acceder a más información que en el estado de conciencia normal de vigilia, y sus datos confirmaron esta teoría. Al aumentar la dosis de ayahuasca, la acción del mecanismo de filtrado del cerebro disminuía en decrementos estadísticamente significativos[31]. Esto avala la idea de que la ayahuasca, como la psilocibina, favorece un estado de cognición caótico e interconectado. Investigaciones recientes, sin embargo, han generado un hallazgo bastante singular en un experimento con DMT. El experimento se llevó a cabo en noviembre de 2019, en la Unidad de Investigación del

National Institute for Health Research Imperial Clinical (Instituto para la Investigación y el Cuidado de la Salud del Reino Unido), bajo la batuta de David Nutt, Robin Carhart-Harris y el candidato a doctor Christopher Timmermann[32].

Trece voluntarios sanos recibieron una inyección intravenosa de DMT en un estudio controlado con placebo, y su actividad cerebral fue medida mediante electroencefalografía (EEG)* de señal multivariada. A los voluntarios se les colocaron gorros con electrodos para medir la actividad eléctrica del cerebro antes, durante y después de la administración de DMT. A diferencia de la ingestión oral de ayahuasca, la experiencia psicodélica intravenosa es mucho más breve y tiene un pico que dura aproximadamente diez minutos. El análisis reveló una supresión significativa de las ondas alfa, las cuales conforman el ritmo eléctrico prominente del cerebro humano despierto y en reposo. También se encontró que el cerebro mostraba una mayor complejidad y diversidad de señales. La estructura normal, jerárquica y ordenada del cerebro se debilita y, en consecuencia, la actividad cerebral se vuelve más caótica y menos predecible. Como se mencionó antes, ambos hallazgos son consistentes con la investigación de sustancias psicodélicas con neuroimagenología.

No obstante, en este estudio con DMT hubo un tercer descubrimiento de carácter único. La parte más intensa de la experiencia se caracterizó no solo por una caída significativa en las ondas alfa, sino también por un incremento en las ondas delta y theta, con un ritmo impresionante. Timmermann registra que este "parpadeo delta" podría explicar la experiencia inusitada con la DMT: "Se produce un mecanismo de percepción en el que el cerebro cambia del proceso exógeno de entrada de información, a un estado en donde el procesamiento es impulsado por medios endógenos, como en el sueño clásico del ciclo REM"[33]. En la sección final del estudio, Timmermann y Carhart-Harris escribieron que este es tan solo el primer paso de un camino fascinante que podría conducir a importantes hallazgos respecto de la relación entre la actividad cerebral y la conciencia.

---

*El EEG es una forma de medir la actividad cerebral a partir de información sobre las oscilaciones neuronales u ondas cerebrales.

A diferencia de las ondas cerebrales alfa, las delta y theta son más lentas y suelen estar asociadas con el sueño y, recientemente, con las experiencias de muerte. En un estudio con EEG realizado con ratas, cuyos resultados se publicaron en la revista científica estadounidense *Proceedings of the National Academy of Sciences* (PNAS), los investigadores observaron un incremento rítmico similar en la actividad cerebral momentos antes de la muerte[34]. En este estudio, los neurocientíficos distinguen entre cuatro fases distintivas de la muerte cerebral. La segunda fase (CAS2) dura más o menos seis segundos y concluye con un estallido de las ondas delta de baja frecuencia, sorprendentemente similar al parpadeo delta del estudio con DMT. En esta fase, todas las demás ondas cerebrales, con excepción de este tipo específico de onda delta, prácticamente desaparecen. Borjigin, autor principal de este artículo, escribe que este fenómeno es semejante a las "experiencias mentales enormemente lúcidas y 'más reales que la realidad' reportadas por los sobrevivientes de eventos de muerte inminente"[35].

Si los datos derivados de este experimento con ratas se comparan con los que se obtuvieron del experimento con DMT, puede verse una asombrosa similitud en la actividad de las ondas cerebrales. El parpadeo delta del cerebro humano bajo los efectos de la DMT y lo que ocurre en las ratas moribundas parece ser estremecedoramente similar.

Quizá no sea tan raro que los indígenas peruanos de la Amazonia llamen a la ayahuasca "liana de los muertos". Tal vez la experiencia con DMT imita, de alguna manera, la experiencia real de la muerte. Esta podría ser una puerta química hacia el bardo*. Los miembros del pueblo huichol† creen que el chamán puede, a través de su cambio de conciencia, acceder a lo que llaman *nierika*, término que se traduce como "espejo cósmico", "pasadizo entre mundos" o "rostro de la deidad", y traer

---

*En el budismo tibetano, el término bardo hace referencia a un estado intermedio entre la vida y la muerte.

†Los huicholes, también conocidos como wixárika o wixaritari, son un pueblo indígena que vive en la Sierra Madre Occidental de México. Su existencia ha sido prácticamente la misma durante miles de años, y se basa en la confianza en la naturaleza como sostén de sus comunidades.

enseñanzas del "otro lado". Por lo general, este portal se mantiene oculto hasta el momento de la muerte, pero se dice que el chamán elegido es capaz de llegar a él anticipadamente, para traer conocimiento y sanación desde el mundo espiritual; una especie de muerto viviente, si se quiere. El huichol está lejos de ser el único pueblo chamánico que cree en un personaje capaz de entrar al mundo de los muertos a través de un estado de éxtasis.

Un fenómeno similar fue relatado por un monje budista tibetano cuando Terence McKenna lo introdujo al uso de la DMT. Después de que el monje ingirió la sustancia, dijo: "Esas son las luces menores". Para explicarlo mejor: en el budismo mahayana las "luces menores" son aquellas que se ven en el límite del bardo cuando se inicia el proceso de muerte, que tiene una duración de cuarenta y dos días. El monje continuó: "El cuerpo no puede ir más allá, y ya no hay expectativas de retorno"[36]. El temor de seguir avanzando hacia la luz encuentra eco en el Rigveda, himno CLV: "Un hombre mortal, cuando contempla dos pasos del que mira la luz, se inquieta con asombro. Pero nadie se atreve a acercarse a su tercer paso, no, ni las aves emplumadas del aire que vuelan con alas".

EL MISTERIO CUÁNTICO

Desde los tiempos de Homero y Hesíodo, la ciencia ha descartado todas y cada una de las ideas no racionales y chamánicas hasta que, en un momento dado, la humanidad se vio envuelta en un universo dualista y mecanicista de materia muerta. Sin embargo, cuando dimos un salto al corazón del átomo, las estructuras netas y racionales de la física clásica comenzaron a desmoronarse, y los estudios parecen confirmar el concepto psicodélico de que el mundo es mucho más mágico de lo que habíamos pensado. Los nuevos descubrimientos en el plano cuántico implican, aparentemente, que el universo está más bien compuesto por paquetes de energía vibrantes e interconectados en una comunidad de evolución creativa en donde la mente y la materia ya no pueden verse como partes separadas.

La mecánica cuántica es la rama de la física relacionada con lo más pequeño (subatómico). La energía de los electrones y los átomos se presenta en trozos discretos que no pueden ser subdivididos. La cantidad mínima de energía se denomina quantum o cuanto (en plural, quanta o cuantos). La naturaleza de la mecánica cuántica es probabilística, lo que la convierte en archirrival de la certidumbre. Esto resulta en lo que da la impresión de ser conclusiones muy extrañas respecto del mundo físico. En la escala de átomos y electrones, muchas de las ecuaciones de la mecánica clásica, que describe el funcionamiento de las cosas en el mundo normal, dejan de ser útiles. Las leyes de la física clásica, tal como se les conocía antes, no son aplicables a las leyes del universo subatómico. Cuando equipos sofisticados les permitieron investigar la estructura fundamental de las partículas, los científicos pudieron llegar a una sorprendente conclusión. Resultó que la materia, en su forma más diminuta, no es tanto materia, sino paquetes vibrantes de energía o luz inconcebiblemente pequeños, que presentan propiedades tanto de ondas como de partículas. Parecieran ser los pilares fundamentales de la realidad. Se diría que el ser humano y todo lo demás que hay en la naturaleza no son más que una organización avanzada de energía y vibración interrelacionadas. Además, de acuerdo con los descubrimientos del matemático y científico escocés James Clerk Maxwell (1831-1879) y la teoría cuántica de campos, todos esos trozos de energía están estructurados dentro de un campo electromagnético a través del cual viaja la información. El campo en cuestión afecta al mundo entero y nosotros, siendo seres construidos a partir de esos paquetes de energía, estamos insertos en él. El campo conecta entre sí todas y cada una de las pequeñísimas fracciones de información o energía. En vista de tal conexión, posibilitada por el campo electromagnético, y considerando que el ser humano también está hecho de esas partículas, la posibilidad de conectar con –y acceder a– cualquier otra partícula en todo el universo constituye un potencial latente en nuestro interior. Esta idea parece más fantasía que ciencia, pero constituye una teoría que ha encontrado eco en muchas de las autoridades más importantes de la física cuántica.

El descenso a la madriguera del conejo cuántico no ha hecho más que comenzar. Antes de la física cuántica, se creía que los sistemas físicos y su evolución podrían describirse independientemente de la existencia de quienes se dedicaban a su estudio. Con el surgimiento de la teoría cuántica, sin embargo, todo ha cambiado de forma abrupta. La sólida realidad a la que llamamos hogar parece ser mucho más relativa y subjetiva de lo que pensábamos. Hoy en día, los científicos se han topado con un fenómeno que respalda la idea de que somos copartícipes, de alguna manera, en la creación de la realidad. Este peculiar fenómeno es conocido como el efecto observador y parece reafirmar un aspecto del idealismo alemán que fue descartado por el positivismo lógico en el siglo XX. Los principios de la física cuántica han revelado que todos los estados posibles de un sistema evolucionarán en conjunto si no se les observa. La plétora de estados posibles existe en lo que se denomina onda de probabilidad. La naturaleza de la realidad en su fundamento parece ser una probabilidad en lugar de existir de facto como un lugar fijo en el tiempo y el espacio. Un átomo no sujeto a observación permanecerá en un estado de superposición, lo cual significa que ocupa un número infinito de posiciones posibles simultáneamente. Por supuesto, esta incógnita cuántica ha desconcertado a los científicos, y una de las dos explicaciones más reconocidas sostiene que, al observar un sistema, el universo se ramifica en todos los estados posibles del sistema, y nosotros nos encontramos en una de esas múltiples realidades. La otra explicación afirma que un sistema existe en una superposición y únicamente cuando interactúa con el átomo pasa a ocupar una posición fija en el espacio y en el tiempo. No hay duda de que las mentes científicas están siendo desafiadas por esta naturaleza aparentemente irracional de la realidad.

A pesar de los innumerables intentos realizados por los científicos, la mecánica cuántica nunca ha sido refutada, pero tampoco tiene el respaldo de la certeza, lo cual ha provocado frustración en muchos estudiosos. Uno de ellos fue Albert Einstein, quien estaba en desacuerdo con la idea de que la realidad, en su nivel más fundamental, estuviera determinada por el azar; de hecho, es famosa su frase: "Dios no juega a los dados". Aunque se resistía a aceptar aquello que desafiaba a la mecánica clásica, reconoció de mala gana las leyes de la mecánica cuántica. Hubo, sin embargo, algo que se rehusó a aceptar: la idea del entrelazamiento cuántico. Este fue el nombre que se le dio al fenómeno que ocurre cuando dos partículas se vinculan entre sí. De acuerdo con la investigación, tal vínculo parece no estar limitado por la distancia. Es como si, de alguna manera, las partículas se conectaran sin importar cuán apartadas pudieran estar entre sí. Tras la vinculación, la distancia entre ellas no debilita su conexión. El entrelazamiento cuántico desafiaba la teoría de la relatividad de Einstein, ya que implicaba que las partículas pueden transmitir información a velocidades mucho más altas que la de la luz. Esto podría ser falso, toda vez que la teoría de la relatividad sostiene que ninguna información puede desplazarse más rápido que la luz. Einstein no pudo contravenir el hecho de que las partículas estaban vinculadas de alguna forma, a pesar de la gran distancia que las separaba. Por lo tanto, presentó una teoría que explicaría la manera en que esas partículas daban la impresión de estar conectadas. No lo estaban mediante una "acción fantasmal a distancia", según sus palabras, sino sencillamente porque estaban en un estado simple de medición al ser separadas y permanecían así al ser medidas, de manera muy similar a un par de guantes en cajas separadas. Si en una caja está el guante izquierdo y en la otra el derecho, cada caja seguirá conteniendo el mismo guante cuando sea abierta, sin importar cuán lejos hayan sido llevadas una de la otra. Lo que Einstein denominó como la "acción fantasmal a distancia" de Niels Bohr y su propia "teoría de los guantes" siguieron en disputa, porque ninguna de ellas pudo ser probada.

A pesar de lo anterior, en 1964 John Steward Bell encontró una forma de poner a prueba el entrelazamiento cuántico. Aunque producir los resultados fue difícil y sostenerlos todavía más complejo, la investigación de John Bell estimuló la realización de otros experimentos y, a principios de la década de 1980, Alain Spect y varios otros físicos se las arreglaron para probar que, de hecho, las partículas eran capaces de comunicarse a distancias increíbles y a velocidades muy superiores a la de la luz. La investigación reveló que el estado de las partículas medidas en realidad no estaba predeterminado, a diferencia de lo postulado por Einstein. Las correlaciones entre los estados indeterminados de las partículas entrelazadas son reales y no pueden explicarse mediante la mecánica clásica. Walter Lewin, exprofesor del Instituto de Tecnología de Massachusetts (MIT), afirma: "Esto es lo más extraño de la mecánica cuántica. Diría incluso que es imposible de comprender. Ni siquiera me pregunten por qué, ni me cuestionen sobre cómo funciona, porque son preguntas no válidas. Todo lo que puedo decir es que, aparentemente, es así como funciona el mundo"[37].

El fenómeno del entrelazamiento cuántico en particular representa un hermoso reflejo científico de esta verdad absoluta e interconectada de la realidad. Los genios científicos se las han arreglado para llegar a esta inevitable conclusión, incluso a través de métodos científicos. Schrödinger siempre dijo que llegaría un momento en que la física cuántica develaría los misterios de la naturaleza. Después de trabajar por décadas con la física teórica y la mecánica cuántica, el admirado científico David Bohm también terminó por concluir que todo está interconectado y que el yo no es sino una abstracción del todo. En una entrevista comentó:

[Para comprender] debemos comenzar por el todo, y las partes no son más que abstracciones del todo. No tienen existencia independiente. Podemos hacernos una sencilla imagen de esto si observamos el agua y vemos un remolino. Al verlo parece una entidad, pero no es más que un patrón de movimiento constante del agua... Todo el universo está construido de esa manera... Esto se extiende al universo completo... Existe una totalidad... La idea del yo es una abstracción... Todas las cosas que parecen tener una existencia independiente son tan solo manifestaciones de algo mucho más profundo[38].

Como solía decir Einstein, Bohm sostuvo también que la comprensión de la realidad exige algo más que ciencia. Con frecuencia citaba a

Krishnamurti, quien afirmó que para entender la naturaleza debemos ver nuestro interior.

La teoría cuántica plantea en abstracto aquello que las sustancias psicodélicas nos muestran fenomenológica o prácticamente. Nos enfrentamos cara a cara con el hecho de que la realidad es mucho más compleja y mágica de lo que pudimos haber imaginado, y que no tenemos idea de lo que sucede. Nuestros mejores esfuerzos por responder las preguntas relativas a la existencia no son más que anécdotas incompletas que se narran en torno de una fogata. Son solo estrechos marcos de referencia que usamos en un vano intento por convertir la confusa complejidad de la realidad en algo comprensible. Aparentemente, la mecánica cuántica está llegando a conclusiones espirituales y psicodélicas respecto de la naturaleza de la realidad. Es como si el individuo participara de alguna manera en la creación de su propio mundo; todo está interconectado, un campo de información y energía se extiende por el universo entero; la vibración, la energía y la luz constituyen el fundamento de la materia. Si escucháramos con atención, casi podríamos percibir las risas distantes y los suspiros de alivio de los chamanes mientras dicen: "Por fin han empezado a recordar".

Creo que la ciencia, si se practica correctamente, verá el espíritu en la naturaleza, y parece ir bien en ese sentido. Esto recuerda el viejo adagio según el cual "el primer trago del vaso de las ciencias naturales te hará ateo, pero en el fondo del vaso te espera Dios". Una visión del mundo mecánica, determinista y dualista no será suficiente. Aferrarnos a ella sería insatisfactorio y fútil. En este enigmático mundo hay mucho más que materia muerta que avanza inconscientemente hacia estados crecientes de entropía. El universo está vivo y la materia es espíritu dormido; sin embargo, esto no significa que tengamos que descartar a la ciencia. Tan solo necesitamos reformularla, algo que también sostuvo el distinguido matemático y filósofo Alfred North Whitehead. No podemos seguir aferrados a esta interpretación infantil, mecanicista, newtoniana y cartesiana de la naturaleza. Requerimos modelos nuevos y mejorados.

Es fácil perderse en la farmacología y la neurociencia que subyace en la experiencia psicodélica. Pero una forma obvia de aprender más acerca del curioso universo cuántico consiste en verlo por uno mismo. La extraordinaria complejidad fenomenológica de la experiencia psicodélica no puede entenderse a partir de un tubo de ensayo. Las sustancias psicodélicas facilitan una ruptura en el plano que nos lleva al puente entre lo clásico y lo cuántico; entre lo normal y lo divino. Considero también que entender mejor este puente entre ambos mundos es la clave para comprender el funcionamiento de la mente. Un detalle curioso de este campo de estudio es que los académicos pueden leer todos los artículos que quieran y ver todas las imágenes de fMRI a las que puedan tener acceso, pero eso no garantiza necesariamente un mejor discernimiento sobre lo que implica la experiencia psicodélica. Aunque leamos varios libros sobre el tema y conozcamos todo lo referente a la textura, el color y la estructura molecular de una manzana, solo sabremos qué es ese fruto cuando tengamos uno en la mano y le demos una mordida. No debemos olvidar nunca que la experiencia psicodélica es mucho más que la interacción de regiones de la mente o la fluctuación de ondas cerebrales. En palabras de Terence McKenna: "Pese a que esta investigación es importante, existe el peligro de que el estado psicodélico termine por ser irresponsablemente explicado y hábilmente presentado como una variante interesante de la actividad de la red cerebral. Esto es totalmente insatisfactorio, y es importante que los datos objetivos derivados de la neuroimagenología sean complementados con estudios fenomenológicos detallados del estado generado por la DMT"[39].

3

Medicina de la selva

Considero importante enfatizar, sobre todo para aquellos que desconocen los efectos de las sustancias psicodélicas, que experimentar con una de estas drogas puede representar una de las vivencias más profundas de la vida. La evidencia sugiere que, en términos de significado, pueden estar a la altura de prácticamente cualquier otra cosa: enfrentar la muerte, enamorarse o crear vida nueva. Así, el punto clave es que estas drogas no son recreativas. Son sustancias increíblemente poderosas que deben tratarse con respeto, tal como lo han hecho ciertas culturas durante cientos o miles de años.

ROBIN CARHART-HARRIS, "PSYCHEDELICS:
LIFTING THE VEIL"

Gran parte de lo que produce incomodidad suele venir del interior del cuerpo y sale a relucir a través de la conciencia. El ego disciplinado no solo pone límites a lo que viene de fuera, sino que también nos protege de lo que acecha en lo íntimo. Los seres humanos cargan en sí mucho más que huesos e intestinos. Los terapeutas conversacionales únicamente pueden acceder a la mente consciente, ya que llegar al subconsciente no es algo que se logre por simple elección o voluntad. Una rama de la psicología, conocida como hipnoterapia, pretende alcanzar la mente subconsciente, pero pocas veces tiene resultados positivos. En el caso de algunas personas, la sencilla acción de hablar de sus problemas puede aliviar su

malestar emocional y producir cambios internos profundos y provecho-
sos. Por desgracia, otras requieren más ayuda de la que la conversación
terapéutica puede ofrecerles. Las sustancias psicodélicas, como la ayahuasca, tienen la capacidad de rebasar al ego y revelar aquello a lo que
normalmente no hay acceso... pero debemos recordar que el ego tiene
razones para ser protector. Si experimentáramos todo el dolor que llevamos a cuestas, el resultado podría ser abrumador; por lo tanto, el ego no
permite que salga a flote, sin importar cuán fuerte sea nuestra voluntad.

No obstante, la integración conlleva sanación, y la ayahuasca rara vez se
niega a colaborar con quien la ingiere. En algunas tribus indígenas, la ayahuasca también es conocida como "doctor espiritual", porque nos fuerza a
enfrentar todas las emociones y experiencias que hemos reprimido y olvidado, para bien o para mal. Aunque este proceso es difícil, suele ser necesario si deseamos retomar el estado normal de tranquilidad. Adentrarnos
en nosotros mismos y confrontar el dolor provoca que su impacto se ami-
nore. Esta utilidad de la ayahuasca podría contribuir a la sanación integral
a la que años de terapia solamente pueden aspirar. Carl Jung hablaba con
frecuencia de que las explicaciones obtenidas dentro de los confines de la
ciencia y el racionalismo nunca serán adecuadas para solucionar los problemas del alma. En el mejor de los casos, son insuficientes y, en el peor,
dañinas. Las soluciones deben encontrarse en el vasto y ocioso paisaje del
inconsciente. Tanto Freud como Jung afirmaron que existe una especie de
oscuro sótano del inconsciente, en donde acechan muchos aspectos ocul-
tos y suprimidos de nuestro ser. A diferencia de Freud, que prestaba poca
atención al lado positivo del inconsciente, Jung reconocía el gran potencial que se halla dentro de esta parte de la psique humana. Según él, el
potencial humano está muy entrelazado con la integración de esas lóbre-
gas aristas de nuestra mente. Jung se refería a la integración armónica del
consciente y el inconsciente con el término de individuación, y es ella la
que nos llevará a una vida humana plena y saludable. Esto, sin embargo,
no es algo que debamos dar por sentado. El ego muestra sus muchas caras
durante el desafiante camino hacia esos reinos extraños, y el yo vive una
profunda metamorfosis a lo largo de estas aventuras del subconsciente.

Ahora bien, Jung destacó que esto es necesario para alcanzar la paz de una mente conquistada. Es conocido por haber escrito que "la experiencia del yo constituye siempre una derrota para el ego"[1]. El poeta y filólogo Frederick Myers también afirmó que la investigación del inconsciente es esencial para hacer del potencial humano una realidad. En contraposición a Freud y Jung, sin embargo, él se concentró casi por completo en el "piso superior" del inconsciente. Según Myers, este piso "carecía de techo" y a través de él se podría acceder a lo místico y espiritual.

Junto con la disolución de los circuitos neuronales habituales antes mencionada, el elemento de la purga (de la que también hemos hablado) representa un poderoso aspecto de la ayahuasca. Cuando todas las pesadas emociones y energías son liberadas, el "río de la vida" puede volver a fluir sin obstrucciones. Las recién obtenidas percepciones y los nuevos discernimientos suelen surgir de las experiencias místicas invocadas por la ayahuasca, mismas que pueden generar profundos cambios internos que reverberan positivamente en la vida de las personas.

Un efecto terapéutico adicional de la ayahuasca, y posiblemente de otras sustancias psicodélicas, es la súbita sensación de desinterés. Es cierto que esto también podría ser contraproducente, pero en un individuo que padece ansiedad o depresión, lo más probable es que se trate de un cambio positivo. Es frecuente que el estado psicodélico nos permita vislumbrar el insondable misterio de la existencia y salir de la experiencia con una comprensión más profunda de la extraordinaria obra de arte en que nos encontramos. Tal vez los problemas previos ya no parezcan tan relevantes, porque hemos sido testigos de algo infinitamente más grande. Tras una experiencia psicodélica, la mente permanece intacta, pero la voluntad sufre un grave cambio. Lo que antes provocaba que actuáramos y padeciéramos, de pronto parece totalmente carente de interés. Son trivialidades que ya no nos molestan, por la sencilla razón de que tenemos cosas más relevantes que contemplar. Lo que antes podía conducirnos a preocupaciones y turbulencias emocionales, ahora tiene muy poca importancia. De un momento a otro ya no importa si nos estamos quedando calvos o si no nos llegó la invitación a la despedida de soltera.

La ayahuasca es un medicamento realmente holístico para la mente, el cuerpo y el espíritu. No solo trabaja en el nivel emocional, sino también en el físico, mental y energético. La gente tiende a pasar toda la vida adquiriendo toda suerte de objetos, pero la ayahuasca nos enseña, entre muchas otras cosas, a soltar.

DEPRESIÓN

Tristemente, el número de personas que viven con depresión se incrementa permanentemente. La Organización Mundial de la Salud calcula que más de 300 millones de personas a nivel mundial viven con depresión[2]. De hecho, 15 por ciento de la gente que padece depresión grave termina suicidándose, por ejemplo, en el Reino Unido, este padecimiento es la principal causa de muerte entre los varones menores de 45 años. Año tras año, aproximadamente 800 000 personas mueren por su propia mano en todo el mundo[3]. Vivimos en una época peculiar en la que, a pesar de nuestras ventajas, los adolescentes están más que nunca deprimidos y agobiados por la ansiedad; Después de un decrecimiento en la década de 1990, la cantidad de jóvenes que cometen suicidio se ha incrementado cada año[4]. La forma en que la industria médica occidental trata la depresión y otros padecimientos mentales se basa casi exclusivamente en el uso de antidepresivos, conocidos con el nombre familiar de "píldoras de la felicidad". Se las utiliza ampliamente, toda vez que pueden dar un alivio temporal a la angustia psicológica. De los diversos tipos de inhibidores de recaptación, los ISRS son, por mucho, los antidepresivos más populares y recetados. No sería exagerado llamarlos el santo grial de la psiquiatría moderna. Los ISRS desencadenan un proceso químico que incrementa la cantidad de serotonina en el cerebro, forzándola a mantenerse en las sinapsis neuronales. Esto provoca una prolongada sensación de felicidad. La turbulencia emocional y mental queda brevemente de lado y los síntomas desaparecen por un rato, por lo menos hasta que llega el momento de tomar otra dosis de dicha artificial. Los ISRS se ocupan de los síntomas, no de las causas, lo cual produce naturalmente un comportamiento adictivo. El intenso alivio de la aflicción mental puede ofrecer grandes ventajas y posiblemente salvar vidas. El problema, sin embargo, es que los antidepresivos son utilizados en exceso y, ante la falta de cualquier otro método que trate los problemas subyacentes, las personas pasan meses o incluso años ingiriendo píldoras. El doctor Ben Weinstein, profesor adjunto de psiquiatría en el Baylor College of Medicine, comentó a la revista *U.S. News* que en la comunidad médica existe controversia respecto a los efectos a largo plazo de los ISRS, debido a que han sido recetados y utilizados en exceso: "Esto no significa que deba evitarse por completo recetarlos, pero no hay duda de que es imperativo tomarlos con más seriedad"[5]. Los ISRS no se emplean exclusivamente para tratar la depresión; también constituyen la principal alternativa médica para tratar desórdenes de ansiedad, el TEPT y el trastorno obsesivo compulsivo (TOC)[6].

Por desgracia, se habla poco de los efectos colaterales adversos de los ISRS. El profesor de psiquiatría y director del Depression Center, o Centro de Depresión, de Dallas, Madhukar Trivedi, comentó: "Los efectos colaterales de los antidepresivos dependen de la clase de medicamento que se use, pero al referirnos a ellos, en casi todos los casos estamos hablando de los ISRS"[7]. De acuerdo con un reporte científico publicado en la revista *Psychiatry*, aproximadamente 40 por ciento de las personas que toman antidepresivos tienen efectos colaterales, y cerca de 25 por ciento de ellos son considerados de regular importancia. Entre ellos están: dolores de cabeza, de articulaciones y musculares, náusea, sarpullidos, diarrea, aumento de peso, desórdenes del estado de ánimo, perturbaciones del sueño, insensibilidad emocional, migrañas, impactos negativos en la actividad sexual y quizá, paradójicamente, un incremento del riesgo de suicidio[8]. Peter C. Gotzsche participó en un debate organizado por la *British Medical Journal* respecto a los riesgos y los beneficios de los antidepresivos. De acuerdo con los datos obtenidos, las personas a quienes se les había administrado ese tipo de drogas por largos periodos de tiempo presentaban quince veces más probabilidad de cometer suicidio, en comparación con lo que aseguraba la Asociación de Alimentos y Medicamentos estadounidense (Food and Drug Administration, FDA)[9]. Previamente, la FDA realizó estudios con 100 000 individuos, concluyendo que la ingesta de antidepresivos provocaba que se duplicara la probabilidad de que tuvieran pensamientos suicidas o atentaran contra su vida. Gotzsche y su equipo afirmaron que el riesgo podría ser incluso más alto. Por otro lado, el problema radica también en que el efecto antidepresivo de aumentar la serotonina provoca que la producción natural de este neurotransmisor disminuya drásticamente. En consecuencia, cuando la persona deja de tomar antidepresivos, la vida podría parecerle totalmente carente de felicidad, porque el cerebro debe acostumbrarse de nuevo a generar por sí mismo las cantidades adecuadas de serotonina. De esta manera, la ingesta de antidepresivos contribuye al desarrollo de un círculo vicioso en el que la persona se siente incapaz de funcionar sin ellos.

La ayahuasca y otras plantas medicinales podrían ser una solución a este problema. A diferencia de los ISRS, no trata los síntomas, sino las causas. Esto facilita el enfrentamiento con lo que produce dolor interior. Además, tienen el potencial de hacer frente al sufrimiento psicológico subyacente. La introspección, la autorrealización y la sanación de traumas del pasado, que se derivan de una experiencia con ayahuasca, permiten una más completa comprensión de las consecuencias y mejoran la toma de decisiones. Esto puede capacitar al individuo para abstenerse de caer en comportamientos destructivos y patrones negativos de pensamiento. Como se mencionó antes, los científicos de la década de 1960 ya lo sabían. En aquella época se tuvieron muchos resultados positivos en el tratamiento de trastornos psicológicos a partir de sesiones terapéuticas combinadas con sustancias psicodélicas. En los círculos médicos, varios tipos de drogas psicodélicas eran conocidas como drogas maravillosas, debido a sus notables efectos sobre la salud mental.

Sin embargo, si las personas mejoraran tras la ingesta de unas cuantas dosis de medicamento dejarían de comprarlo muy pronto, y eso afectaría negativamente a la industria farmacéutica. El monopolio competitivo de ese sector se ha beneficiado directa e indirectamente con la prohibición de las drogas psicodélicas, particularmente en virtud de que la solución industrial que promueve genera flujos de ingresos sostenidos, en la medida en que tratan los síntomas más que ocuparse de dar solución a las causas subyacentes. En 1987, Terence McKenna afirmó que "las sustancias psicodélicas no son ilegales porque un gobierno benévolo esté preocupado de que sus ciudadanos pudieran brincar de la ventana de un tercer piso. Estas sustancias son ilegales porque invalidan estructuras de opinión y modelos de comportamiento y procesamiento de información culturalmente establecidos. Nos abren a la posibilidad de que todo lo que sabemos está equivocado"[10]. Esta es una idea aterradora, lo cual no significa que no haya algo de verdad en ella. Las sustancias psicodélicas actúan como catalizadores de la imaginación y eliminan las limitaciones. Las sociedades se mantienen unidas gracias a límites y definiciones, y si una sustancia despierta el relativismo y provoca que la gente se cuestione esos límites y definiciones, podría, en última instancia, representar un riesgo para su estructura fundamental. Es mejor que las personas estén sedadas por la televisión, el alcohol, los juegos de computadora, los antidepresivos y los medios de comunicación, en lugar de tener una población curiosa, de mente abierta, dispuesta a formular preguntas y desafiar los sistemas de valores de las constipadas estructuras sociales. Si, como dijo Franz Kafka, el mal es todo aquello que distrae, la cultura de la modernidad es profundamente malvada. Debemos recuperar nuestras mentes y, como propuso McKenna de manera provocativa: "Huir de la influencia de los ingenieros culturales que quieren convertirnos en seres más o menos idiotizados que consumen toda la basura fabricada a partir de los huesos del mundo agonizante"[11].

Es probable que la solución no sea imponer la completa legalización de las drogas psicodélicas, pero debiera haber alguna normatividad que abra posibilidades a los ciudadanos afligidos o curiosos. Esperemos que la demonización de estas sustancias sea solamente una oscura tendencia que la civilización del futuro recordará con cierta sorna, tal como hacemos hoy en día al pensar en otros conceptos inmaduros del pasado. Hubo un tiempo en que poseer esclavos era normal; una época en que las mujeres no podían votar o la población de color no podía sentarse en ciertos lugares... Antes de que los escritos de Freud abrieran las puertas, también hubo un tiempo en que la sexualidad era denigrante. El actual es uno de esos escenarios sombríos; nuestra obligación es luchar por hacer valer el derecho natural del ser humano. La sociedad no decide sobre nuestros derechos; debemos pelear por ellos y defenderlos.

La medicina occidental ha determinado que el efecto antidepresivo de la ayahuasca se debe a su capacidad de elevar los niveles de serotonina, de manera similar a como lo hacen los antidepresivos normales. Si esto es cierto, no queda claro cómo es que los individuos que ingieren ayahuasca, u otras sustancias psicodélicas, encuentran alivio a largo plazo de la depresión cuando no la han utilizado por años. Por otro lado, ¿a qué se debe que la ingesta de ayahuasca frecuentemente vaya aparejada con experiencias místicas, percepciones emocionales, mejoras en el estado físico, mental y emocional, y una relación con el "espíritu de la ayahuasca"? Ciertamente, estos no son efectos de los ISRS normales.

Confrontar los problemas puede implicar un trabajo enojoso y extenuante, pero es la única forma de sanar. Saturarnos de antidepresivos de prescripción no nos ayudará en el largo plazo, y quizá necesitemos más ayuda de la que pudiera ofrecernos la terapia conversacional.

De los cerca de 300 millones de personas que viven con depresión, aproximadamente una tercera parte no responde a las rutas de respuesta normales a por lo menos tres tipos distintos de antidepresivos; por otro lado, una creciente evidencia respalda la observación de que la ayahuasca tiene rápidos efectos antidepresivos. A lo largo de las últimas dos décadas, las evaluaciones sanitarias realizadas a consumidores regulares de ayahuasca han demostrado un mantenimiento de la función cognitiva, mayores niveles de bienestar y una disminución de los síntomas de ansiedad y depresión[12]. A pesar de los reportes de náusea, vómito y diarrea, cada vez más evidencias indican que la ayahuasca tiene un perfil de seguridad positivo, al no producir adicción ni tener asociación con deterioros en la personalidad o la cognición[13].

En otro programa de investigación en torno a la ayahuasca, veinticinco consumidores originarios de la Europa septentrional reportaron un incremento en su autoconciencia, ser más amorosos y empáticos, haber desarrollado un mundo interior más significativo, ser más creativos y estar más profundamente conectados con la naturaleza[14].

Un artículo posterior daba cuenta de efectos similares, incluyendo nuevas percepciones y acceso a niveles más profundos del yo. La reflexión seria sobre la vida, la naturaleza y la conciencia fue otro tema constante[15]. Un reporte más mostró que los usuarios de ayahuasca a largo plazo, dentro de la iglesia del Santo Daime, desarrollaron menores índices de desesperanza. Muchos de los usuarios señalaron que, antes de formar parte de la iglesia, tuvieron problemas de alcoholismo y eran propensos a mostrar comportamientos violentos. Se describían a sí mismos como impulsivos, confrontativos, irrespetuosos e irresponsables. Los quince miembros involucrados en el proyecto reportaron que la ayahuasca tuvo una influencia profunda en sus vidas, al permitirles tener un nuevo entendimiento de sus conductas autodestructivas y motivarlos a asumir el control de su existencia. Asimismo, aseguraron tener mejor memoria y concentración, y un estado de ánimo consistentemente positivo. Todos reconocieron, sin embargo, la importancia del sentido de comunidad y la guía que ofrecía el uso ritual dentro de la iglesia[16].

Por consiguiente, se plantea la hipótesis de que existe un mecanismo básico a través del cual la ayahuasca y otras sustancias psicodélicas pueden ser útiles en la psiquiatría, ya sea que se las emplee para tratar la depresión, el TOC, desórdenes relacionados con la ansiedad o la adicción. A pesar de ello, una consideración de importancia estriba en que, para que el proceso sea benéfico, el paciente debe estar acompañado por al menos un facilitador experimentado y en un ambiente seguro y que brinde apoyo. De no manejarse apropiadamente, llevar al cerebro de un estado de conciencia normal en vigilia a un terreno desconocido podría implicar riesgos. El desafío consiste en crear un entorno controlado en donde, sin embargo, se pueda perder el control. La experiencia debe realizarse dentro de un ambiente en donde la gente reciba asistencia para beneficiarse del uso de sustancias psicodélicas, pero minimizando el riesgo[17]. El movimiento hippie de la década de 1960 es un gran ejemplo de cómo pueden terminar las cosas si estas sustancias se utilizan inapropiadamente.

Las prometedoras propiedades terapéuticas de las sustancias psicodélicas están siendo presentadas como si fueran algo nuevo. Muchos reportes sugieren que la terapia es mucho más efectiva cuando se complementa con una sustancia psicodélica. Una buena cantidad de artículos de los años sesenta y setenta dan cuenta de tratamientos efectivos contra la depresión, el alcoholismo, la ansiedad, el TEPT y la adicción a la heroína. Muchos terapeutas han afirmado que la responsable de estos resultados positivos es la experiencia mística o espiritual. Esta profunda práctica de sanación ha llegado a ser conocida como terapia psicodélica[18]. Stanislav Grof también hace referencia al valioso potencial terapéutico de las drogas psicodélicas: "Estas sustancias funcionan como amplificadores inespecíficos que aumentan el nivel energético de la psique y permiten que la dinámica inconsciente esté disponible para el procesamiento consciente. Esta singular propiedad de las drogas psicodélicas, permite analizar el trasfondo psicológico que gobierna nuestras experiencias y comportamientos, con una profundidad que otros métodos y herramientas de la ciencia moderna dominante no pueden igualar. En los desórdenes emocionales y psicosomáticos, para impulsar la transformación hacia una personalidad positiva, y para propiciar la evolución de la conciencia"[19].

La introducción de la ayahuasca y otras plantas medicinales sagradas a la sociedad moderna representa, sin embargo, una disyuntiva que no es fácil de resolver. Por un lado, la legalización irrestricta podría conducir a su uso inadecuado por desconocimiento, e incluso reavivar el dilema de los años sesenta. Por otro, la prohibición de emplear estas insondables sustancias parecería una torpeza, ya que las plantas sagradas tienen un extraordinario potencial para la sanación, la reconciliación ecológica y la gnosis. Como dijo Ino Moxo:

> Es injusto que la gente tenga que padecer enfermedades... que son dolencias que sabemos cómo prevenir... Todo lo que he expresado acerca de mí y de tantas otras cosas, es resultado de mi preocupación por esas personas. Tal vez alguien perdido en algún lugar, sin remedio, víctima de un padecimiento que los médicos creen incurable,

podría leer lo que escribes, acercarse a ti y recuperar la dicha de su existencia. Esta es la razón por la que he dicho lo que he dicho[20].

Por otro lado, introducir estas sustancias a la medicina occidental y la esencia de las culturas chamánicas a los mercados de valores tampoco parecería la mejor solución, no solo por el bien de las plantas, sino también por el nuestro. Los chamanes afirman que un elemento fundamental de la experiencia es el entorno en que esta se lleva a cabo: los cantos, la capacidad de sanación y protección del chamán, la energía y la comunidad. Limitarnos a explotar la selva tropical para despojarla de sus plantas sagradas y lanzarlas a la práctica médica occidental, no garantiza necesariamente que obtendremos la sanación que anhelamos. Mark Plotkin, un etnobotánico, escribe: "El secreto de la sanación no descansa solo en la artillería bioquímica de las plantas en sí mismas. En las sociedades indígenas amazónicas la curación de padecimientos serios casi siempre involucra un ritual"[21]. Estas plantas son maestros sagrados y divinos; no se trata de otra tendencia que sumar a la maquinaria capitalista occidental. Uno de mis más grandes temores es que se las convierta en píldoras y se las promocione con un mensaje publicitario como este: "Se vende iluminación. Compre 4 y llévese una gratis por solo $50".

El vínculo entre las plantas y los humanos es una relación sinérgica de amor, honestidad y respeto. Esto es vital para obtener los efectos curativos de las plantas, y lo mismo puede decirse del elemento chamánico. Las plantas representan la savia sagrada de una cultura moribunda, y representan nuestra conexión como especie con la diosa ecológica de la que somos hijos. Debemos tratarlas con reverencia e introducirlas a la sociedad occidental de la manera correcta. Esto podría llevarse a cabo a través de instituciones religiosas o iniciativas chamánicas a las que los exploradores curiosos o los individuos atribulados pudieran acceder. Debemos evitar, por todos los medios, que conviertan la ayahuasca en una píldora o un tentempié, aderezada con conservadores y azúcar para poder ajustarse a la maquinaria del consumismo moderno. La integración y "modernización" de la planta de la coca refleja un escenario de terror que debiéramos esforzarnos por impedir. La civilización occidental tiene una forma de convertir las plantas sagradas en sustancias de las que se puede abusar. En épocas antiguas, a la planta de la coca no se la conocía como cocaína, sino como la "planta divina de los incas". Formaba parte esencial de la cultura andina y era masticada no solo por sus efectos proféticos, sino también por su valor nutricional[22].

ADICCIÓN

En la actualidad, la ciencia y la sociedad occidentales tratan las adicciones como una enfermedad del cerebro, y con frecuencia se les califica de crónicas[23].

Respecto a la naturaleza de las adicciones, los chamanes tienen una perspectiva distinta de la que defiende la psiquiatría occidental. Ellos aseguran que quien tiene una adicción sufre un desequilibrio espiritual. Su alma está enferma y su corazón débil. El "río de la vida" no fluye correctamente por el cuerpo. Las milagrosas habilidades chamánicas de sanación son resultado, por lo menos en parte, de su visión holística del ser humano. Los chamanes saben que mente y cuerpo no son entidades separadas, y que la parte espiritual del individuo juega un papel importante en su salud. No ven la adicción como una enfermedad cerebral resistente a los tratamientos. Por el contrario, consideran que es una enfermedad enraizada en el desequilibrio espiritual. Si no se le da solución, esta desarmonización puede ocasionar padecimientos mentales, emocionales y/o físicos. La ciencia médica occidental no comprende la interacción que se da entre cuerpo y mente y, por lo tanto, trata a cada una de esas partes como algo separado, a pesar de que constituyen un sistema único. Los chamanes trabajan la falta de armonía orgánica que provoca el malestar con ayuda de las plantas y los espíritus. En la medicina hipocrática de la antigua Grecia encontramos una práctica de sanación similar. En ella, el paciente era llamado *asthenis* o "persona que carece de fuerza o energía vital"; el médico era *iatros* o "sanador que restablece la *sthenos* (energía vital) de la persona".

La adicción no es una enfermedad cerebral crónica, sino un padecimiento psicoespiritual derivado de un desequilibrio psicológico reversible, muchas veces arraigado en experiencias traumáticas previas. Las personas con adicciones tienen una dolencia en su cuerpo emocional y buscan alivio a través de la evasión. Cualquiera que sea la adicción, es resultado de la necesidad de escapar. Para tratarla debemos descubrir de qué está huyendo la persona. Gabor Maté comenta lo siguiente respecto a la naturaleza de la adicción:

> No todas las adicciones tienen origen en el abuso o el trauma, pero considero que siempre derivan de una experiencia dolorosa. En el centro de todos los comportamientos adictivos hay una herida. Está presente en el ludópata, en el adicto a internet, en el comprador compulsivo y en el trabajólico. Quizá la herida no sea tan profunda y el dolor no tan intenso, y tal vez estén totalmente ocultos, pero están ahí... los efectos de una aflicción o experiencias adversas a temprana edad configuran directamente la psicología y la neurobiología de la adicción en el cerebro. Es imposible entender la adicción sin preguntarnos de qué naturaleza es el alivio que encuentra, o espera encontrar, el adicto en la droga o el comportamiento adictivo[24].

En 2009 y 2010, Gabor Maté llevó a cabo retiros de varios días con el tema "Trabajando con la adicción y el estrés", mismos que incluían cuatro jornadas de terapia grupal y dos ceremonias de ayahuasca lideradas por expertos. En el equipo encargado del retiro participaban líderes ceremoniales de ayahuasca de Perú y Canadá. En este pequeño estudio, los datos obtenidos a partir de reportes personales de seguimiento, realizados durante seis meses, señalaron una reducción en el uso de alcohol, tabaco y cocaína. Además, varias escalas de validación indicaron mejoras estadísticamente significativas en términos de optimismo, empoderamiento, atención y calidad de vida[25]. Esta no es la única historia de éxito contra la adicción influenciada por la ayahuasca. En un artículo científico se reveló que los usuarios consuetudinarios de ayahuasca calificaron más bajo en dos de las subescalas del Índice de Gravedad de la Adicción (ASI, Addiction Severity Index): uso de alcohol y drogas y estatus psiquiátrico, y el uso ritual no pareció estar asociado con los impactos psicosociales negativos de muchas otras drogas susceptibles de abuso[26]. En otro artículo sobre treinta y dos miembros de la iglesia del Santo Daime en Estados Unidos, diecinueve reportaron incidentes psiquiátricos previos, pero todos informaron tener buena salud mental y únicamente dos presentaban al momento un desorden psiquiátrico activo[27].

¿A qué se debe que en las sociedades modernas la adicción y los problemas sociales asociados con las drogas, el tabaquismo y el abuso del alcohol se hayan convertido en una preocupación sanitaria tan importante? Muchas civilizaciones premodernas participaban en prácticas que involucraban fumar y el uso de alucinógenos, sin consecuencias negativas. Entre ellas están los indígenas americanos, que empleaban tabaco en sus ceremonias, y las culturas andinas, como la inca, que usó coca durante miles de años. Esto por no mencionar las numerosas sociedades chamánicas que, a lo largo de milenios, han utilizado –y siguen haciéndolo– plantas medicinales como la ayahuasca. La historia oficial con que se ha alimentado a los miembros de la civilización moderna afirma que algunas sustancias contienen "anzuelos" químicos que provocan adicción y dependencia si se ingieren por un tiempo prolongado. Esto no es así. La diamorfina, una versión de heroína mucho más pura que esta, se administra como analgésico en los hospitales por largos periodos de tiempo a las personas que han sido sometidas a cirugía. De acuerdo con la idea normalmente difundida respecto a cómo funciona la adicción a sustancias, estos individuos debieran volverse adictos a la heroína o la morfina, pero eso no ocurre.

Nuestra teoría acerca del funcionamiento de la adicción se basa en un experimento con ratas, en el cual una de ellas se colocaba en una jaula en la que solo había dos botellas de agua, una de ellas infusionada con heroína. En casi todos los casos, la rata bebía continua e incansablemente de la botella con droga, hasta que sufría una sobredosis y moría. La conclusión fue que todos los tipos de drogas son peligrosos y adictivos. Pero un profesor curioso comenzó a preguntarse qué papel desempeñaba el entorno. En el experimento, las ratas eran colocadas a solas en las jaulas vacías. Quizá el resultado tenía menos que ver con la droga y más con el entorno. El profesor quiso comprobar su hipótesis, para lo cual creó lo que dio en llamar "parque ratonil": un espacio cercano a lo que imaginaba sería el paraíso de las ratas. Era un estupendo lugar, con amistosas ratas de ambos sexos, alimento, pelotas, túneles y las dos botellas: una con agua normal y otra infusionada con heroína. Esta vez, sin embargo, las ratas prefirieron el agua normal y se mantuvieron alejadas de la otra. La tasa de sobredosis cayó de aproximadamente 95 a casi cero por ciento[28]. Esto parece indicar que la adicción está mucho más relacionada con los niveles de felicidad y significado de vida que con cualquier anzuelo químico. El problema es la desconexión. Puede tratarse de desconexión de los demás, de nosotros mismos, de la naturaleza o del enigma divino de la mente de Gaia. Cuando hay una falta de conexión, respondemos tratando de escapar de la herida interna y buscando algo que borre la incómoda sensación que produce en el cuerpo. Ese algo puede ser el alcohol, la cocaína, las compras, el trabajo, los juegos de computadora o la comida.

Las tribus chamánicas, como la inca o la de los indígenas estadounidenses, no utilizaban sustancias que alteran la mente para huir; por el contrario, lo hacían dentro de un contexto de sanación y crecimiento espiritual. Eran conscientes de la importancia de la autotrascendencia, y la practicaban a través de ceremonias sagradas. Las personas que no están familiarizadas con estos reinos psicodélicos piensan que son una especie de presentación con diapositivas en donde se ilustran círculos concéntricos, sentimientos agradables y colores llamativos. Desconocen la profundidad de estos viajes: las poderosas experiencias emocionales, los extraordinarios reinos de horror, belleza y comprensión. El ansia de trascender el yo es el principal apetito del alma. Carl Jung afirmó que el elemento sagrado es esencial para la sanación: "La aproximación a lo sagrado o numinoso representa la terapia real y, en la medida en que se logra la experiencia numinosa, uno queda liberado de la maldición de la patología"[29]. Son incontables las personas que desean satisfacer este deseo, y serían dichosas de poder hacerlo en la iglesia. Aunque, como declaró el poeta inglés John Milton (1608-1674): "Las ovejas hambrientas miran hacia arriba y no se las apacienta. Participan en ritos, escuchan los sermones, repiten las oraciones, pero su sed sigue insatisfecha. Decepcionadas, recurren a la botella. Como vemos, el cristianismo y el alcohol no se mezclan ni deben mezclarse"[30].

La historia ha revelado que el cristianismo y las sustancias psicodélicas podrían ser incompatibles. En 1962 se realizó un experimento inusitado en la capilla Marsh de la Universidad de Boston. Se le llamó Experimento Marsh Chapel o Experimento del Buen Viernes. Walter N. Pahnke era un estudiante graduado en teología de Harvard Divinity School. Organizó el experimento con la ayuda de Timothy Leary, como parte del Harvard Psilobybin Project (Proyecto de Psilocibina de Harvard). La idea era investigar si la psilocibina podía funcionar como un enteógeno confiable en individuos predispuestos a la religión. De los 200 profesionales en religión, entre 40 y 90 por ciento reportaron una "mayor conciencia de Dios, un poder superior o una realidad definitiva"[31]. Estos resultados ofrecieron soporte empírico a la idea de que las sustancias psicodélicas son, de hecho, capaces de facilitar las experiencias religiosas o místicas. Entre los participantes se hallaba Huston Smith, un erudito en la materia que hoy cuenta con amplio reconocimiento como una de las figuras más influyentes en estudios religiosos. Más tarde describiría su vivencia como "el más poderoso retorno cósmico al hogar que haya experimentado". Después de veinticinco años, los participantes en la investigación se reunieron en un estudio de seguimiento. Todos los sujetos que recibieron psilocibina mencionaron que la experiencia había tenido elementos de "una naturaleza mística genuina", y la describieron como "uno de los hitos de su vida espiritual"[32].

Esto nos lleva a preguntarnos a qué se debe que, en las sociedades modernas, los distintos medios para alterar la conciencia suelen estar asociados con las adicciones y el abuso. Tal vez haya alguna relación con la intención, el respeto y el método de uso involucrados en la experiencia. Parecería que una diferencia significativa entre el uso de las sustancias psicodélicas en las sociedades modernas y en las antiguas culturas indígenas sería la intención: por un lado, estados alterados sin propósito y ánimo de huida, y por el otro, crecimiento espiritual y sanación. El respeto y la intención son dos elementos de importancia fundamental en las tribus premodernas, y esto no es exclusivo de la participación en viajes místicos, sino también por lo que se refiere al sembrado, cultivo, cosecha y cocción de las plantas. El sembrado debe llevarse a cabo con la intención de que el producto sea un remedio para curar. La planta debe ser cuidada y empleada con amor y respeto. Los chamanes explican que esto es de vital importancia para sus efectos curativos y adivinatorios. Los miembros del pueblo mixe, de la serranía mexicana, adoran las plantas psicotrópicas sagradas que usan en sus rituales. Siempre que se encuentran hongos sagrados en la naturaleza, quien los descubre debe arrodillarse ante ellos y pronunciar estas palabras:

Tum'Uh. Tú, que eres la reina de todo lo que existe y fuiste puesta aquí como sanadora de todas las enfermedades. Yo te digo que te llevaré de este lugar para sanar la enfermedad que tengo en mi casa, porque fuiste denominada como ser grande de la Tierra. Perdona esta molestia, porque te llevo al lugar donde está el enfermo, para que le muestres cuál ha sido el sufrimiento por el que ha pasado. Te respeto. Tú eres la dueña de todo y revelas todo a los enfermos[33].

Por años, las drogas han sido asociadas con el abuso y la adicción. En el caso de las drogas psicodélicas, la paradoja estriba en que, si se les emplea en contextos internos y externos correctos, realmente pueden aprovecharse para tratar trastornos del espectro adictivo. Como también se comenta en un artículo científico sobre la interacción de los psicodélicos con el receptor 5-HT2A: "Asimismo, estudios clínicos sugieren que los alucinógenos, administrados bajo supervisión médica, podrían servir como drogas terapéuticas susceptibles de emplearse para el tratamiento de desórdenes psiquiátricos y neurológicos severos, como el alcoholismo, el trastorno obsesivo compulsivo y la cefalea en racimos"[34]. Las investigaciones han mostrado incluso que las sustancias psicodélicas son fisiológicamente seguras y no propician comportamientos adictivos o deterioro cognitivo. En el libro danés *Grundbog i Psykiatri* que mencionamos antes, se describe como sigue la naturaleza de los alucinógenos: "Estas sustancias no inducen ansiedad por la droga, síntomas de abstinencia o dependencia psicológica"[35].

Las sustancias psicodélicas aportan conocimiento y ayudan a las personas a confrontar y aceptar ciertas experiencias o emociones. Romper los patrones de los circuitos neuronales habituales puede provocar la liberación de pautas del yo crónicas y negativas, como el alcoholismo, la adicción o la depresión.

Terence McKenna reconoce que la sociedad moderna tiene un tema con las drogas, pero hace hincapié en que este no tiene relación alguna con el asunto de las sustancias psicodélicas. Las drogas y las sustancias psicodélicas no son miembros de la misma familia; por el contrario, son opuestos entre sí. Según él:

La cuestión de las sustancias psicodélicas no tiene relación alguna con el problema de las drogas. Las drogas y las sustancias psicodélicas no son dos miembros de la misma familia. Son antitéticos, opuestos entre sí. La posición prosustancias psicodélicas es, sin duda, una posición antidrogas. La dependencia a las drogas es resultado de un comportamiento habitual, irreflexivo y obsesivo. Tales son, precisamente, las tendencias de nuestra configuración psicológica que mitigan las sustancias psicodélicas. Las plantas alucinógenas diluyen los hábitos y mantienen las motivaciones bajo la supervisión de un punto de vista más amplio, menos egocéntrico y más fundamentado[36].

Por otro lado, la conducta repetitiva, irreflexiva y obsesiva de la que se acusa falsamente de inducir a las drogas psicodélicas, es, de hecho, el pan nuestro de cada día en la cultura moderna. Es el estilo de vida que nos venden en todos los niveles: ver, comprar, consumir. Las sustancias psicodélicas no entran en esta categoría. Al contrario, rompen los patrones rígidos de pensamiento y comportamiento, y provocan que muchas mentes se cuestionen; el problema es que a las culturas modernas no les gusta ser cuestionadas. Estas sustancias tampoco son aptas para el escapismo, que es la segunda culpa que se les achaca con frecuencia. La experiencia psicodélica no implica una escisión de la realidad; al contrario, es una confrontación directa con ella. Durante la experiencia psicodélica, el individuo se ve arrojado al escenario del inconsciente, en donde acecha todo lo que fue reprimido para poder funcionar en una sociedad competitiva.

La respuesta represiva hacia las plantas alucinógenas está impulsada, sobre todo, por un miedo irreflexivo, resultado de la desinformación, la desconexión ecológica y la ignorancia histórica. Se nos ha dicho que las drogas psicodélicas son sustancias tóxicas que pueden llevarnos a la locura. Lo que no se nos dice es que por miles de años han sido considerados maestros sagrados, encargados de guiar y sanar a los miembros de las tribus indígenas. La cultura nos ha infantilizado. Los estimulantes, el azúcar y el alcohol son recomendados como distractores y motivo de disfrute, pero las plantas que difuminan los límites, nos introducen a la relatividad y trascienden la ilusión tóxica de la bifurcación entre el ser humano y la naturaleza, siguen siendo censuradas.

Tomando en cuenta lo anterior, el temor y la aversión que provocan las drogas son, en cierta medida, razonables y comprensibles. Es cierto que muchas drogas son tóxicas y tienen propiedades adictivas, pero el problema con el término **drogas** radica en que plantea un uso limitado del lenguaje. El concepto se utiliza con demasiada amplitud. Como suele señalar Alexander Shulgin, las drogas psicoactivas pueden dividirse en tres grandes subcategorías: "estimulantes", "depresoras" y psicodélicas. Las drogas estimulantes son aquellas que magnifican las funciones psicobiológicas, como la atención, la sensación de alerta, la actividad motriz y el nivel de ansiedad. Algunos ejemplos de esta categoría son muy bien conocidos por la mayoría de los occidentales. Incluyen el café, la nicotina del tabaco, la cocaína, las metanfetaminas y los medicamentos que se suele recetar a la gente con trastornos de déficit de atención, como el Ritalin (metilfenitdato). Ingerir una cantidad excesiva de cualquiera de ellas puede ocasionar daños al sistema nervioso o arritmias derivadas de una toxicidad cardiaca. Las drogas depresoras, o sedantes, funcionan de la manera contraria. Al utilizarlas, los sentidos se adormecen, el pensamiento se ralentiza y los músculos se relajan. Estas sustancias pueden ser la mayor herramienta de distracción y escapismo, al provocar un estado de desapego y "sueño crepuscular" en donde no hay miedo, dolor ni arrepentimiento. Los anestésicos, el alcohol, los narcóticos opiáceos y las benzodiacepinas, como el Valium y el Xanax, pertenecen a esta categoría. Las drogas depresoras son un gran recurso contra el dolor, gracias a su capacidad de inhibir los signos asociados a él; sin embargo, sus características adictivas y su capacidad de desarrollar tolerancia constituyen una combinación mortal. Podrían ocasionar paros cardiacos; de hecho, casi todos los incidentes de sobredosis por drogas se deben al uso de opioides. Las sustancias psicodélicas, por su parte, son distintas: modifican la calidad de la conciencia y no los sentimientos del usuario; además, a diferencia de los estimulantes y los depresores, no son adictivas. Es frecuente que quienes usan drogas sean calificados de escapistas, hedonistas o adictos, pero aparentemente son todo lo contrario. La ayahuasca no se ingiere para sentirse bien y huir de la realidad. En realidad, es la droga menos apropiada para el uso recreativo. El individuo se ve confrontado con aspectos de sí mismo que no son agradables y con sus problemas emocionales no resueltos, mientras pasa varias horas vomitando y evacuando los intestinos. ¿Quién en su sano juicio lo haría por placer? Es una experiencia absolutamente terrorífica, pero así es como se logra la sanación. En la sociedad moderna le tenemos miedo a las emociones. Tan pronto como una emoción desagradable surge, nos medicamos para alejarla. Esto, sin embargo, no es útil. No podemos seguir ocultando la suciedad debajo de la alfombra y esperar que desaparezca mágicamente. Como dijo Carl Jung: "Todo lo que es rechazado por el yo, aparece en el mundo como un evento"[37].

Lo anterior no significa que el uso de sustancias psicodélicas no entrañe cierto riesgo. Definitivamente, existen razones para ser cautos. Debemos acercarnos a estas sustancias con el mayor respeto y nunca emplearlas fuera de un entorno seguro y sin la guía de facilitadores experimentados.

TEPT

El trastorno de estrés postraumático (TEPT) es un desorden psicológico disparado por un evento traumático y terrorífico que deja una profunda huella en mente y cuerpo. Cuando se padece este trastorno, la respuesta de "huir o pelear" se desencadena fácilmente, porque el cerebro anticipa la repetición de una experiencia traumática previa. El cerebro de quienes viven con TEPT se muestra siempre alerta, e incluso los acontecimientos triviales llegan a percibirse como amenazas mortales. Esta sobreexcitación constante del cerebro puede ocasionar su degradación o daño permanente y, con el paso del tiempo, una reducción de su capacidad para realizar operaciones normales.

Profesores del Instituto de Psicología de la Universidad de Münster calculan que "a nivel global, 117 millones de adultos supervivientes de guerras padecen una forma de comorbilidad de TEPT+DM (Depresión Mayor)"[38]. Sin importar cuán altas puedan parecer, estas cifras solo hacen referencia a los veteranos de guerra. El sesgo cultural sugiere que el TEPT es exclusivo de esas personas, pero como afirma el especialista en trauma Bessel van der Kolk: "Por cada veterano de guerra con TEPT hay 30 niños que también lo padecen, por haber sido abusados a temprana edad"[39]. No tenemos que ser matemáticos para entender la gravedad de esta proporción.

En la sociedad médica occidental, los métodos para tratar el TEPT son los mismos que para casi cualquier otra enfermedad: un montón de píldoras para atacar los síntomas. Se requiere desarrollar nuevas formas de tratar esta condición. Van der Kolk ha estudiado el trauma durante más de cuarenta años y ha llegado a la conclusión de que, para recuperarse del TEPT, es preciso sanar el cuerpo. Las terapias conversacionales y cognitivas pueden ayudar, pero rara vez son suficientes por sí mismas. La sanación debe darse trabajando con el cuerpo y a través de él, porque es ahí en donde se alberga el trauma. Esta es la razón por la que la ayahuasca puede ser una herramienta tan poderosa para quienes padecen TEPT. La experiencia con ayahuasca está muy orientada al cuerpo; en otras palabras, es somática. La antigua medicina de la selva encuentra su camino en la sangre y cruza la barrera hematoencefálica, reduciendo las defensas psicológicas para que el individuo pueda acceder al trauma que ha dejado una huella ardiente en la mente y el cuerpo, y trabajar con él.

La ayahuasca alcanza tanto a la corteza visual y al sistema límbico del cerebro, responsable de las emociones y la memoria, para dar una oportunidad de penetrar en la herida psicológica imbuida en el individuo, que es la raíz del trastorno. Aunque terrible, la reactivación del recuerdo traumático puede ser muy curativa. Un veterano de guerra señaló que lloró durante cuatro horas seguidas durante una ceremonia, lo cual, según él, le hacía mucha falta[40].

El individuo traumatizado puede revisitar el recuerdo reprimido con amor y compasión. Al revivir estas terroríficas experiencias reprimidas, el trauma y las fuertes emociones fluyen a través del cuerpo y la persona puede conocer la paz de un organismo libre del traumatismo somático. La gente puede hablar por horas e incluso días para lograr cierta percepción racional del problema, pero eso no siempre ayuda. La racionalización no elimina el trauma. Gabor Maté analizó este aspecto de la ayahuasca en relación con el TEPT y escribió: "La capacidad curativa de la experiencia con ayahuasca reside, de manera importante, en la habilidad de la planta para evocar la memoria dolorosa del yo infantil, para que el yo adulto la contemple con curiosidad empática. Un participante compartió: 'Fui a todos los lugares tristes de mi niñez, pero me acompañé a mí mismo con comprensión y amor'"[41]. Esto, sin embargo, puede ser extremadamente atemorizante para algunas personas. Es por ello que tanto Van der Kolk como Maté enfatizan la importancia de realizar la experiencia en un entorno seguro, solidario y confortable.

Este asunto también ha sido analizado por la ciencia. Tomando en consideración la utilidad de la ayahuasca para acceder a los centros relacionados con las emociones y la memoria, los investigadores afirman que la posibilidad de liberar el estrés por esta vía deriva en una estabilización neurológica que influye sobre el organismo. En un artículo que aborda este tema se menciona que "los alcaloides de la ayahuasca mejoran la plasticidad sináptica, incrementan la neurogénesis y estimulan la neurotransmisión dopaminérgica, procesos involucrados en la reconsolidación de la memoria y la anulación del miedo; la respuesta de sobresalto disparada por los recuerdos puede reprogramarse y/o extinguirse"[42].

La doctora Sue Sisley, psiquiatra de la Universidad de Arizona, ha tratado el TEPT durante veinte años; según sus palabras: "La ayahuasca es mucho mejor que cualquier medicamento que pueda recetar... los pacientes realmente entran en remisión, lo cual nunca ocurre con otros tratamientos"[43]. Cada vez hay más personas que padecen TEPT y están cansadas de la práctica médica occidental, centrada en el tratamiento de los síntomas. Están hartas de los sedantes y de tener gabinetes llenos de las píldoras que se les recetan. Lo que les interesa es encontrar una cura real. Aunque nada está garantizado y uno siempre debe acercarse a estas alternativas médicas con la mayor precaución posible, los estudios han demostrado que un número significativo de personas se ha liberado del TEPT a través del uso de la ayahuasca[44].

NEUROGÉNESIS

Investigaciones recientes con la liana de ayahuasca sugieren que incluso podría proporcionar otros beneficios, además de los psicológicos. En 2017, Jordi Riba y su equipo de investigación publicaron un artículo en el que reportaron la posibilidad de que la *Banisteriopsis caapi*, la liana de ayahuasca, contenga compuestos que promueven la neurogénesis[45]. La investigación involucró el análisis de harmina, tetrahidroharmina (THH) y harmalina, los tres principales alcaloides presentes en la ayahuasca, y consistió en el uso de neuroesferas suspendidas en el hipocampo del cerebro de ratones adultos. Los resultados revelaron un efecto significativo en el desarrollo y la maduración de las neuronas. Se demostró que los alcaloides presentes en la liana de ayahuasca regulaban directamente la proliferación, la migración y la diferenciación de las células madre neuronales. En el artículo, Riba concluye: "Su capacidad para modular la plasticidad cerebral indica un potencial terapéutico para tratar una amplia gama de trastornos psiquiátricos y neurológicos"[46].

En última instancia, esto podría conducir en el futuro a la realización de interesantes estudios sobre posibles curas para padecimientos neurodegenerativos, como el Alzheimer, el Parkinson y el Huntington.

En las imágenes de inmunofluorescencia generadas durante el estudio se ilustra el desarrollo y la maduración de las células al añadir diferentes alcaloides a las neuroesferas: harmina, harmalina, THH y harmol (un metabolito de la harmina, producto final intermedio de su metabolismo). El desarrollo neural se registró a lo largo de un periodo de siete días.

Esta evidencia muestra que los alcaloides de la liana de ayahuasca contienen compuestos que contribuyen a la proliferación de nuevas células[*], a la diferenciación[†] de estas en células más especializadas, y a un incremento exponencial de la astrogliogénesis[‡]. Así pues, los alcaloides vegetales sintetizados a partir de la liana de ayahuasca podrían ser una solución médica para contrarrestar enfermedades neurodegenerativas. Sería prematuro sugerir que Riba y su equipo de investigadores han encontrado la cura definitiva a este tipo de padecimientos, pero no hay duda de que sus hallazgos ameritan más estudio.

Las buenas nuevas no se terminan aquí. En Asia se han llevado a cabo extensas investigaciones sobre las propiedades de la harmina; los resultados muestran que este alcaloide es citotóxico, antitumoral, antioxidante, aumenta la sensibilidad a la insulina, previene la pérdida ósea y estimula la producción de células pancreáticas, algo pocas veces visto[47].

---

*La proliferación celular se refiere al nivel de reproducción, o incremento, de una célula, parte u organismo.

†La diferenciación celular es el proceso mediante el cual una célula menos especializada se transforma en una de tipo más especializado para llevar a cabo funciones particulares. A lo largo del desarrollo y la edad adulta, el proceso de diferenciación celular lleva a la célula a asumir su morfología y fisiología definitivas.

‡La astrogliogénesis es la generación de poblaciones de células gliales no neuronales derivadas de las células madre neuronales. Al dividirse, estas pueden producir tres clases de células: neuronas, gliales y más células madre (un proceso llamado autorrenovación). Las células gliales desempeñan múltiples funciones tanto en el sistema nervioso central como en el periférico. El proceso de diferenciación de una célula madre neuronal en células gliales produce tres tipos: células gliales astrocitos, oligodendrocitos y microgliales.

CICATRIZ ANCESTRAL

Durante muchos años, y todavía en nuestros días, la venerada teoría darwiniana de la selección natural ha sido la explicación más popular a la adaptación biológica. Las mutaciones aleatorias del ADN, si son benéficas, permiten que los organismos vivos se adapten a su medio ambiente. Este es, no obstante, un proceso lento que se desarrolla a lo largo de muchas generaciones. Investigaciones ulteriores han respaldado la idea de que podría existir un aspecto adicional en el proceso de modificación biológica.

Investigadores del Yerkes National Primate Research Center (Centro de investigación de primates de Estados Unidos), de la Universidad de Emory, hicieron un descubrimiento fascinante en 2013. Kerry Ressler y Brian Dias, su investigador adjunto, habían notado los patrones recurrentes de adicción a drogas y padecimientos neuropsiquiátricos en ciertas áreas de una ciudad. Ressler y Dias pensaron que la genética heredada podría jugar algún papel en el asunto, así que se propusieron investigar más detalladamente; sin embargo, por razones obvias les resultaba imposible realizar pruebas con seres humanos. Los investigadores decidieron entonces llevar a cabo sus estudios con ratones, a los que condicionaron para sentir miedo ante el aroma de las flores de cerezo. Forzaron tal reacción al relacionar el olor con leves choques eléctricos en los ratones macho adultos. Estos aprendieron eventualmente a asociar el aroma con el tormento acompañante, y temblaban ante la presencia de las flores de cerezo, aun cuando no hubiera descarga eléctrica. Dos semanas más tarde, los cruzaron con los ratones hembra; los vástagos resultantes fueron criados hasta la edad adulta sin exponerlos en ningún momento a la fragancia de las flores.

El estudio demostró que la reacción de miedo se había transmitido de alguna manera a los descendientes de los ratones originales. Las crías exhibían respuestas emocionales de temor cuando se les exponía al olor, a pesar de no haberlo conocido antes. Incluso, habían nacido con neuronas adicionales con capacidad para detectar el aroma de las flores de cerezo. ¿Cómo es que los ratones que nunca habían sido expuestos a ese olor mostraban signos de miedo en su presencia? Podría argumentarse que a los ratones sencillamente les disgustaba el aroma; sin embargo, fueron comparados con los descendientes de ratones que habían sido condicionados a reaccionar a una fragancia distinta, así como con otros "normales" que no habían participado en ningún proceso similar. Ninguno de ellos respondió con miedo ante el mismo olor. Dias y Ressler encontraron que tanto los ratones macho (sometidos a fertilización in vitro) como las hembras podían transmitir esta sensibilidad condicionada. Incluso la tercera generación de ratones, los "nietos", heredaron esta reacción. Para evitar el contraargumento de que los descendientes habían resultado afectados durante el embarazo, Ressler y Dias se aseguraron de que las futuras madres fueran condicionadas antes (y no durante) la concepción y el embarazo. Esto respalda la idea intuitiva de que la reacción de miedo se transmitía a través de los rasgos genéticamente heredables mediante el esperma o los óvulos[48].

¿Cuál es la explicación para esto? ¿Por qué los ratones que nunca habían sido expuestos a las flores de cerezo ni al dolor reaccionaban con miedo a su aroma? La respuesta está en la epigenética, un aspecto de la adaptación biológica mucho más rápido y que deriva en modificaciones biológicas. La palabra "epigenética" proviene del prefijo griego *epi-*, que significa "sobre" o "en torno de", con lo cual puede interpretarse como "en torno a la genética". Se trata del estudio de los cambios heredables en la expresión genética, que no involucran transformaciones en la secuencia de ADN subyacente. La secuencia de ADN de una persona está definida y nunca se modifica, pero la epigenética determina qué tanto se expresan las distintas partes de los genes involucrados. La epigenética es la responsable de que los gemelos idénticos tengan diferencias entre sí. Este tipo de gemelos nacen a partir del mismo óvulo fertilizado, por lo cual comparten el mismo genoma; no obstante, deben todos sus rasgos distintivos al epigenoma, ya sea heredado o desarrollado a lo largo de sus vidas.

El organismo del ser humano está conformado por billones de células, cada una de las cuales contiene una copia completa de su ADN. Este es el "plano" del código genético del individuo. Aunque las células contienen ADN almacenado, la epigenética es necesaria para el proceso continuo de activación y supresión de diferentes partes de las cadenas de ADN. En otras palabras, el ADN cuenta con muchos datos, pero no sabe qué hacer con ellos. Requiere la ayuda de la epigenética. Imagine una oficina: el ADN serían los trabajadores y la epigenética el jefe. El ADN (los trabajadores) desconocen qué hacer con la información, así que necesitan que la epigenética (el jefe) les diga qué hacer con ella. La epigenética trabaja a través de grupos metilo e histonas. Los grupos metilo se vinculan con un genoma, para hacerle saber cómo debe expresarse cierto gen. Las histonas funcionan de forma ligeramente distinta. Son las proteínas alrededor de las cuales se enrolla el ADN. Su trabajo es controlar cuán rígida o laxamente se enrolla el ADN. Si lo hace con laxitud, el gen se expresará más; si lo hace con rigidez, la expresión genética será menor. Los grupos metilo funcionan como un interruptor que se puede encender o apagar; cuando está encendido, las histonas trabajan como el control de volumen de un equipo de sonido, controlando la magnitud en que un gen activado deberá expresarse. Todos los datos están almacenados en el genoma, y la epigenética es el informante que "indica" al ADN cuáles genes debe expresar. A diferencia del ADN, la epigenética puede modificarse a lo largo de la vida. Estos cambios de gradiente se deben a factores ambientales externos. Así, aunque el ADN es inmutable, a través del estilo de vida es posible influir en cuáles genes se expresarán.

La epigenética puede unirse al genoma y, por lo tanto, es heredable. La epigenética heredada puede transmitirse de generación en generación. Tal es el caso, por ejemplo, de la reacción de miedo ligada al olor de la flor de cerezo. La epigenética heredada puede ser útil para que el individuo se adapte al ambiente en el que nace y han vivido sus padres. Como señalan Ressler y Dias en su artículo, una explicación biológica del papel que juega la epigenética es su utilidad para transmitir a la descendencia la información más importante respecto del entorno. Estos datos genéticamente transmitidos pueden mejorar la capacidad de la descendencia para sobrevivir y prosperar. No obstante, también son capaces de transmitir una programación desventajosa, por ejemplo, enfermedades. Los científicos han descubierto que los cambios inapropiados en la epigenética pueden provocar que las células funcionen mal, y contribuir al desarrollo de padecimientos como el cáncer. Por ejemplo, cuando un desequilibrio en la epigenética provoca hipermetilación, esto es, la adición de grupos metilo a una posición del ADN que no debería recibirlos, esto ocasiona el silenciamiento de algunos genes que tendrían que estar activados, como los genes supresores de tumores[49].

Para empeorar las cosas, algunas de esas programaciones problemáticas conllevan el peso de lo que el autor Joseph Tafur llama "trauma ancestral". Las experiencias traumáticas de nuestros antepasados pueden adherirse al genoma y transmitirse a nuestros descendientes. Esto forma una cicatriz molecular que se incorpora al andamiaje genético del individuo. Los hijos de los supervivientes del Holocausto son un ejemplo de un grupo de gente que heredó la epigenética. En 2013, Kellermann publicó un artículo en donde analizó la herencia epigenética de esos individuos. El estudio mostró que la terrorífica experiencia afectaba no solo a los supervivientes, sino también a sus hijos. Kellermann explica: "En lugar de números tatuados en sus antebrazos, han sido marcados epigenéticamente con un revestimiento químico que cubre sus cromosomas, representando una especie de memoria biológica de lo que sus padres experimentaron". Todos los hijos de los supervivientes del Holocausto mostraron una predisposición común a padecer estrés y ansiedad. Antes, se argumentaba que esto era resultado de factores relacionados con la crianza y el entorno, pero investigaciones subsecuentes revelaron que tales predisposiciones se debían, más probablemente, a la herencia epigenética[50].

La memoria ancestral o molecular es originada por experiencias particulares que dejan una impronta epigenética que, a diferencia de otros rasgos epigenéticos, se adhiere al genoma y se transmite a los descendientes. Una persona podría heredar no solo las dolencias de espalda de su abuelo, sino también la predisposición a sufrir depresión que aquel desarrolló a partir del abandono social que enfrentó siendo un recién nacido. Es posible que no arrastremos únicamente las experiencias traumáticas que hemos tenido durante nuestra vida, sino también aquellas que enfrentaron nuestros antepasados.

Si consideramos los episodios psicodélicos, este fenómeno incita interesantes especulaciones. Podría explicar, por ejemplo, por qué algunas personas llegan a experimentar traumas aparentemente ajenos durante esos episodios o en la meditación profunda. Es posible que no estén lidiando con sus propios traumas, sino con la memoria de un antepasado, que está embebida en su epigenética. La utilidad de la epigenética podría residir en su capacidad de proporcionar acceso al usuario, mediante este profundo estado de trance, a un enorme depósito de información ancestral, incluyendo experiencias y memorias previas que están incrustadas en el tejido mismo de su ADN. De esta manera, facilitarían una sanación que trasciende la vida personal, pero, al mismo tiempo, la afecta. De alguna forma, es como si curáramos los traumas de nuestros antepasados. Si esto es así, también estaríamos salvando a nuestros futuros hijos, al evitar la transmisión del problema.

Jeremy Narby propone una teoría similar respecto a la ayahuasca y el ADN. Según él, los textos y las escrituras de las tribus indígenas de la Amazonia peruana suelen mencionar grandes serpientes y dobles hélices. Numerosos chamanes afirman que buena parte de su conocimiento les fue dada por "enormes serpientes". Así, Narby sugiere que tales animales no son serpientes reales, sino las dobles hélices del ADN, y que los chamanes pueden tener acceso a este conocimiento profundo, intrínseco y primordial, imbuido en nuestro ADN a través de la ayahuasca[51].

LA GUERRA CONTRA LAS DROGAS

El Convenio sobre Sustancias Psicotrópicas de la Organización de las Naciones Unidas (1971), clasifica la ayahuasca y la DMT como drogas de su Lista I. Por su parte, el gobierno federal estadounidense define las drogas, sustancias o químicos de la Lista I como "drogas sin valor medicinal actualmente aceptado y con un elevado potencial de abuso y un potencial para crear dependencia psicológica y/o física severas"[52]. La Lista I de la ONU también incluye MDMA, LSD, peyote y marihuana. Ni siquiera la heroína se considera tan peligrosa como la DMT, clasificada en la Lista II.

El hilo conductor de todas las drogas psicodélicas de la Lista I parece ser el hecho de que todas producen mentes inquisitivas, algo que todos los gobiernos temen. Así pues, la ingesta de DMT o ayahuasca constituye un grave acto delictivo que podría ocasionar encarcelamiento[53].

El antropólogo y escritor Jeremy Narby comenta al respecto: "¿A qué se debe que en todo el mundo occidental estas sustancias, que cientos de culturas han encontrado tan interesantes durante milenios, estén prohibidas? ¿Cómo llegaron estas culturas, que se consideran a sí mismas tan ilustradas, democráticas y científicas, a declarar ilegales las plantas? Tal vez parezca raro, pero claramente hay algo profundo y revelador en la naturaleza de estas sociedades"[54]. Sería más fácil estar de acuerdo con esta inflexibilidad si se aplicara a todas las drogas dañinas, pero, como afirma Stephen Jay Gould: "¿Cómo podemos defender nuestra política actual, basada en una dicotomía que nos anima a considerar un tipo de sustancias como un flagelo de importancia, mientras que las dos más peligrosas y destructoras de la vida, el alcohol y el tabaco, forman parte de un segundo tipo y se publicitan con luces de neón en todas las calles urbanas de Estados Unidos?"[55]. Si algo podemos decir del alcohol, es que es fuente de degradación moral, desdicha doméstica y accidentes que pueden evitarse.

¿De dónde viene esta aversión general hacia las plantas con propiedades que alteran la mente? ¿Cuál es su justificación? ¿Es un temor intrínseco? ¿Es una emoción que nos impone una sociedad cuya frágil estructura descansa en la gente que no se interesa por adentrarse más profundamente en la trama de la realidad? ¿Se debe sencillamente a que las plantas son peligrosas? En 2010, el neuropsicofarmacólogo David Nutt y su equipo de investigación decidieron estudiar los daños provocados por el uso inadecuado de veinte tipos de drogas, divididos en dieciséis categorías de perjuicio, nueve relacionadas con los daños producidos por la droga en el individuo, y siete con los que provoca en otros. Estas categorías de perjuicio incluían factores sociales, psicológicos y físicos. El estudio reveló que el alcohol era la más dañina, seguida por varias de las drogas ilegales duras, como la heroína, la cocaína y las metanfetaminas; el tabaco ocupó la séptima posición. En resumen, puede verse que las drogas psicodélicas, como el éxtasis, el LSD y los hongos, están entre las sustancias menos peligrosas[56].

De acuerdo con un informe de la Organización Mundial de la Salud (OMS), a nivel global el consumo nocivo de alcohol termina, cada año, con la vida de más de 3 millones de personas[57]. El uso de tabaco provoca más de 7 millones de muertes al año, 65 000 de las cuales corresponden a niños, por padecimientos atribuibles al humo de segunda mano[58]. La gente que se anestesia con alcohol y envenena su cuerpo con el humo del cigarrillo puede verse en prácticamente todos lados, pero los enteógenos derivados de las plantas que han sido empleados durante milenios para adivinación y curación, ahora son considerados altamente ilegales. ¿Es porque los individuos nacen en sociedades con normas e ideas predeterminadas que rara vez se ponen en duda?

El escritor y periodista Graham Hancock afirma que la civilización moderna denigra cualquier tipo de conciencia que no esté enfocada en la producción o el consumo de bienes materiales, y que solo el alcohol puede ofrecer a las personas un descanso anestesiado de esta rutina material. Y continúa: "La enorme oposición que siguió (a la psicodelia de los años sesenta) tuvo que ver con el temor que sintieron los poderes fácticos de que, si muchas personas tenían acceso a esos ámbitos y esas experiencias, el entramado mismo de la sociedad que hoy tenemos se derrumbaría y, lo más importante, aquellos que ocupaban la cima del poder perderían su posición"[59].

Los hippies de los años sesenta y setenta trataron de oponerse a la norma y experimentar con drogas psicodélicas, pero aquello no terminó bien. Algunos de ellos, carentes de información, ingirieron varios tipos de sustancias psicodélicas y drogas ilegales en medio de contextos internos y externos caóticos. No contaban con conocimiento alguno respecto a esas sustancias. Tampoco tenían chamanes que los guiaran a través de esas experiencias espirituales. Su comportamiento tuvo, necesariamente, repercusiones negativas y contribuyó a la aversión general hacia esas sustancias. Esta falta de conocimiento y guía en torno a las sustancias psicodélicas y sus usos dio por resultado un proceso fallido de iniciación cultural. Sin embargo, muchos aspectos de la contracultura de los años sesenta han abonado a la clasificación de las experiencias místicas. Las divisiones raciales de aquella década no influyeron en las comunidades hippies, en las cuales participaban personas de todos los orígenes. En ellas se predicaban la paz y la armonía, y todos se veían como parte de una gran familia. Estaban en contra de la guerra, posiblemente porque las sustancias psicodélicas les enseñaron que todos estamos conectados de formas que trascienden las razas, las religiones, las naciones y tal vez incluso la naturaleza humana. Se encontraban evidentemente influenciados y, en algún nivel, impulsados por el amor omnicomprensivo que las sustancias psicodélicas pueden contribuir a generar. No obstante, todo aquel que sabe de drogas dirá siempre que el LSD, mal elaborado, puede tener consecuencias graves y, posiblemente, incluso fatales. A los hippies esto les tenía sin cuidado e ingerían cualquier cosa que tuvieran a mano. Por supuesto, este uso frívolo e inadecuado trajo resultados desastrosos.

Debido a la ansiedad generalizada que provoca el uso no controlado de sustancias psicodélicas, y a pesar de la gran resistencia que muestran a las mismas muchos investigadores, en 1970 las drogas psicodélicas fueron declaradas ilegales por el Congreso estadounidense. A los científicos se les pidió que devolvieran sus drogas y el financiamiento para nuevos estudios fue retirado, todo lo cual ocasionó que se abandonara la investigación. Las consecuencias negativas derivadas del uso de sustancias psicodélicas eran tan solo una fracción de todos los eventos positivos resultantes de dichas drogas. Fue como si la prometedora investigación en torno a tales sustancias nunca hubiera producido frutos, y los libros de texto médicos fueron reescritos para evitar la glorificación de las mismas. Quizá ni a los gobiernos ni a las empresas les interesen los tratamientos que solo deben administrarse una o dos veces. Dennis McKenna comenta respecto a la industria farmacéutica gubernamental: "No es que no quieran que la gente tome drogas. Eso está bien, siempre y cuando sean drogas corporativas"[60]. Sin embargo, los tiempos están cambiando y las tendencias en la guerra contra las drogas están transformándose para mejor.

4

Aventuras hacia lo desconocido

Cuando bebes, ves; cuando ves, no puedes dejar de ver.

JEREMY NARBY, *NEURONS TO NIRVANA*

Este capítulo presenta una amplia variedad de encuentros con la ayahuasca que han sido recopilados de varias fuentes. Entre ellas están: una de las anécdotas de Jeremy Narby con la ayahuasca; experiencias compartidas en la tesis de licenciatura en psicología de Linus Petterson y Hamoar Karim, titulada "Meetings with Mother Ayahuasca" (Encuentros con la Madre Ayahuasca); entrevistas de la psicóloga y autora Rachel Harris; investigaciones y entrevistas relacionadas, realizadas por el doctor Rick Strassman; dos aventuras con la ayahuasca incluidas en el libro de Luis Eduardo Luna, *Ayahuasca Reader: Encounters with the Amazon's Sacred Vine* (Lecturas sobre la ayahuasca: Encuentros con la liana sagrada del Amazonas); mi propia correspondencia con amigos y conocidos que han experimentado los efectos de la ayahuasca; y experiencias obtenidas de usuarios de internet que quieren compartir sus anécdotas. Omito los nombres de algunas personas, porque ellas prefieren que sus identidades permanezcan en el anonimato.

JEREMY NARBY

Jeremy Narby estaba ingiriendo ayahuasca con el pueblo asháninca del Amazonas cuando tuvo una poderosa experiencia con esta planta medicinal.

88

Me invadieron profundas alucinaciones. De pronto me hallé rodeado por dos gigantescas boas constrictoras, de unos quince metros de largo. Estaba aterrorizado. Las enormes serpientes están a mi lado, mis ojos están cerrados, pero veo un mundo espectacular con luces brillantes; en medio de estos difusos pensamientos, las serpientes comienzan a hablarme sin palabras. Me explican que soy tan solo un ser humano. Siento que mi mente se resquebraja y, por sus fisuras, veo la infinita arrogancia de mis prejuicios. Es profundamente cierto que soy únicamente un ser humano y que, la mayor parte del tiempo, tengo la impresión de comprenderlo todo. Pero aquí me encuentro en una realidad más poderosa, de la que no entiendo nada; esto es algo que, en mi arrogancia, ni siquiera había sospechado que existiera. Al ver la enormidad de estas revelaciones siento ganas de llorar. Entonces me doy cuenta de que esta autocompasión es parte de mi soberbia. Me siento tan avergonzado que ya no me importa enfrentar esa sensación. Sin embargo, tengo que vomitar de nuevo... Narro esta experiencia por escrito, con palabras. Pero, en su momento, el lenguaje mismo parecía inadecuado. Intenté nombrar lo que veía, pero las palabras no se apegaban a las imágenes. Aquello resultaba angustiante, como si mi último vínculo con la "realidad" hubiera sido cortado. La realidad misma parecía poco más que un recuerdo distante y unidimensional... Nunca me había sentido tan absolutamente humilde como en aquel momento[1].

ENCUENTROS CON LA MADREA AYAHUASCA

Linus Petterson y Hamoar Karim entrevistaron a un gran número de personas acerca de sus experiencias con la ayahuasca; les agradezco el haberme permitido presentar algunas de esas interesantes aventuras psicodélicas en este libro.

Participante 1

Él [el espíritu] me hizo enfrentar miedos, como si enfrentara cada temor que podía contextualizar; esto ocurrió en mi mente por un rato, era como si estuviera burlándose de mí. Sentía esa energía que estaba "conversando" conmigo, era algo así como "una entidad". Me mostró cosas que ocurrieron en el pasado, a veces haciéndome sentir absurdo, como [si me dijera]: "¿Por qué le diste tanta importancia?". Otras veces me enseñaba las cosas con empatía y me "decía" que tenía que perdonarme, que no había sido mi culpa, etc. (Destaco algunas palabras, como "decía", entre comillas, porque no es necesariamente que me hablara a través de una voz o con palabras, eran más como conceptos que llegaban a mí en forma de visiones y sentimientos)[2].

Participante 2
Había entrado en contacto con la creación misma, con inmenso amor y comprensión de... todo, Dios... A partir de lo que hoy sé, gracias a la ciencia, pensaría que es posible que mi conciencia se hallara imbuida en algún nivel cuántico, porque es como si estuviera en un campo de potencialidad... como la misma creación... una naturaleza dual. Siento mucho si esto no tiene sentido, pero la verdad es que no tengo palabras para describirlo. He comprendido el amor maternal como la fuerza motriz de la creación, entrega absoluta, incondicional... la manera en que todo está conectado, el hecho de que somos una expresión de la naturaleza misma a través de esta realidad cuatridimensional definida... Lloré de felicidad, todavía lo hago, por este inmenso sentimiento de vida... El asunto materno, la energía maternal, se sentía con mucha fuerza entre las integrantes del círculo. Nunca había compartido tanto con libertad y amor incondicional hacia otras mujeres... Sentía como si todas fuéramos madres unas de otras, y hasta del universo entero[3].

Participante 3
Los primeros patrones psicodélicos fueron algo así como una serpiente o boa gigante, enredándose alrededor de mí, desde mis pies hasta mi cabeza. Recuerdo haberle dicho algo como "Hola" y guiñarle un ojo, y la serpiente también me guiñó, luego se abrió un portal en mi coronilla y todo se inundó de una luz cristalizada. Fue hermoso[4].

Participante 4
Los alivios, o purgas, se presentaron de muchas formas, como estremecimientos. Sobre todo, bostezos, llanto y sudor. Luego, algo así como el sentimiento que tiene una madre hacia su hijo, la guía, la protección, el amor. Ese fue uno de

los sentimientos que experimenté, pero no fue el único. Estaba fuera de mí, pero se dirigía a mí. Mientras me permitía rendirme a esa presencia y sentir, era como si a mi cuerpo le quitaran peso de encima. Estaba dejando ir cargas que ni siquiera me había dado cuenta que estaba llevando a cuestas[5].

Participante 5

Después de que acepté y ella dijo: "Ok, bueno, si quieres lidiar con las cosas malas y terribles que hay fuera de ti, necesitas deshacerte primero de las que hay en tu interior". Y me preguntó si eso estaba bien; cuando dije que sí, perdí control de mis brazos, mis piernas, mi boca... Básicamente me retorcía sobre un colchón, incapaz de moverme; abría y cerraba los ojos, pero lo único que veía era un recuerdo. Era un recuerdo que reprimí: una amiga fue abusada cuando yo vivía en Egipto. En ese momento, la voz dijo: "Lucha contra eso entonces"[6].

Participante 6

Cuando dije que experimenté a Dios, a lo que me refiero es a una presencia femenina conformada por mí y por el universo que me rodeaba. Sentí que me veía con amor y compasión, como lo haría un padre a su hijo. En lo más profundo de mí sentí que no importaba lo que había hecho en la vida, aunque me hubiera lastimado a mí o a los demás; aquella presencia seguiría teniendo una compasión infinita hacia mí. También vi que la presencia estaba conectada con la totalidad de mi ser[7].

Participante 7

"¿Por qué no puedo vomitar? ¿Por qué me siento tan mal?" Y de pronto, tan claro como el día, vi aparecer ante mis ojos un resplandeciente muro verde y amarillo, con lo que parecía ser el rostro de una mujer azteca superpuesto a las escamas. Con toda nitidez la escuché decir: "Porque no lo dejas fluir"; para mí, aquello tenía un doble significado. Por supuesto, no podía purgarme y por lo tanto me sentía mal porque estaba reteniendo el contenido de mi estómago, pero también lo entendí como una metáfora de cómo me sentía miserable en la vida porque no expresaba ninguna parte de mí y lo conservaba todo dentro. En el momento en que oí aquellas palabras, comencé a purgarme de inmediato[8].

Participante 8

Pues... dejé de fumar un paquete de cigarrillos al día, dejé el alcohol casi por completo. Me volví empático con los demás. Empecé a elegir con quién quería compartir mi vida y con quién no. Descubrí mi pasión por la cocina y muchas cosas más. Hoy soy completamente diferente a como era antes del verano de 2016. Lo único que se conservó fue mi esencia. ¡Encontré a mi esposa y ahora tenemos un hijo, al otro lado del mundo[9]!

ESCUCHAR A LA AYAHUASCA

Rachel Harris es psicóloga y autora del libro *Listening to Ayahauasca* (Escuchar a la ayahuasca). Entre otros temas, escribe sobre las conversaciones que ha tenido con usuarios de la planta. Desde mi punto de vista, algunas de esas pláticas son realmente inspiradoras; los siguientes son fragmentos de su obra.

Hombre, contador, de treinta y un años de edad

Ya no me odio. Pude dejar ir mi odio. ¡Mamá Ayahuasca llenó el agujero negro con su amor!

Ben

Ben había utilizado antidepresivos desde su adolescencia.

La depresión desapareció. Ahora tengo un sentimiento de valía personal. Me toma más tiempo enojarme y soy más rápido para sonreír[11].

Con respecto a este testimonio, Harris tiene razón al mencionar que, a pesar de los ocasionales resultados milagrosos, la ayahuasca no debe considerarse una cura mágica, porque no siempre ocurren.

William

William era alcohólico, y solo pudo dejar de beber después de la ceremonia.

Nunca me había sentido tan agradecido por algo que no entiendo[12].

AYAHUASCA READER: ENCOUNTERS WITH THE AMAZON'S SACRED VINE

El antropólogo y autor Luis Eduardo Luna presenta varias anécdotas relacionadas con la ayahuasca en *Ayahuasca Reader*, y me emociona mucho haber obtenido su permiso para presentar algunas de ellas en este libro. La primera corresponde a Friedman, quien ingirió ayahuasca y experimentó algo parecido a la transformación en un jaguar hembra.

Barbira Friedman

[Bajo la influencia de la ayahuasca] siento todo al mismo tiempo, patas y garras, lomo y cola, hocico, bigotes y rabo; veo con los ojos de un jaguar, súbitamente abarcando un campo de visión más amplio, mis orejas de jaguar se aguzan, abro mis fauces como práctica. "Mi" jaguar se ha ido; me doy cuenta de que me he convertido en ella, soy ella, pero al mismo tiempo conservo su conciencia fusionada con la mía... Nada de lo que leí alguna vez sobre metamorfosis animales chamánicas pudo haberme preparado para el total involucramiento de mis sentidos, mi cuerpo y mente en este proceso. Lo experimento plenamente, yo soy eso y, al mismo tiempo, conservo la conciencia de quien soy, aunque en forma de jaguar, participando con otras personas que claramente están lidiando con sus propias e intensas experiencias en la ceremonia de ayahuasca. El jaguar hembra, cuya forma he adoptado, me invita a internarme en la selva, en donde me enseñará los hábitos de los jaguares[13].

Más adelante en el libro, Friedman comenta sobre esta narración: "Esta imagen me involucró por completo en la experiencia desde un enfoque fenomenológico, el cual era abiertamente contrario al punto de vista empírico al que me inclinaba intelectualmente. Como antropóloga, ya no había cabida para otra perspectiva que no fuera el arcoíris chamánico, que siempre tiende un puente entre percepciones y enfoques inconmensurables dentro de los picos y los valles, la tierra y el cielo, la tierra y el agua, desde un punto intermedio en constante cambio"[14].

Ricardo Yaiguaje

La segunda historia es la de Ricardo, hijo de Leonides Yaiguaje, uno de los últimos grandes maestros chamanes del pueblo siona, establecido en las riberas del río Putumayo, al sur de Colombia. Ricardo ingirió ayahuasca dos noches seguidas. La primera se sintió muy contento, pero, como está a punto de leer, la siguiente no fue nada placentera.

Pasó mucho tiempo; luego, yagé llegó... Transcurrió algún tiempo y, de pronto, justo en el centro, lo único que había por todas partes eran criaturas negras con alas; el lugar estaba totalmente a oscuras cuando yagé se me acercó... "¿Qué me está ocurriendo?", pensé. Estaba recostado; entonces, personas muy oscuras me dijeron "zi'eeee zi'eeezi'eeeee ti ti ti ti ti". Todo el ruido iba a parar a mis oídos. Saturado de sonido, era incapaz de hablar; era una persona perdida, tendida ahí, viendo. Dije: "¿Por qué yagé se presenta difuminado entre estas criaturas de alas negras?". Al instante se presentaron animales negros que nunca había visto. Llegaron y lanzaron cadenas de metal tratando de atraparme. Luego, el algodón, una especie de hilo de pescar de algodón para apresar personas. Lanzaban una línea negra para intentar atraparme... Me resistí, luego la lanzaron de nuevo y yo traté de escapar, agachándome una y otra vez mientras me arrojaban aquella línea. Lo intentaron, pero no lograron atraparme... "Te están haciendo mal en ese lugar", dijo la gente yagé... "Quieren perderte para siempre"[15].

CONOCIDOS DEL AUTOR

Las personas siguientes se presentan a sí mismas muy bien, así que me resistiré a hacer comentarios adicionales.

Ulrik, maestro de Oslo, Noruega; treinta y cuatro años

Mi primera experiencia con la ayahuasca solo puede describirse como extraordinaria. Había realizado todos los preparativos, seguí la dieta y me mantuve en forma durante semanas antes del retiro. Tras años de explorar mi propia soledad, por fin estaba haciendo todo lo necesario para obtener respuestas. Hasta entonces, nada había llenado el enorme vacío que había en mi interior, el espacio vacuo y sin sentido, el corazón roto. ¿Por qué me sentía así? ¿Cómo podría ayudarme esta planta medicinal? Mil pensamientos rondaban mi mente mientras levantaba la primera taza, sin tener idea de lo que ocurriría. Nada. Al tiempo que regresaba a mi lugar, el chamán comenzó a cantar sus ícaros; yo no sentí nada. ¿O sí? No podía determinarlo, así que regresé con el facilitador y le pedí una segunda taza. Mientras iniciaba en silencio el camino de regreso a mi lugar, el medicamento me golpeó de pronto con gran fuerza. Tuve que sentarme, recuperar el aliento y organizar mis ideas mientras el mundo debajo de mí desaparecía por completo. "Vaya, acabo de beber la segunda taza", fue lo único que pude pensar antes de que, súbitamente, me atacara el pánico. Fue como si estuviera sentado sobre un cohete que hubiera sido lanzado a un túnel infinito; a mi alrededor solo había colores, símbolos y patrones. Me recosté sobre la colchoneta que estaba frente a mí y, con la humildad y el respeto más profundos, me rendí a todo lo que estaba ocurriendo. Aquello era simplemente demasiado, demasiado rápido, demasiado absurdo para entenderlo; pero, al rendirme, de verdad rendirme, todo se ralentizó y la danza comenzó. Una danza con algo, o alguien, capaz de mostrarte todo lo que necesitas ver, desde una perspectiva totalmente distinta. La ayahuasca es como un río inagotable de amor, de manera que, si la tomas en serio y vas a su encuentro con buenas intenciones, no hay duda de que curará tu alma. Te sanará de formas que ni siquiera imaginabas, y te tocará tan profundo en tu corazón que tu rostro quedará limpio, sin huellas del pasado. Después de ocho ceremonias, me sentía renacido. Mi profundo vacío interior se llenó de luz y yo estaba listo para reencontrarme con el mundo, con un toque más ligero y amoroso.

Janeth

¡He trabajado con la Medicina durante diez años, y me ha cambiado la vida! Mi encuentro con ella fue diferente al de la mayoría de la gente que la busca activamente y siente un fuerte llamado a participar en la ceremonia. Cuando viajé a la Amazonia peruana, hace más de diez años, no estaba buscando la ayahuasca, ni siquiera estaba interesada en ella. Yo no la busqué, fue ella la que me encontró a mí.

En 2010, vivía en la ciudad de Nueva York, trabajaba en marketing, tenía muchos amigos y una vida muy activa y satisfactoria. ¡Estaba viviendo el sueño! Emigré de Ecuador a Nueva York a los veinticuatro años; obtuve un buen trabajo y más dinero del que pude ganar nunca en mi país. Estaba por mi cuenta por primera vez, y me encantaba la vida urbana: museos de arte, galerías, conciertos, fiestas... y lo que más me gustaba era conocer gente de todo el mundo. Todo era emocionante y novedoso, perfecto para mí a esa edad... bueno, casi perfecto. Después de algunos meses empecé a sentirme sola, aburrida, como si algo me faltara. No estaba sola; sin embargo, entre más personas conocía, más consciente era de lo solas que se sentían. Era muy extraño: ¡tantas personas y una soledad tan profunda! Tenía buenos amigos y actividades estupendas, pero había una profunda insatisfacción, un vacío que ni el dinero ni las fiestas podían llenar.

Comencé a tener sueños en donde caminaba por las calles de Manhattan y hallaba un estrecho camino de tierra que me conducía a un bosque; otras veces estaba rodeada de montañas más altas que el mayor rascacielos. Extrañaba la naturaleza, los árboles, los animales, los caminos de tierra y las aves cantoras. También echaba de menos una comunidad en donde la gente fuera más sencilla y auténtica. De verdad me gustaban las personas que conocía en NY, pero siempre me pareció que se esforzaban demasiado por ser alguien, todo el tiempo estaban súper ocupadas, haciendo un millón de cosas. ¡Y yo era igual a ellas! Me esforzaba mucho por ser alguien y siempre estaba haciendo algo. El constante ir y venir me alejaba cada vez más de mi espíritu. Sentía que me estaba volviendo bipolar: ¡un día me parecía estar en las nubes, y al siguiente estaba deprimida! Lloraba frente a mi computadora en el trabajo, sentía que nada tenía mucho sentido en mi vida, que nada era realmente satisfactorio. No me interesaban el marketing, las ventas ni las utilidades, y tampoco comprar cosas inútiles, porque sabía que no me harían feliz. Lo único que tenía claro era mi necesidad de huir. Quería estar en la naturaleza, con las plantas.

Me llevó un año poder dejar mi trabajo. Tenía miedo de dejar escapar una "buena vida", pero mi corazón y mi alma ya no podían soportarla. Así pues, renuncié a mi empleo y me inscribí a una pasantía de dos meses en permacultura que se llevaría a cabo en Iquitos, Perú. Tenía un gran plan: pasaría dos meses en la selva de la Amazonia peruana y un par más viajando por Sudamérica. Luego regresaría a Nueva York e iría a la universidad para estudiar ciencias ambientales. Lo tenía todo planeado y perfectamente calculado, pero la vida tenía otros planes.

Fue en aquel lugar (mientras hacía la pasantía en Iquitos) que tuve mi primera ceremonia de ayahuasca; de hecho, fueron tres, una tras otra. Más allá de la increíble purga en que vomité sin parar, no recuerdo mucho de las tres ceremonias. Ahora sé que lo primero que necesitó hacer la ayahuasca fue desintoxicar mi cuerpo, muy contaminado después de haber viajado y festejado sin freno en Brasil. Por otro lado, no había llegado a la ayahuasca con alguna intención; no tenía interés por ingerirla, pero me la ofrecieron y sentí curiosidad. ¡Todo el mundo la alababa! Los pacientes que conocí me explicaron que la ayahuasca les había ayudado a liberarse de años de traumas físicos y emocionales; algunos de ellos no se sentían totalmente curados aún, pero se mostraban agradecidos de su estancia en la selva, conectándose de manera más profunda con el mundo viviente y con sus almas.

En aquel momento no entendía realmente al medicamento, pero confié en los chamanes indígenas que asistieron al centro. Sabían tanto sobre las plantas; incluso hablaban con ellas. Las plantas tienen un espíritu. ¡Para los chamanes están realmente vivas! Todo era tan nuevo para mí, tan raro, pero en lo más profundo de mí supe que la ayahuasca estaba ayudando a la gente. ¡Aquel brebaje mágico sagrado, que había sido usado por los indígenas durante miles de años, de alguna manera tenía el poder de deshacerse del sufrimiento humano!

Abandoné el centro después de dos meses, eternamente agradecida por todo lo que aprendí ahí. Mi experiencia con la ayahuasca fue positiva, pero no estaba interesada en volver a ingerirla. No sabía que, unos meses más tarde, terminaría viviendo por tres años en un centro de sanación con ayahuasca, bebiendo la medicina con regularidad y cambiando todo lo que sabía sobre mí misma y la realidad.

Trabajar con la ayahuasca no fue fácil, y mis primeras ceremonias resultaron particularmente complejas. En ellas no había nada hermoso o luminoso; solo sensaciones horribles, oscuridad y miedo. Fue tan duro. Pero seguí bebiéndola porque me sentía mejor; de mi interior surgían una ligereza y una alegría; las energías oscuras estaban alejándose. Cuando inicié mi viaje con la ayahuasca no tenía conciencia de mí misma, no creía que necesitara sanar de algo, estaba "bien"; pero la verdad es que no lo estaba, tan solo era ajena a mi propia conciencia. Estaba muy enojada con mis padres, conmigo misma y con el mundo; tenía patrones muy autodestructivos, que iban desde beber mucho alcohol hasta vivir relaciones muy violentas, darme atracones de comida y hacerme daño físico. Acostumbraba censurar mi imagen; no tenía idea de cómo amarme a mí misma. La peor época de mi existencia fueron mis años adolescentes y el inicio de mi vida adulta, cuando estaba en Ecuador. Quería morir, y buscaba lograrlo al elegir un estilo de vida muy nocivo. Cuando me mudé a Nueva York, decidí cambiarlo todo, en especial mis relaciones con hombres violentos; el resultado fue que me sentí mejor, más fuerte y con una autoestima más elevada. Creí que el pasado había quedado atrás, cuando lo cierto es que estaba siempre presente; solo lo había encapsulado en mi interior, pero no se había ido. Todos los traumas emergerían y se manifestarían como una profunda sensación de falta de valía.

Durante cada una de las ceremonias, la ayahuasca develó y liberó toda la oscuridad. Fue doloroso, pero sabía que me estaba ayudando. Poco a poco, los patrones mentales que me eran habituales desaparecieron. Dejé de culpar a los demás por mi situación, y esa mentalidad de víctima que solía tener empezó a cambiar. Estaba más consciente de mi mente y mi cuerpo, y tomé mejores decisiones porque, al fin, estaba viviendo en mi cuerpo. ¡La ayahuasca me ha ayudado tanto! No ha sido sencillo, pero siempre ha resultado muy gratificante. También conocí a cientos de personas que, como yo, sanaron sus cuerpos y mentes gracias a esta asombrosa medicina. En mi caso, la ayahuasca trabajó sobre todo en el sentido de liberarme de los traumas; al principio fue superarduo, pero ahora que mi energía es más ligera y he "hecho el trabajo", mis ceremonias son bastante más luminosas; la ayahuasca me ha enseñado a ser mejor persona, a perdonar, a ser compasiva y a recorrer esta tierra sintiendo y siendo consciente de la gran conexión que tengo con todos los seres. La manera en que experimento la naturaleza también se ha modificado; gracias a la ayahuasca, me siento un poco más parte del mundo natural y mucho más conectada con las plantas y los animales que me rodean.

En la actualidad, administro un centro de retiro de ayahuasca, y también funjo como facilitadora en las ceremonias. Me encanta lo que hago, porque puedo atestiguar cómo la gente se libera de años de trauma en tan solo unos días. ¡Es tan bonito ayudar a las personas a ser más felices!

La ayahuasca no es para todos; nunca se le debe tomar a la ligera, porque puede ser nociva para algunas personas. De ninguna manera debe considerár-sele una droga recreativa, y cualquiera que decida ingerirla tiene que hacerlo con respeto y plena conciencia de que dejará fluir los traumas; la gente debe asegurarse de ser lo bastante fuerte y preparada para enfrentar eso. La aya-huasca no es el medicamento adecuado para algunas personas; para mí lo fue. Cambió por completo mi vida y le estoy eternamente agradecida.

Avilou

Supe de esta medicina un par de años antes de escuchar el llamado de la Madre Ayahuasca... Estaba en el último año de mi preparación como psicoterapeuta y en el sexto de mi aventura de recuperación del estrés postraumático. Los estudios y una intensa terapia me habían permitido recuperarme lentamente y volver a ser funcional. Las pesadillas recurrentes que me hacían despertar entre gritos y jadeos, de cuatro a seis veces cada noche, eran ahora menos intensas. Mi sistema nervioso estaba mucho mejor que al principio, pero todavía sentía la presencia de una capa de trauma más profunda, a la que no podía llegar. Me recomenda-ron poner en práctica técnicas de respiración, y supe de gente que había tenido estupendas experiencias al hacerlo. El único resultado que obtuve fue un leve hormigueo y visiones de las estrellas y el universo. Me sentía frustrado por la sen-sación permanente de estrellarme una y otra vez con la misma pared, pero cada célula de mi cuerpo me decía que aún no era momento de darme por vencido.

Fue entonces que la ayahuasca empezó a resurgir lentamente en mi mente subconsciente. Todo nació de una conversación que tuve con una de mis com-pañeras de clase, que también se estaba recuperando de un trauma. Ella me recomendó un lugar al que había ido; aquella misma noche encontré un retiro que realmente me pareció atractivo. Al día siguiente, uno de nuestros maestros estaba por guiarnos en una meditación, así que cerré los ojos. Lo primero que vi fue a un indígena americano con un gran penacho de plumas. La imagen me llamó mucho la atención, pero la rechacé y volví a concentrarme en la meditación guiada. Más tarde, compartí la experiencia con mi compañera de clase. Cuando le conté sobre aquel individuo, se sorprendió y me dijo que era el mismo hombre que había visto durante su viaje con ayahuasca. No tuve duda alguna de que aquella era una señal de que debía ir al retiro. Aunque no tenía sentido para mi mente racional y me obligaba a cancelar la asistencia a un concierto con un amigo, el llamado fue tan fuerte que no pude resistirme. Las señales siguieron presentándose. Una semana antes del retiro, estaba buscando un álbum que había desaparecido de pronto de Spotify. Al consultar por el nombre del artista, la tercera canción de la lista se titulaba... imagínate... ¡"Ayahuasca"!

El retiro al que asistí tuvo una duración de cuatro días y constó de dos ceremonias. En la primera que participé, básicamente todo lo que sentí fue una especie de ensoñación; al terminar, me sentí más bien confuso y un poco decepcionado. Había pasado por la ceremonia sin vomitar, pero cuando sentí que el abrazo de Mamá Ayahuasca se aflojaba, súbitamente empecé a hacerlo y me pareció que no podía parar. Cuando por fin se detuvo el vómito, la sensación fue como si me hubieran arrancado el esófago. Durante la mayor parte del resto del retiro, no comí. En mi segunda ceremonia, Mamá Aya me dijo que mi más grande bloqueo estaba en mi chacra de la garganta; enton- ces le encontré sentido al vómito, porque lo estaba limpiando y liberando. La segunda ceremonia fue un viaje en toda regla hasta la esencia de quién soy y por qué estoy aquí. Se trató de una experiencia muy auditiva, en donde mi sentido del oído se intensificó. Me pareció que podía sentir las vibraciones de la música en cada célula de mi cuerpo y que podía ver la música flotando en el aire circundante. Me sentí completamente asombrado por toda la belleza que se me mostraba; mientras tanto, mi cuerpo se estremecía, moviéndose de una manera que nunca había experimentado. Lloré, reí y vomité un poco más.

Cuando salí de la ceremonia, sentía amor por todo y por todos; reconocí la sensación porque la había vivido cuando me sumergía profundamente en mi práctica de yoga, antes de los eventos que me llevaron a desarrollar el TEPT. Era como si estuviera enamorado de cada una de las personas que habitan el mundo y como si todo se limitara a eso. ¡Puro amor!

Al regresar a casa después del retiro, dormí doce horas cada noche durante más o menos un mes, antes de que mi sueño empezara a normalizarse, sin pesa- dillas, sin despertares con gritos y falta de aire. Incluso los recuerdos recurren- tes, que habían sido intensos antes de acudir al retiro, desaparecieron por completo. ¡La ayahuasca había disuelto el muro, y yo sentí que había vuelto al hogar! La conexión conmigo mismo y con todo lo que me rodeaba era más profunda que nunca. Cada vez que escuchaba la música del retiro, me reconectaba con la medicina y me embarcaba en otro viaje. Una noche, mi cuerpo empezó a sacudirse y a hacer movimientos involuntarios, de manera muy similar a como me ocurrió en la ceremonia. Mis años de entrenamiento en yoga me ayudaron a mantener la calma y a respirar en los momentos de mayor intensidad. Resultó que Mamá Aya estaba acelerando el proceso de despertar de mi kundalini, que como descubrí más tarde, ya había ocurrido siete años antes. Desde mi primer retiro he experimentado con la ayahuasca ocho veces más, y pareciera que el proceso sigue avanzando y profundizándose. Estoy agradecido por todo lo que me ha sido mostrado y por todas las lecciones recibidas, incluso las más duras, porque definitivamente también pase por ellas.

Noha

Como sabes, nací en Egipto, pero fui criada y viví todo el tiempo en el área del Golfo Pérsico, entre Catar, Arabia Saudita y (el actual) Dubái. Lo que me llevó a la ayahuasca fue la intención de eliminar gran parte del dolor, el abuso, la ira, el acoso y la represión que tiene que experimentar la típica mujer de Medio Oriente... Esta es mi historia, en resumen. Cuando tenía veinte años tuve que casarme con alguien diez años mayor y mudarme con él a Arabia Saudita. Al cumplir veinticuatro años, estaba casada y tenía dos hijos. Era ama de casa y criaba a mis niños, sin hacer nada más de mi vida, como si estuviera en una prisión. Cuando cumplí veintisiete decidí divorciarme, hacerme cargo de mis hijos y empezar a vivir. Todo mundo pensó que estaba loca; incluso mi familia se puso en mi contra. Tras tres años de sufrimiento, logré divorciarme.

Dos años más tarde contraje matrimonio con un hombre del que estuve enamorada a mis quince, y tuve otros dos hijos con él. Pero mi segundo (y actual) esposo también resultó muy abusivo. Sin embargo, esta vez decidí corregirlo todo: mi vida, mi familia, mi esposo, mis hijos y mi gente. No me daría por vencida; sabía que la solución no era divorciarme, cargar con mis cuatro hijos y padecer las peripecias de una madre soltera en una sociedad muy dominada por el hombre. Sabía que podía cambiar esta situación. Me había hecho consciente de muchas creencias distorsionadas, y necesitaba una guía.

Entonces leí sobre la ayahuasca y decidí probar... Una vez más, todos pensaron que estaba loca: una mujer de Medio Oriente viajando a solas hasta un país muy lejano para beber una poción "mágica". Sin embargo, me empeciné en ir. Algo estaba llamándome con fuerza. Y fue ahí en donde comenzó la magia; al regresar era una persona totalmente distinta. Aprendí a decir no, a ser fuerte, a amarme a mí misma y a tener compasión por todos los demás, incluso aquellos que me hicieran daño. Al principio, mi esposo y mi familia me tacharon de bruja, así que tuve que divorciarme; pero ahora era más fuerte y más dichosa. No sé cómo, pero transformé a mi familia poco a poco. También logré que mi marido cambiara: de ser un hombre abusivo que pensaba que la mujer puede ser golpeada, engañada y que carece por completo de derechos, se convirtió en una pareja respetuosa, solidaria, amorosa y afectuosa, llena de compasión. Hoy en día me apoya en todo lo que hago, contribuye a mi éxito, cree en mí y le cuenta a todo el mundo cómo lo transformé.

ANÉCDOTAS CON LA AYAHUASCA COMPARTIDAS EN INTERNET

Consulté en foros dedicados a las sustancias psicodélicas si había alguien que quisiera compartir una de sus experiencias con la ayahuasca para que formara parte de este libro. En los siguientes párrafos se presentan versiones abreviadas de las historias que conseguí.

Anónimo

Después de algunas horas, cuando la ayahuasca empezó a actuar, una de las facilitadoras se me acercó para preguntarme si le permitía ayudarme. Le respondí que sí, de manera que comenzó por tomarme de la mano. Estaba enviando poderosa energía a mi sistema, el cual empezó a ser más consciente de cosas oscuras y desagradables. En el pasado había acumulado mucha ira, y ahora estaba emergiendo; pasados algunos minutos, la facilitadora me hizo vomitarlo todo en un cubo. Luego quise ir al sanitario. Ella me ayudó a llegar hasta él, porque me costaba trabajo mantener el equilibrio y casi me voy de bruces. Después de evacuar me puse de pie y traté de subirme los pantalones.

Me sorprendió mucho notar que estos se sentían totalmente distintos después de la purga. Eran súper livianos, igual que yo. Un sentimiento de dicha me inundó. Nunca había experimentado una liberación semejante en toda mi vida... En la siguiente ceremonia, la facilitadora me auxilió de nuevo. Esta vez, la intensidad de su contacto fue tan grande que tuve que retirar mi mano. Había llegado hasta mis sentimientos de profunda vergüenza, y trató de liberarlos, pero aquello me rebasó. No pude manejar tal nivel de intimidad... Así pues, en mi experiencia, la ayahuasca representa 50 por ciento de lo que te hace sensible y perceptivo; el otro 50 por ciento es responsabilidad del curandero/chamán que te ayuda a liberar tu lado oscuro y dejarlo ir.

Me parece que esta experiencia es muy útil para ilustrar la importancia de contar con personas experimentadas y amorosas para guiarnos a través de vivencias tan intensas.

Ellienora

Mi experiencia con la ayahuasca me ha ayudado a deshacerme del miedo a convertirme en madre... Entre los veinticuatro y los veintiséis años, viví asediada por la ansiedad, los ataques de pánico y los pensamientos levemente obsesivos. Esto derivó en dos abortos voluntarios; convertirme en madre y tener que cuidar a otro ser humano me aterraba. En mi primera ceremonia con ayahuasca, mi intención era descubrir qué derrotero debía seguir. Durante la ceremonia experimenté, de manera muy realista, la vivencia de dar a luz a dos hermosos niños. Experimenté también mi amor por ambos, y sentí cómo ese amor los protegería de todo. Y, lo más importante, supe que no tendría que protegerlos de mí. Hoy en día no siento miedo de ser madre. De hecho, es lo que más ansío.

Anónimo 2

Bueno, tuve mi primera experiencia con aya este fin de semana, y fue espantoso. Sentí que algo empezaba a ocurrir a los quince o veinte minutos: una sensación cálida inundando mi cuerpo. Luego, después de unos veinticinco minutos, comencé a sentirme muy caliente, sudoroso, y vomité (mucho)... No sentí nada más, fuera de un leve cansancio y frío debido al vómito. Me dirigí al sanitario y experimenté una diarrea masiva. Una hora y media después, acepté una segunda dosis; transcurrido menos de un minuto, vomité de nuevo (mucho). Esta vez me sentí más cansado y con frío... Conseguí controlarme por una media hora antes de que la purga volviera a actuar; esta vez solo expulsé un líquido claro y bilis estomacal... Debo señalar que también vomité más bilis al mismo tiempo que sufría una diarrea explosiva (la primera vez que me ocurría). Al terminar me sentí extremadamente débil, temblaba de frío y sudaba. Apenas pude regresar a mi bolsa de dormir. Pedí dos mantas adicionales... Empecé a sentirme todavía más débil y enfermo; la sensación era como tener una gripe muy fuerte y haber sido golpeado por varias personas... La ceremonia había comenzado a las 9:30 p.m., y ya eran las 2:30 a.m. El malestar comenzó a disminuir y por fin caí en un sueño profundo que duró hasta las 7:30 a.m., cuando me despertó una potente luz fluorescente que alguien había encendido. Me molestó que me despertaran... Los otros cuatro participantes de nuestro grupo habían tenido un viaje bastante intenso. No dejaban de hablar de sus experiencias y visiones. Yo, en cambio, no tuve visión alguna; mi única experiencia consistió en sentirme extremadamente mal del estómago por cuatro o cinco horas y haber vomitado seis o siete veces, junto con dos episodios de diarrea masiva. Sencillamente me enojaba mucho escuchar a los demás hablando sin parar. Lo único que quería era empacar mis cosas y volver a casa, y eso hice. Fue una de las peores experiencias que he tenido, y no la repetiré nunca.

Anónimo 3

Después de muchos viajes, me había convencido de que las sustancias psicodélicas eran, en general, una herramienta positiva para recuperarse de los traumas y aprender más acerca de uno mismo y del mundo circundante. Despertaron en mí un interés por la filosofía y la espiritualidad, y me ayudaron a comprender y aceptar muchos aspectos de mi persona. Debido a ello, pensé que, sin importar cuán desafiante pudiera ser un viaje, terminaría por ser positivo en algún momento... Todo eso cambió cuando me involucré con la ayahuasca... No hay duda de que la primera vez que la ingerí fue una magnífica experiencia. Desconocía que cualquier suerte de droga/medicina pudiera ser tan poderosa. Me hizo recordar mi viaje más intenso con hongos, pero generó sensaciones todavía más extraordinarias. Recuerdo haber visitado lo que parecían otras dimensiones, e interactuar con seres desconocidos. Recuerdo llorar de felicidad y sentir fuertes olas de placer recorriendo mi cuerpo. Fue una experiencia asombrosa, y el ritual en general se llevó a cabo en un hermoso jardín, con chamanes responsables que cuidaban de todos y trataban de ayudar tanto como podían. La experiencia me atrapó. Ignoraba que algo pudiera ser tan increíblemente poderoso. Encontré algunas respuestas y surgieron aún más interrogantes; fue por eso que quise seguir experimentando... Mi segundo ritual tuvo lugar unos meses más tarde, y fue decepcionante; ingerí bastante sin ver resultados. Entendí que no era algo que debiera suceder —en cualquier caso, no ese día— y lo acepté como un ritual sin incidentes. Me prometí que no volvería hasta que realmente sintiera un llamado. Este se hizo presente muchos meses después, y un buen número de variables me llevaron a creer que el siguiente sería un ritual destinado a mí. Sentí, incluso en aquel momento, que sería importante. Y tuve razón... Soy incapaz de explicar con claridad lo que ocurrió ese día. Seguí la dieta e hice todo de acuerdo con las reglas. Sin embargo, tan pronto como llegué al lugar, me sentí diferente. Era como si mi cuerpo fuera recorrido por una enorme cantidad de energía. Las últimas dos veces me costó trabajo "dejarme llevar" y tuve que ingerir dosis extra de ayahuasca para lograr el estado mental deseado. Aquel día, no obstante, algo me dijo que no lo hiciera. Una dosis sería suficiente. Decidí confiar en mi intuición, y esa fue la única buena idea que tuve aquel día... El viaje se inició muy pronto y duró muchas horas. Parecía que no acabaría nunca. Al principio, todo fue demasiado intenso, la música, mis sentimientos; todo lo que tocaba me provocaba sensaciones inconmensurables... Me las arreglé para sentarme y pedir que me llevaran a un lugar más tranquilo. Alguien me ayudó y, después de unos minutos, sentí que las cosas iban bien. Entonces tuve que ir al sanitario; fue ahí que todo se fue al diablo... Un universo extraño y desagradable iba cercándome, hasta el punto en que no podía respirar. La gente se acercó a auxiliarme y recuerdo haberles gritado cosas como esta: "¿Por qué tienen ojos las personas?". Realmente estaba fuera de mí. Violentas imágenes saturaban mi mente y perdí toda fe en la humanidad... Mi barrera del ego se desmoronó y mis emociones no dejaban de fluir. No sabía en dónde terminaba yo y en dónde empezaba el mundo. Era parte del todo, pero no comprendía por qué tenía una mente pensante. No sentía mis miembros en su lugar habitual. Me desintegré muchas veces, y otras tantas recuperé mi naturaleza... Caí en un pozo de crisis existencial... Eran muchos los cuestionamientos que no me permitían recuperarme. Ya no entendía nada; me sentía como un bebé que veía el mundo por primera vez. Nada parecía real. Desarrollé desrealización y despersonalización. Realmente creí que nunca me recuperaría, pero lo peor todavía estaba por ocurrir... Un mes después de esta experiencia, estaba todavía muy desubicada. Mi psicólogo y mis amigos me ayudaron, pero mi mente seguía fragmentada. Un buen día, sencillamente reventé. Algo en mi interior dejó de reconocer al mundo como mi realidad. Estaba convencida de que nada era real. Le pregunté a mi novio si él era real; fue entonces que se preocupó. Después de eso, me perdí por completo. En medio de un evento psicótico, lo golpeé varias veces, grité y lloré, me arranqué el cabello y me hice cortes en la piel para ver si había algo real en mi interior. Tuve un ataque de pánico que duró horas y terminé en el hospital; mi atribulada madre pensó que me había perdido para siempre... Tardé meses en recuperarme. Me brindaron una intensa asistencia psiquiátrica y psicológica, y la mayor parte de mis días estuvo dedicada a mejorar. Leí a Jung y al Dalai Lama, practiqué yoga e hice todo lo que pude para integrar la experiencia. Fui afortunada de que tanta gente me ayudara a superar la situación; sin ella, me habría vuelto realmente loca. Por suerte, mejoré... No tengo antecedentes de esquizofrenia o psicosis, pero eso no impidió que me sucediera lo que me sucedió. El punto es: la ayahuasca es una apuesta. Gracias a ella, tuve la mejor y la peor experiencia de mi vida.

¡Esto es suficiente para afirmar que el uso de la ayahuasca no es siempre una experiencia positiva!

¡MADRE MÍA!

La asombrosa naturaleza de la experiencia con ayahuasca parece afectar al individuo en lo más profundo de su ser. Cuando llega el momento de volver del viaje, después de haber recorrido los pasadizos más oscuros del subconsciente hasta el corazón de la Vía Láctea, es frecuente que la gente se muestre delirante, completamente petrificada e incapaz de decir algo más que "¡MADRE MÍA!".

La intensa experiencia no se caracteriza únicamente por una sensación de enorme impacto, sino también por un innegable sentimiento de autenticidad. La naturaleza de la experiencia podría compararse con la de un sueño, pero no exactamente. El usuario curioso se ha asomado a lo que podría parecer un ámbito totalmente nuevo de la existencia. La imagen completa –o al menos suficiente– de la realidad que ha sido edificada y reforzada a lo largo de años de cotidianidad, se resquebraja de pronto en un millón de pedazos. El preciado y esmeradamente ordenado castillo ontológico de arena que nos dedicamos toda la vida a esculpir, es abruptamente barrido por la ola psicodélica. Una vez que pasa el impacto, el individuo queda confundido y preguntándose: "¿Y ahora qué? ¿Debo pretender que nada ocurrió, volver al trabajo y seguir conversando sobre cuáles son los zapatos de moda?". En 1999, el renombrado antropólogo Michael Harner profundizó sobre la práctica del chamanismo y las sustancias psicodélicas: "Vaya, sin embargo, una pequeña advertencia a los novatos en la práctica: usted y su interpretación de la realidad nunca volverán a ser los mismos, porque cruzar ese umbral será el inicio de un cambio fundamental de paradigma, no solo para usted, sino, en un momento dado, también para los parámetros de la ciencia. Esta ya no se verá truncada por una gran suposición a priori, etnocéntrica y cognicéntrica, de lo que es imposible"[16]. Después de haber experimentado una profunda experiencia mística, puede parecer raro volver a la realidad ordinaria. Un cambio inequívoco y profundo ha ocurrido en el alma misma del individuo, aunque todo lo demás parezca normal.

Otro aspecto de la experiencia con ayahuasca del que se suele hacer mención es la sensación de haber estado antes en esos ámbitos mágicos. Esta es una impresión recurrente, aun cuando la persona no haya ingerido ayahuasca previamente. Esta intensa sensación de *déjà vu* encuentra eco en todos los reportes de experiencias que se comparten en internet[17]. En el libro del doctor Strassman, Eli, una participante en la investigación sobre la DMT, comenta:

Aturdida, sentí que me contenía. Me relajé y el ambiente empezó a cambiar notablemente. Supe que estaba atravesando el primer bardo de la muerte, que había estado ahí muchas veces antes, y estaba bien. "Es igual que la última vez", pensé. Suficiente continuidad con mi conciencia despierta provocó que pensara esto a continuación: "Pero es la primera vez que logro cruzar". Concluí que había traspasado el tiempo y el espacio y que, o estaba experimentando mi patrón "normal" de muerte o estaba conectado con un momento futuro en el que, una vez más, sabría que "este es el tiempo en el que estaba, en aquel entonces, y ahora"[18].

Cuando Strassman coincidió con Eli varios meses después, le dijo: "Ya no le temo a la muerte. Es como si estuvieras ahí en un momento y luego te movieras a otro lugar; es tan simple como eso. Creo que tiene ese efecto. Estos experimentos me ayudan con mi lectura del *Libro tibetano de la vida y la muerte*. Sé cómo se siente estar totalmente libre".

Pero ¿qué significa esto? ¿A qué se debe que el reino psicodélico evoque tal sensación de familiaridad? ¿Es posible que realmente hayamos estado antes en esos ámbitos? Esto respalda la idea intuitiva de que somos algún tipo de energía que habitó estos reinos psicodélicos antes de nuestro nacimiento. Resulta difícil decir si es un alma personal la que ha estado ahí, o si el fenómeno se debe a la existencia de una conexión con una mente suprema colectiva de la que participamos; una mente mayor que el cuerpo humano y que existe independientemente de él. Quizá la conciencia no sea un fenómeno personal. ¿Qué pasaría si el cerebro fuera más un receptor que un generador de conciencia?

Esta idea de una mente cósmica o una razón universal fue la mayor preocupación de Heráclito, un filósofo presocrático, quien le dio el nombre de "logos". Esta es la imperceptible mente racional responsable del orden y el desarrollo creativo del universo. Heráclito solía decir que el logos es una verdad eterna e independiente, que está a la espera de cualquiera que decida despertar de su letargo. Afirmaba, además, que el logos se expresa como fuerzas opuestas vibrantes y eternamente tensas, pero es, al mismo tiempo, una razón subyacente y omnipresente detrás de la apariencia de intercambios equilibrados. Así lo explica en un famoso fragmento de su obra: "No comprenden cómo lo que está en lucha consigo mismo puede estar de acuerdo: unión de fuerzas contrarias, como el arco y la lira... El universo de aquellos que están despiertos es único y común, mientras que, durante el sueño, cada persona se vuelve hacia su propio universo"[19].

Este tema se presenta de diversas formas en las obras de algunos grandes pensadores. En su libro *Acerca del alma*, Aristóteles escribió que "el alma es en cierto modo todos los entes"[20]. El filósofo llamó a esta alma colectiva "el eterno intelecto [*noûs*]", y afirmó que es la inteligencia eterna que brilla sobre todos y no tiene nada que ver con el individuo. Más tarde Averroes, quien se inspiró mucho en Aristóteles, retomó esta teoría y sostuvo algo parecido. Escribió que el alma gana individualidad a través de su unidad con el cuerpo, aunque la inteligencia activa es una y común, separada del individuo y de su cuerpo. Varios siglos después, Hegel, obviamente inspirado por Heráclito, planteó una vez más algo similar al logos. En su extraordinaria obra, *Fenomenología del espíritu*, menciona que la historia humana es el proceso de un *Geist* (espíritu) que va lentamente tomando conciencia de sí mismo. Según Hegel, los seres humanos son actores en el drama cósmico del mundo espiritual. Somos la materia a través de la que el *Geist* se expresa y se refleja; el arte, la música y la filosofía son subproductos de la creciente autoconciencia de este espíritu, del que todos estamos preñados. Más de cien años después, el filósofo y místico Henry Corbin escribió, inspirándose en la espiritualidad esotérica de los sufís, que la conciencia angélica celestial impregna a todos los seres, y que el sentido de la vida es unirnos a ese reino angelical, al que denomina *mundus imaginalis*, de manera que debemos participar en el proceso de esta conciencia celestial "de adentro hacia afuera".

Si estas teorías tienen algo de verdad, la expansión de la conciencia, facilitada por las sustancias psicodélicas, podría destruir el aislado mundo personal del ego y, así, acceder a la mente cósmica. Es una manera de que el texto salga del libro de la historia y vea el mundo con los ojos del autor; una forma de que el yo aislado escape y trascienda la confinada experiencia en la que normalmente se encuentra. La sensación podría compararse con la muerte, porque el ego se identifica fuertemente con la estructura del cuerpo humano. Este logos, o alma mundial, tampoco es desconocida en el ámbito del chamanismo tradicional. Uno de los arquetipos chamánicos presentes en las tribus de todo el orbe es el *anima mundi* (alma universal). El antropólogo Gerardo Reichel-Dolmatoff afirmó que ingerir ayahuasca equivale a regresar al útero cósmico y renacer. Es como rasgar la placenta de la percepción ordinaria para adentrarnos en los reinos en donde podemos conocer la muerte y rastrear el origen de la vida hasta la sensación de la fuente primordial de toda existencia.

Una teoría similar fue propuesta por el venerado acólito de Sócrates, Platón, quien sostuvo que el alma mundial es omnipresente y omnisciente. Platón dijo que, ya que el alma de cada ser humano deriva de esta alma universal, constituye una parte de nosotros que lo sabe todo. Así pues, para Platón el aprendizaje no es un proceso de conocimiento de novedades, sino más bien una recopilación de lo que ya sabemos, gracias a esta parte divina de nuestro ser. Podríamos decir que es algo así como recuperarnos de la amnesia. Quizá el filósofo presocrático Empédocles no estaba loco y más bien señaló algo esencial cuando dijo que los seres humanos son criaturas divinas que olvidaron su condición. Además, tanto Platón como Empédocles afirmaron que la manera de regresar a lo divino y recuperar nuestras alas celestiales, es a través del amor y la restauración de la memoria perdida de nuestro origen.

Esta podría ser la razón de que el reino psicodélico parezca estar infundido con tal riqueza de información: el individuo accede al conocimiento del alma universal, el logos, al cual cada ser está sutilmente conectado. Podría ser que, a diferencia del hígado que secreta bilis, la conciencia y el pensamiento no son una secreción de la mente, sino que provienen del exterior y el cerebro actúa como receptor de una mente superior. En general, nuestro alejamiento del logos es resultado de un cerebro que prioriza la supervivencia y actúa como una válvula reguladora. Las sustancias psicodélicas y otras técnicas chamánicas, sin embargo, inhiben el mecanismo reduccionista del cerebro, y la totalidad de la realidad aprovecha la oportunidad para hacerse presente. En ese momento, entramos en contacto con una sensación extrañamente familiar y con la presencia de una mayor percepción de la conciencia.

Averroes fue un firme creyente de que el destino humano está inextricablemente entrelazado con la intención de lograr una conexión personal con el reino de la conciencia celestial. Henry Colbin también afirmó que este encuentro con la mente superior es el fundamento de toda la filosofía profética: "Para cada sabio místico, la unión con la inteligencia activa equivale, en todo momento, a convertirse en el sello de la profecía"[21].

Tal vez el logos sea algo más que un oscuro mito. Los psicodélicos son la herramienta que permitiría que la mente escape de su limitada experiencia, y las plantas sagradas el vehículo que nos conduce a este retorno al hogar cósmico. Es posible que esto no sea un delirio descartable, sino más bien la evidencia de que la mente no ha sido lisiada por el recipiente mortal en el que está normalmente confinada. Quizá la ayahuasca facilite, de alguna manera, el encuentro con este logos colectivo, la conciencia que todos compartimos. Esta también podría ser la razón de que nos resulte tan extrañamente familiar. Sencillamente, es una forma de volver a unirnos con una versión más grande de nosotros mismos.

5

Dominio sin sentido

La naturaleza no está muda; es el hombre quien está sordo.

TERENCE MCKENNA, "TURNING THE TIDE"

Si el interés del lector se centra exclusivamente en la ayahuasca, podría omitir la lectura de este capítulo.

Los chamanes del Alto Amazonas hablan de una naturaleza consciente a la que pueden acceder mediante ciertos tipos especiales de plantas medicinales. Investigaciones recientes sugieren que podrían tener la razón. De acuerdo con varios estudios, las plantas dan la impresión de presentar varios signos de inteligencia.

COMUNICACIÓN ENTRE PLANTAS

Todos los sistemas de comunicación son de doble vía: consisten en un mecanismo que emite señales de información, y de receptores capaces de responder a ellas. Por ejemplo, los seres humanos cuentan con una amplia variedad de mecanismos que pueden emitir y percibir información: el lenguaje, el movimiento, los ojos, los oídos, etc. Las plantas también tienen la capacidad de responder a las señales del entorno. Uno de los ejemplos clásicos de ello es la bien conocida habilidad de las plantas de modificar los patrones de crecimiento de sus hojas y ramas, con el objetivo de atrapar la mayor cantidad de luz solar y promover su fotosíntesis. Por otro lado, tocar una planta disminuye su crecimiento y ocasiona su engrosamiento para resistir el estrés. La falta de agua provocará que sus hojas se reduzcan y sus raíces se extiendan. Aunque bastante impresionantes, estas capacidades de los vegetales despiertan poco interés, porque las consideramos simplemente un ajuste del fenotipo de la planta en función de los estímulos del ambiente.

Sin embargo, estudios recientes han revelado que el sistema de comunicación de doble vía no es exclusivo de los humanos y los animales, sino que también está presente en los vegetales. Al igual que los humanos y los animales, las plantas son capaces no solo de recibir información y responder a ella, sino también de transmitirla a otras plantas y animales[1].

Actualmente existen más de diez ejemplos documentados de comunicación vegetal aérea, que afecta su resistencia a los riesgos potenciales[2]. Un estudio japonés sobre la comunicación vegetal demostró que, cuando algunas plantas habían sufrido daño a causa de los herbívoros o alguna enfermedad, liberaban en el aire compuestos volátiles que, en la mayoría de los casos, mejoraban la resistencia de las plantas circundantes[3]. Aparentemente, las plantas emplean un lenguaje bioquímico para informar a sus vecinas de posibles riesgos. Las plantas cercanas reciben entonces la señal de peligro y ajustan sus fenotipos para protegerse.

Además de comunicar riesgos potenciales a las plantas vecinas, también pueden pedir ayuda. Al presentarse el ataque inminente de un insecto, la planta dañada se comunicará a través de la tierra y el aire con otras plantas, mismas que entonces se prepararán produciendo más taninos en sus hojas. Michael Pollan reseña en un artículo que cuando ciertos tipos de plantas, como el maíz y las habas, son atacadas por los herbívoros, emiten una señal de ayuda al liberar químicos que atraen avispas parasitoides que son depredadores naturales de aquellos (como las orugas). Pollan señala que los científicos llaman a esos insectos "guardaespaldas de plantas"[4]. A diferencia de los humanos y los animales, las plantas no pueden moverse, hablar u ocultarse; en lugar de ello, su respuesta es química. Estas plantas sustituyen la biosíntesis con el comportamiento.

Asimismo, los científicos han descubierto que las plantas se comunican entre sí no solo a través de compuestos volátiles, sino también mediante una enorme red subterránea. Forman redes sociales que se comunican en una simbiosis recíproca entre los hongos y sus raíces. Los hongos visibles son tan solo la punta del iceberg; son el fruto de la reproducción de una enorme red subterránea de hongos llamada micelio. Este micelio está conectado con las raíces de los árboles y se extiende por grandes áreas, que alcanzan varios kilómetros cuadrados. A través de esta red, el micelio vincula diferentes árboles del bosque. Incluso se ha descubierto que distintos árboles y hongos intercambian nutrientes por carbono. La investigación ha descubierto que las plantas, los árboles y los hongos se ayudan entre sí a través de esta red biológico social.

Erich Jantsch y Conrad Hal Waddington señalaron que esa característica no se corresponde como creíamos con el esquema evolutivo. Según sus hallazgos, si bien tiene que ver con la supervivencia del más apto, se parece más a una relación simbiótica cooperativa entre especies. De acuerdo con sus señalamientos, el bosque es una especie de red de conexiones y sistemas de comunicación subterráneos que reproduce, de muchas formas, al cerebro humano. Es como un solo organismo, cada una de cuyas partes opera no solo para sí misma, sino también para el todo mayor, que es el bosque. Se diría que este, en su conjunto, es un organismo único. Más tarde, Suzanne Simard, profesora de ecología forestal en la University of British Columbia, retomó su investigación y profundizó en el tema. Quería averiguar si los árboles estaban conectados y, de ser así, de qué manera. Simard y su equipo de investigación emplearon isótopos radiactivos en un abedul, con el objetivo de rastrear la comunicación entre distintos árboles. Luego, tendieron una tela de malla sombra sobre un abeto cercano para ver si eso provocaba que el abedul emitiera dióxido de carbono para ayudarlo. Transcurrida una hora, Simard y su equipo usaron un contador Geiger para medir el resultado, y encontraron que los isótopos radiactivos del carbono se habían, de hecho, transferido del abedul al abeto en peligro. El abedul había sentido que su vecino estaba en problemas y, para auxiliarlo, le dio parte de su carbono excedente. ¡No solo estaban conectados, sino que se ayudaban entre sí! Estudios subsecuentes revelaron que este es un mecanismo permanente que también ocurre en redes de mayor tamaño en el bosque. Los árboles, las plantas y los hongos se apoyan unos a otros mediante una red social cooperativa subterránea, a la que Simard y sus colegas denominaron "Wood-Wide Web", haciendo un símil con la red informática mundial[5].

Una de sus investigaciones mostró, después de solo una semana de mediciones, que algunos de los árboles más viejos, a los que se referían como "árboles madre", estaban conectados hasta con otros cuarenta y cinco de los alrededores[6]. En la conferencia de TED Talk que Simard dictó bajo el título *How Trees Talk to Each Other* (Cómo hablan entre sí los árboles), Simard afirma que pueden estar conectados a más de cien árboles distintos. Incluso descubrió que los árboles madre exhiben un comportamiento similar al de los padres: a través de la red subterránea, transfieren su excedente de carbono a las plántulas jóvenes, vulnerables y en lucha por obtener agua y luz solar. Además, disminuyen el desarrollo de sus raíces con el objetivo de dejar espacio para que sus parientes más jóvenes desplieguen las suyas. Simard concluye su ponencia señalando la importancia de estos árboles madre, información que debiera ser contemplada por la industria maderera. Es posible talar algunos de ellos, pero el abuso podría tener consecuencias nefastas para todo el bosque[7].

PLASTICIDAD VEGETAL

En su intento por aprender más acerca de la inteligencia vegetal, Jeremy Narby entró en contacto con Anthony James Trewavas, profesor emérito de la Escuela de Ciencias Biológicas de la University of Edinburgh e investigador en los campos de la psicología vegetal y la biología molecular. Tras comentar diversos aspectos de la inteligencia vegetal, Narby le preguntó lo siguiente: "Pero ¿cómo toman decisiones las plantas?" Este cuestionamiento no era nuevo para Trewavas. De hecho, había reflexionado mucho tiempo al respecto cuando, en 1990, tuvo un hallazgo importante al lado de sus colegas. Trewavas estaba al tanto de que, según se creía, el aprendizaje ocurre en la corteza cerebelosa, a través de un mecanismo que los científicos conocen como plasticidad sináptica*. Casi todas estas formas de plasticidad sináptica dependen, en alguna medida, del calcio. Consciente del papel que juega el calcio en el aprendizaje de los animales y los seres humanos, Trewavas comenzó a preguntarse si ocurría lo mismo en las plantas. Para poner a prueba su hipótesis, planeó un experimento. Trewavas y su equipo de investigación emplearon manipulación genética para insertar una proteína en plantas de tabaco; gracias a ello, las plantas brillarían si los niveles de calcio se incrementaban en sus células. El investigador no pudo sino pensar en la presencia de inteligencia cuando atestiguó la velocidad de la respuesta. Aunque las plantas no cuentan con un cerebro ni con neuronas, emplean algún tipo de sistema de señales que puede transmitir información basada en las condiciones del ambiente, y ajustan su fenotipo en consecuencia. Investigaciones posteriores confirmaron la hipótesis de Trewavas respecto a la correlación entre el calcio y el aprendizaje en las plantas. Cuando estas registran un estímulo ambiental relevante liberan, tal como lo hacen los humanos y los animales, átomos cargados de calcio; esto, en última instancia, afecta su morfología si el estímulo persiste. Trewavas afirma que esto es plasticidad, es decir, la capacidad de adaptarse y aprender a partir de señales del medio ambiente. Esto es inteligencia[8].

LA MENTE VERDE

Cuando pensamos en la inteligencia y en la capacidad de aprender, pocas veces nos vienen a la mente las plantas. Sin embargo, Monica Gagliano, profesora adjunta de biología en la University of Western Australia, ha demostrado que las plantas exhiben varios signos de inteligencia.

---

*La plasticidad es la capacidad de transformarse y adaptarse a la nueva información mediante la variación del patrón de desarrollo, en el fenotipo, o en el comportamiento, de acuerdo con las condiciones cambiantes del medio ambiente. La plasticidad sináptica es el cambio que ocurre en las sinapsis, es decir, en las uniones entre las neuronas que les permiten comunicarse. Se trata del proceso biológico a través del cual los patrones específicos de la actividad sináptica derivan en cambios en la fuerza sináptica; se cree que este proceso contribuye al aprendizaje y la memorización.

Gagliano quería investigar si las plantas podían mostrar signos de inteligencia a través de la asociación. El experimento estuvo inspirado en el condicionamiento pavloviano: un procedimiento de aprendizaje en el que un estímulo biológicamente potente (como el alimento) se relaciona con un estímulo previamente neutral (como el sonido de una campana). En lugar de esta última, Gagliano eligió un ventilador que arrojaba aire sobre una planta de guisantes desde cierta dirección. Después de algún tiempo, el ventilador fue reemplazado por una luz azul que funcionaría como la fuente de alimento para la planta, y se repitió la combinación de ventilador y luz desde ángulos aleatorios. El "entrenamiento de la planta" duró tres días. El experimento piloto llevado a cabo sin el ventilador mostró que las plantas de guisantes crecían siempre en dirección de la luz que se había encendido la última vez. Sin embargo, para asombro de Gagliano, las plantas "entrenadas" modificaron su instinto normal (crecer en dirección del lugar en donde se había visto la luz por última vez) y crecían siguiendo el sonido del ventilador. De alguna manera, las plantas son capaces de tomar esta decisión activa, a pesar de no contar con un cerebro[9].

La investigación de Gagliano no se detuvo ahí, sino que continuó por el mismo camino del aprendizaje de las plantas; sin embargo, esta vez no fue por asociación, sino por familiarización. La investigadora usó sesenta y cinco plantas de la famosa especie *Mimosa pudica*, también conocida como "sensitiva" o "dormilona". Se trata de una planta perenne rastrera, con flores, cuyas hojas se pliegan hacia adentro y se encogen cuando se les toca o sacude, y se vuelven a abrir unos minutos después. Esta planta sensitiva opera en un intercambio entre cerrarse para defenderse y abrirse para aprovechar la luz. Gagliano colocó todas las plantas en macetas y las montó en un dispositivo de caída usando un riel deslizante de acero. A continuación, se aseguró de que la caída no fuera demasiado pronunciada, pero sí lo suficiente para provocar que las plantas reaccionaran plegándose, de acuerdo con su conocido mecanismo de defensa. Luego, procedió a dejar caer todas las plantas 5 centímetros cada 5 segundos, no menos de 60 veces. Su idea era que, si las plantas eran capaces de aprender que la caída no implicaba peligro, reabrirían sus hojas más rápido o sencillamente no las cerrarían en absoluto. Y, para su sorpresa, tuvo razón. Al final de la experiencia, la mayor parte de las plantas ni siquiera se molestaban en plegar sus hojas. Como señala Gagliano: "Ya no les importaba".

La investigadora evaluó si aquello se debía a cansancio, así que agitó las plantas; esta vez, cerraron sus hojas. Finalmente, repitió el mismo experimento con las mismas plantas una semana y un mes después del estudio inicial; las plantas tuvieron el mismo comportamiento. Parecía que recordaban que la caída no estaba relacionada con riesgo alguno[10].

Aparentemente, las plantas son capaces, de alguna manera, de aprender y recordar, a pesar de carecer de cerebro.

¿LAS PLANTAS PUEDEN ESCUCHAR?

Reginald Cocroft y Heidi Appel, científicos de investigación sénior de la Facultad de Agricultura, Alimentos y Recursos Naturales de la University of Missouri, descubrieron que las plantas podrían ser capaces de escuchar y discriminar entre distintos tipos de sonido. El estudio fue realizado con la planta *Arabidopsis thaliana*, mejor conocida como berro de thale. Su investigación demostró que, cuando reproducían la grabación de unas orugas masticando una hoja, las plantas entraban en acción para producir una mayor cantidad de sus químicos defensivos: glucosilonato y antocianina. Estudios posteriores también revelaron que estas plantas no liberaban esos químicos cuando se reproducían audios de viento o de ruido de insectos inofensivos[11].

Un programa de investigación similar fue llevado a cabo por Mancuso, uno de los investigadores involucrados en el experimento con la *Mimosa pudica*, y luego fue confirmado por Gagliano y su equipo. El estudio mostró que las raíces de las plantas eran capaces de detectar el agua que fluía de una tubería, y crecer hacia ella. La tubería carecía de humedad del sustrato, a pesar de lo cual la raíz de la planta buscaba la fuente de agua. Gagliano y su equipo afirmaron que las plantas son capaces de percibir las vibraciones generadas por el agua en movimiento dentro de las tuberías[12].

SEXTO SENTIDO

En el documental *The Secret Life of Plants* (*La vida secreta de las plantas*) se presenta a Cleve Backster, una de las autoridades en polígrafo (mejor conocido como detector de mentiras) más reconocidas del mundo. Backster había trabajado con este dispositivo e impartido cursos de capacitación para utilizarlo durante dieciocho años cuando, el 2 de febrero de 1966, ocurrió un acontecimiento peculiar. Backster había estado despierto toda la noche en su oficina de Nueva York cuando decidió experimentar con una drácena decorativa que tenía ahí. Conectó a sus hojas los electrodos del polígrafo que solía emplear para medir la respuesta galvánica de la piel en seres humanos*. A continuación, regó la planta y esperó expectante para ver si se presentaba cualquier reacción en las lecturas. Las gráficas no revelaron datos significativos. Luego, Backster sopesó cuál sería la mayor amenaza para la planta; en el preciso momento en que se le ocurrió que el fuego era la respuesta, la gráfica que registraba los cambios indicó una extraordinaria actividad. Respecto a esto, comentó: "No solo lo pensé, sino que tuve toda la intención de quemar con una cerilla la planta que estaba usando en el experimento". En aquel momento no tenía cerillas ni cigarrillos, así que se vio obligado a salir de la habitación para pedirle fuego a su secretaria. Esto respalda la idea intuitiva, pero altamente especulativa, de que la planta se las arregló de alguna manera para detectar los pensamientos y la intención de Backster. Más tarde comentó: "Debo decir que, a partir de los catorce minutos que duró aquella observación inicial el 2 de febrero de 1966, mi vida nunca volvió a ser la misma"[13].

En otro experimento realizado en la Unión Soviética, se pidió a un par de técnicos que cruzaran por un laboratorio en donde había dos plantas de col. Una de ellas estaba conectada a instrumentos electrónicos para medir su respuesta. Se había indicado a uno de los técnicos

---

*La respuesta galvánica de la piel es la medida de las variaciones continuas en las características eléctricas de la piel –por ejemplo, la conductividad–, producidas por la variación del sudor corporal.

que se limitara a entrar y salir de la habitación; al otro se le pidió que destruyera la planta que no estaba conectada a los instrumentos. Horas más tarde, se ordenó a los técnicos que regresaran a la escena del crimen. La planta que había atestiguado la destrucción de su amiga vegetal no exhibió signos de estrés cuando regresó el técnico inocente. Sin embargo, cuando el agresor que había mutilado la otra planta reingresó a la habitación, las lecturas eléctricas se incrementaron de manera importante, lo cual indicaba un signo evidente de estrés[14].

Estamos dispuestos a aceptar la inteligencia artificial porque las computadoras son un objeto de nuestra creación y, por consiguiente, reflejan nuestra propia inteligencia. Sin embargo, las plantas son otra cosa. Su comportamiento y propiedades peculiares representan lo desconocido, y la naturaleza humana es, por desgracia, proclive a desestimar y temer lo que no le es familiar. Es mucho más sencillo conciliar la idea de la inteligencia artificial, porque su avance constituye una especie de autoglorificación, y eso nos gusta. La inteligencia vegetal, en contraste, refleja nuestra ignorancia y dependencia. No hace falta más que ver un narciso para darnos cuenta de que la Madre Naturaleza es la científica más importante.

El *Oxford Dictionary* define *inteligencia* como "la capacidad de adquirir y aplicar conocimientos y habilidades". Si las plantas son capaces de percibir información y ajustar su fenotipo en consecuencia, transmitir información, tomar decisiones con base en el aprendizaje y tener memoria, ¿significa que tienen un comportamiento inteligente? Aún hay mucha polémica en torno de este tema y de las habilidades peculiares de las plantas. Diversos expertos en el área consideran que no tenemos más que especulaciones descabelladas y conclusiones pretenciosas.

¿Qué nos dicen los chamanes respecto de la naturaleza? Volviendo a las definiciones, el *Oxford Dictionary* consigna que la palabra "naturaleza" significa: "fenómenos del mundo físico en su conjunto, incluyendo plantas, animales, paisajes y otras características y productos de la tierra, en oposición a los seres humanos o sus creaciones". De acuerdo con lo anterior, los humanos están, supuestamente, separados de la naturaleza. Cuando Jeremy Narby formuló la misma pregunta a varios pueblos indígenas, "¿Qué palabra utilizan para hablar de todo lo que nos rodea, con excepción de los seres humanos y sus creaciones?", le respondieron: "No, no. No tenemos una palabra así; por el contrario, creemos que todo es humano y que nuestros ojos nos engañan. Con la ayahuasca podemos dejar esa ilusión atrás, y ver a la persona que hay en el interior de todos los otros seres"[15].

6

Ayahuasca y chamanismo

El mago primitivo, el curandero o chamán, no es solo un enfermo; es, sobre todo, un enfermo que se ha curado, que ha conseguido sanarse a sí mismo.

MIRCEA ELIADE, *SHAMANISM:*
ARCHAIC TECHNIQUES OF ECTASY

En los tiempos modernos, la idea generalizada que tenemos respecto a la práctica religiosa se apega a uno o varios sistemas de creencias. En su libro *Religion in the Making* (Religión en ciernes), el filósofo y matemático Alfred North Whitehead desafió la idea de qué es la religión. Según él, al principio la religión estuvo basada en el acceso de los pueblos tribales premodernos a las realidades numinosas, mediante estados de éxtasis inducidos por varias prácticas. Luego, esas prácticas religiosas evolucionaron al ritual, más tarde se les elaboró simbólicamente, evolucionaron al mito y, finalmente, se convirtieron en religiones racionales gracias a la teología y la secularización. No obstante, Whitehead argumentó que todo tiene sus raíces en la ceremonia y la experiencia. El fundamento de la religión es la dimensión práctica de la espiritualidad, de la participación del individuo en la realidad mística. Tal es la base de todo sentimiento y percepción religiosos. El cimiento de toda religión está en el chamanismo.

CIENTÍFICO DEL ALMA

Justo detrás de las brumas de la mente se encuentra un mundo completamente nuevo, lleno de belleza e información, habitado por espíritus y entidades. Algunas personas nunca visitan esos reinos foráneos, otras lo hacen ocasionalmente, y poquísimas pasan su existencia merodeando en la frontera entre este mundo y el otro. Esos individuos dotados de tan especial talento son conocidos como chamanes. El término "chamanismo" proviene originalmente de Siberia y es probable que haya sido acuñado por los pueblos tunguses nativos del oriente de la región; sin embargo, su etimología exacta sigue siendo incierta. Los tunguses tienen la palabra *šaman*, que significa "saber" o "el que sabe". Mircea Eliade, historiador de la religión, filósofo y profesor de origen rumano, señala que el término sánscrito *šramana* designa a los monjes errantes o buscadores santos que luchan por el desarrollo espiritual. Junto con el budismo, el sánscrito se ha difundido a muchos idiomas de Asia Central, de manera que este podría ser el origen definitivo de la palabra tungús.

El término "chamanismo" fue introducido al mundo occidental a finales del siglo XVII, pero en aquel momento lo empleaban casi exclusivamente los antropólogos para clasificar las prácticas menos comprensibles de los pueblos primitivos. Sin embargo, el chamanismo no es una oscura preocupación sobre la cual los antropólogos y sociólogos quieran escribir una tesis. Hasta hace aproximadamente 10 000 años, las religiones no existían. El chamanismo es el medio usado por los pueblos antiguos para lograr acceder a la dimensión espiritual. La antropóloga Erika Bourguignon emprendió un programa de investigación y, después de estudiar 490 sociedades premodernas, encontró que más de 90 por ciento de esos pueblos tenían técnicas para lograr lo que Mircea Eliade describe como "ruptura del plano"[1]. Esta relación fenomenológica experiencial con el misterio numinoso era el recurso para practicar la religión durante sus primeros siglos de existencia. No fue sino hasta más tarde que hombres con vestiduras llamativas se apoderaron de la operación y empezaron a empujar las palabras de Dios en la cabeza de la gente. Tiempo después, los antropólogos descubrieron que esas prácticas no eran exclusivas de Siberia. Experiencias chamánicas similares se han hallado en todo el mundo a lo largo de la historia, y casi cualquier religión tiene fundamentos chamánicos. El chamanismo es una práctica universal de misticismo, con una cosmología subyacente que trasciende las diferencias culturales y precede a la religión. Jack Kornfield señala: "La gente no se da cuenta de que casi todas las tradiciones religiosas tienen bases chamánicas. Hubo chamanes cristianos que se ocupaban, y se ocupan todavía, de sanar y abrir los portales entre los mundos. Los hay también en la tradición sufí del islamismo, y el budismo está lleno de ellos". Kornfield narra una anécdota ocurrida en la década de 1960, cuando vivía en un lugar remoto entre Tailandia y Laos. En algún momento, sus maestros budistas, dos ancianos monjes sudanga, salieron del bosque cargados de sacos llenos de raíces y hierbas; a continuación, montaron una tienda y ofrecieron curación y conexiones psíquicas con ayuda de las plantas sagradas[2].

Eliade tuvo un profundo interés por los pueblos indígenas y su práctica chamánica. En uno de sus libros se refirió a los chamanes como "técnicos del éxtasis". La palabra **éxtasis** proviene del griego *ektasis*, que significa "estar fuera de" o "trascender" a uno mismo. Eliade argumentaba que los chamanes podían ser caracterizados con base en su capacidad de lograr un cambio en la conciencia, gracias al cual el individuo obtiene acceso a otro ámbito de la existencia. Se cree que el alma abandona la forma corporal para aventurarse a un vuelo mágico por los cielos, o descender al inframundo y entablar relaciones con los espíritus. Eliade concluyó que este era el elemento clave del chamanismo: las técnicas extáticas del practicante chamánico. Los chamanes emplean diversos métodos para lograr este cambio en la conciencia, como la danza, la percusión de tambores, la ingestión de plantas psicotrópicas, fumar, entonar cantos, meditar o ayunar.

Terence McKenna analizó cientos de experiencias chamánicas, inducidas por plantas o no, y afirmó en una conferencia que el hilo conductor en la enorme mayoría de ellas es la disolución de los límites: "Esta es la experiencia que todos buscamos y a la que calificamos de aterradora, maravillosa, deseable, horrible; pero, realmente, es la experiencia de sentir que el techo cae sobre nosotros y el suelo desaparece... ¡Todo al mismo tiempo! La disolución de los límites. ¿Por qué esto es tan importante, tan maravilloso? Porque actúa psicológicamente en los seres humanos, como la experiencia de nacer. El mundo es nuevo otra vez. Todo es visto a través de ojos recién abiertos"[3].

Los chamanes están separados del resto de la comunidad debido a la intensidad de sus propias experiencias extáticas. Son maestros de los cambios de conciencia que les permiten acceder a un mundo aparentemente distinto, del cual obtienen los conocimientos que emplean para servir a sus pueblos. Los chamanes actúan como mediadores entre su gente y la divinidad, y muchas veces funcionan como sanadores en sus comunidades. La recuperación de la salud física depende en gran medida de la restauración del equilibrio de las fuerzas espirituales que están en el interior de la persona. Como señala Eliade: "Todo lo que tiene que ver con el alma y su devenir, aquí en la tierra y más allá, es competencia exclusiva del chamán"[4]. El chamán tiene que averiguar en qué punto del "río de la vida" se halla el bloqueo. Si la cura chamánica involucra el éxtasis, se debe a que la enfermedad es resultado de una corrupción o alienación del alma, o a una interrupción del equilibrio espiritual. Esta idea de que la enfermedad es consecuencia de un desequilibrio espiritual se remonta hasta la era paleolítica en Siberia. Los chamanes creen que hay una causa y una solución espirituales para todos los padecimientos, emocionales y físicos. Los chamanes empleaban el conocimiento y las herramientas obtenidas en "otros mundos" para guiar a los miembros de la tribu, curar enfermedades y resolver problemas en sus sociedades. Cuando las necesidades eran extremas, a veces invocaban la ayuda de los espíritus. Los chamanes no usan estos poderes para su beneficio personal, sino para aprender, ayudar y sanar. Si usan su magia con propósitos nocivos, no es infrecuente que se les deje morir solos. Por lo general viven todavía un año más, pero en ese tiempo pueden ocasionar mucho caos. Estos hechiceros malintencionados son conocidos como "brujos", y hablaremos de ellos con detalle más adelante en este capítulo.

A la luz de todo esto, los chamanes eran unánimemente considerados neuróticos, epilépticos y psicóticos por la sociedad occidental[5].
Jack Kornfield, sin embargo, argumenta que, si bien el chamanismo ha
sido malinterpretado y desdeñado por considerársele supersticioso y
decadente, esta alienación chamánica podría ser el resultado del temor
infundido en parte por la iglesia católica ante la posibilidad de dejar de
ser la única intermediaria entre Dios y la gente –el mundo celestial y
el humano– y perder, en consecuencia, las ganancias generadas por la
venta de indulgencias. Kornfield explica que:

> Desde la perspectiva colonial y europea, existía la noción de que el
> nuestro es el camino superior. No solo [entre] los asiáticos, los afri-
> canos o los latinos, sino incluso en Europa misma [puede verse esto]
> en la persecución de las brujas, los chamanes y los sabios... Pero lo
> cierto es que los chamanes y el chamanismo han existido siempre
> en las culturas. Son los sanadores, los sabios, lo que viven entre dos
> mundos y pueden abrirlos a los demás, y eso asustaba a la gente. Pero
> ahora los necesitamos más que nunca[6].

El ingreso a estos reinos es un acto de extraordinaria y extrema
humildad. Sin embargo, en vista de que las autoridades religiosas no
podían aprovecharse de esto y usarlo para subyugar al mundo a la
influencia cristiana, los sacerdotes no solo le dieron la espalda, sino que
también lo tacharon de ilegal, en un intento por monopolizar el vínculo
con lo divino. El cristianismo vio estas plantas como una gran amenaza
para su monopolio espiritual y buscó, con bastante éxito, cerrar todas las
puertas chamánicas hacia la mente de Gaia.

LOS AYAHUASQUEROS Y LA DIETA

El ayahuasquero es una persona que elabora y administra la ayahuasca.
Tradicionalmente, los ayahuasqueros tenían su origen en familias de
chamanes, y nacían y se criaban en la selva, entre las plantas sagradas

y los espíritus. Saben cómo preparar y elaborar el brebaje de ayahuasca, cómo facilitar la ceremonia, de qué manera hacer eco a los espíritus con sus ícaros (de los cuales hablaremos más en la sección "Chamanismo del pueblo shipibo", en la página 131), y frecuentemente, pero no siempre, cuentan con las capacidades sanadoras y místicas del chamán. En comparación con los chamanes normales, los ayahuasqueros se apoyan en la medicina para generar conocimientos y curación. El ayahuasquero dotado ingiere ayahuasca para explorar las aguas de nuestro ser colectivo, y desarrolla una "segunda perspectiva" que le permite ver la causa de la enfermedad. Luego, el ayahuasquero (o ayahuasquera) se pone en sintonía con la fuerza mágica de la energía que impregna todas las cosas, y la redirige para sanar al paciente afectado. El ayahuasquero está al servicio de estas fuerzas amorosas y creativas de la naturaleza, y también sabe que deben ser tratadas con respeto. Una gran parte de su cultura consiste en honrar a los espíritus del bosque, en particular al espíritu de la ayahuasca. Al sintonizar con estas fuerzas o energías, el ayahuasquero puede ayudar a otros a participar en la ceremonia para lograr la sanación y el crecimiento espiritual. La vida del ayahuasquero está estrechamente entrelazada con la ayahuasca. Se rinde y se entrega al espíritu de la planta... y es entonces que la planta le muestra el camino.

La formación chamánica implica un esfuerzo muy serio. En casi todos los casos, los chamanes son elegidos por los espíritus, y esto ocurre de varias maneras: a través de una visión, en sueños, en ceremonias o en episodios que podrían parecer psicóticos. Es frecuente que el ayahuasquero se someta a largas dietas, en las que debe mantenerse alejado de la tribu, abstenerse de prácticas sexuales, comer cantidades muy limitadas de alimento e ingerir ayahuasca todos los días. De esta manera, aprende la acción del brebaje. Durante la dieta tiene que renunciar a los placeres, porque merman la energía espiritual. Mientras sigue estos rigurosos regímenes alimenticios, lo cual puede tomarles hasta seis años, su espíritu es puesto a prueba y quebrantado. El ego y el yo se desvanecen, y los espíritus aprovechan el vacío para hacerse presentes. Los futuros chamanes son devastados antes de ser reconstruidos. Se dice que este es un proceso de purificación que abre el contacto con los espíritus de las plantas. En este periodo, el chamán y la ayahuasca desarrollan un fuerte vínculo. De muchas maneras, este proceso es como una amistad. En él hay apertura de corazón, esfuerzo, humildad y honestidad. El chamán aprende sobre las plantas, y ellas aprenden acerca del chamán. En los trances inducidos por la ayahuasca, el chamán o la chamana son guiados hasta el lugar en donde se encuentra la planta, y obtienen información sobre cómo luce esta. Suele ser en este periodo que el chamán aprende los cantos de las plantas (ícaros) y conoce al espíritu que vive en ellas. Hay que decir, sin embargo, que no todas las dietas tienen éxito; hay veces en que sencillamente no funcionan. Pero quienes completan la formación son reconocidos como nuevos seres a su regreso: ahora son chamanes sabios y fortalecidos, capaces de guiar a la tribu. Por otro lado, aunque ya sean considerados chamanes, el proceso está lejos de haber concluido; al contrario, implica un trabajo que dura toda la vida. Se sabe que Michael Harner afirmó que uno nunca se gradúa de chamán.

Luis Eduardo Luna participó en varias dietas, una de ellas con el pueblo shipibo de la Amazonia. De acuerdo con su crónica, después de dos o tres semanas bajo régimen había experimentado una sensación mágica imbuida en la naturaleza circundante, eventos extracorporales e incluso conversaciones con las plantas. Cuando Luna informó a uno de los chamanes sobre tales experiencias, este le respondió: "Bien, ahora estás aprendiendo"[7]. Los pueblos de la Amazonia creen que todos los seres tenemos una vaga conexión con la naturaleza y que, una vez que nos rindamos, ella comenzará a hablarnos a través de sueños, sensaciones e incluso pláticas. El reino vegetal ejerce un poderoso efecto sobre el espíritu, que refuerza nuestra sensibilidad e intuición. A medida que escapamos de la selva de asfalto y las luces eléctricas para pasar más tiempo inmersos en la naturaleza, empezamos a sentir las poderosas vibraciones que emanan del bosque.

Es frecuente que el chamán se vea obligado a tomar decisiones durante las rigurosas dietas. A medida que el tiempo pasa, se verá tentado por los espíritus para obtener ciertos poderes. Si acepta la oferta, podría convertirse en brujo. Los brujos son considerados chamanes peligrosos, que emplean el poder otorgado por las plantas alucinógenas para propósitos maliciosos. Una de las plantas psicotrópicas más usadas por los brujos es la flor de la datura o trompeta del diablo. Si el iniciado en el chamanismo se rehúsa a recibir esos poderes, se coloca en la dirección correcta para convertirse en curandero[8]. Muchos practicantes chamánicos aseveran que es mucho más fácil adquirir poder de la magia negra y usarlo para hacer el mal. El camino hacia la luz exige un esfuerzo redoblado. Los hechiceros nativos de la región amazónica tienen un arma preferida: un dardo llamado *virote*. Estos dardos pueden drenar la energía del chamán herido por ellos. Algunos chamanes usan una "técnica de succión" para extraer el virote. No obstante, la misma técnica puede emplearse para extraer otros tipos de enfermedades. Los virotes son transportados en algo conocido como "flema mágica", que constituye una gran fuente del poder chamánico. La flema, también llamada en quechua *yachay* (o conocimiento ritual), es una sustancia viscosa o pegajosa que el chamán lleva en el pecho. La flema se crea fumando mapacho y bebiendo ayahuasca. La vía de entrada de este poder es la boca del chamán, que es por donde se realizan todas las prácticas chamánicas, como el canto, la recitación de himnos, la succión y el soplo[9].

Suele ocurrir que la enfermedad que ha sido curada se traslade al chamán; por lo tanto, es importante que este sepa cómo controlar las energías y deshacerse de ellas para evitar contraer el padecimiento. Algunos chamanes extraen esas energías destructivas y se deshacen de ellas o, si creen que podrían ser útiles, las almacenan en la flema. Aquello que es nocivo para una persona podría constituir una energía de poder que un chamán habilidoso sabría aprovechar. Como dice un antiguo refrán, lo que para uno es basura, para otros es un tesoro. Algunos ayahuasqueros también utilizan una técnica de curación conocida como *camay*. Este término quechua es difícil de traducir, pero quiere decir algo así como "insuflar la interconexión de todo en la persona". Esta acción funciona como remedio curativo; en ocasiones se realiza asperjando agua bendita sobre la gente, como si fuera un rocío. La sabiduría tradicional amazónica habla de una deidad suprema, *Viracocha* o *Wiracocha*, que según se cree usó la técnica de *camay* para insuflar el sueño que llevaría nuestro universo a la realidad[10].

Los espíritus de las plantas están estrechamente entrelazados con la cosmología de la ayahuasca. Es a partir de ellos que se genera el aprendizaje, y juegan un papel muy importante en la sanación chamánica. Luna cuenta de dos chamanes mestizos que conoció mientras estudiaba la ayahuasca. Cuando les dijo que sabían mucho sobre las plantas, le respondieron: "No somos nosotros. La ayahuasca es la verdadera maestra"[11]. Sin embargo, la ayahuasca no es la única maestra vegetal. Se dice que todas las plantas psicoactivas albergan a un gran maestro.

La mitología de la ayahuasca hace referencia a varios tipos de espíritus a los que el chamán acude para que le ayuden a curar. Entre ellos está el *sacharuna* (espíritus del bosque), el *ninaruna* (espíritus del fuego) y el *yacaruna* (espíritus del agua). Se cree que los espíritus *yacaruna* tienen extraordinarias capacidades curativas, por lo que el chamán suele acudir a ellos cuando la enfermedad es muy grave. En tiempos de necesidad, el ayahuasquero también solicita la ayuda de la Abuela Ayahuasca[12].

A lo largo de la historia tribal amazónica, es frecuente encontrar que la ayahuasca era ingerida únicamente por el chamán, no por toda la tribu. Al chamán le toma toda la vida capacitarse para poder sintonizar con las poderosas energías que rodean a esta medicina arcaica. Cuando el momento es apropiado, un nuevo chamán es cuidadosamente elegido y comienza un largo y riguroso aprendizaje para convertirse en intermediario entre los dos mundos. Si el proceso de formación tiene éxito, lo cual no siempre ocurre, el chamán o la chamana entra en sintonía con las fuerzas espirituales de la ayahuasca para curar y guiar a la tribu. Los chamanes son bien conscientes de que la autoridad absoluta reside en los espíritus. Son ellos y no los chamanes quienes deciden quienes seguirán sus pasos, y también tienen la capacidad de darles y quitarles los poderes. Esto suele ocurrir cuando los poderes espirituales ocasionan que el ego del chamán se engrandezca demasiado. Las leyendas de los nativos tucanos afirman que, en épocas remotas, la vinculación con los reinos mágicos era más sencilla. El cielo y la tierra, los reinos espiritual y físico, estaban más cerca. Se cree que los primeros chamanes y la gente primigenia se movían con facilidad entre los mundos, a diferencia de lo que ocurre hoy, ya que son pocos los elegidos que poseen esos dones. Los chamanes del pueblo buriato (originario de Siberia) creen que esto se debe a la falta de humildad: nos rehusamos a someternos a los espíritus y permitirles que decidan quién se convertirá en chamán, como sucedía en la antigüedad. Ahora, los individuos se eligen a sí mismos o piensan que es un asunto de linaje[13]. Por su parte, otras tribus chamánicas consideran que es consecuencia de que los humanos se han vuelto débiles y perdieron conexión por la estructura inorgánica y fastuosa de la modernidad.

EL CHAMANISMO DEL PUEBLO SHIPIBO

De todas las tribus del Alto Amazonas, solo algunas han conservado sus raíces indígenas. Muchas han sucumbido a la invasión y a la colonización, pero una de las que han subsistido es la shipibo. Sus integrantes están profundamente influenciados por el poder de las plantas, en particular, la ayahuasca. Son nativos de la región del río Ucayali, en el Perú occidental, y se les conoce por su vasto conocimiento etnobotánico. Mientras que los chamanes mestizos* son famosos por trabajar en el lado luminoso, los shipibo se especializan en concentrarse en la oscuridad que revela la ayahuasca. A pesar de los años de invasión y colonización, los shipibo han conservado su valiosa cultura y su conocimiento ancestral.

Los shipibo usan otra palabra para referirse a la ayahuasca, *oni*, que significa "sabiduría". El término se aplica a la planta, porque ellos la ven como una gran maestra. En esa región, a los ayahuasqueros que trabajan con la ayahuasca se les llama *onanya* (practicante de la sabiduría).

La historia, sin embargo, revela que los shipibo no siempre han sido tan pacíficos como lo son hoy en día. No usaban la ayahuasca

---

*Mestizo es un término que se refiere a una persona con ancestros de distintas razas, en particular descendientes de europeos e indígenas estadounidenses, sin importar las proporciones. En ocasiones se le usa incluso como término general para cualquier persona latinoamericana con orígenes raciales mixtos.

exclusivamente para sanar y para explorar la mente de la Diosa Tierra, sino también para hacer la guerra a otras tribus. Michael J. Harner escribió que los antropólogos (él incluido) han estudiado a los nativos shipibo y reportado que acostumbraban ingerir ayahuasca para cobrar venganza de sus enemigos. Harner señala que los chamanes del pueblo shipibo creen que el chamán dotado puede ingerir ayahuasca para alcanzar un estado de éxtasis que le permite salir de su cuerpo en forma de ave. Así, vuelan por la noche hasta el enemigo distante, recuperan su configuración humana y lo matan. Por otra parte, Harner consigna que los chamanes ancianos que beben ayahuasca son capaces de convocar serpientes gigantes que utilizan en batallas sobrenaturales como protección en contra de los chamanes hostiles[14]. Se dice que el chamán es particularmente vulnerable durante las ceremonias, cuando está bajo los efectos de la ayahuasca. Para contrarrestar esta susceptibilidad a la brujería, los shipibo cubren al chamán, y a veces incluso todo el espacio en donde se realizará el ritual, con un aura mágica llamada *arkana*. Esta especie de barrera mágica protectora desvía los ataques patógenos y mantiene alejados a los espíritus malignos.

En la antigüedad, los shipibo estaban relacionados con otra tribu, los conibo, que se cree habían recibido el conocimiento médico de los espíritus al inhalar tabaco en una choza cerrada[15]. Los shipibo también son reconocidos por los intrincados diseños artísticos de sus artesanos. Se dice que los patrones están inspirados por los ícaros, esto es, por las voces de los espíritus que son repetidos por los cantos chamánicos en las ceremonias de ayahuasca. A veces, estos ícaros no son un eco de los espíritus, sino cantos aprendidos de otros chamanes, o una mezcla de ambas cosas. Los *onanya* de los shipibos explican que todas las plantas tienen sus propios cantos y que estos, los ícaros, son enseñados al curandero durante las dietas. El aprendiz realiza muchas dietas durante su capacitación, la cual tiene típicamente una duración de cuatro años; luego, esta práctica continúa a lo largo de su vida como *onanya*. De esta manera, el chamán adquiere el *mariri*, el poder de la planta, y puede usarlo para sanar y potenciar los ícaros. Los ícaros trabajan en combinación y cooperación con la ayahuasca y, de alguna manera, se manifiestan visualmente en forma de patrones geométricos luminosos y coloridos, los cuales suelen verse bajo la influencia de la ayahuasca. Esto ocurre casi siempre cuando el chamán empieza a cantar los ícaros.

Como en muchas otras tribus chamánicas, los integrantes del pueblo shipibo creen que la salud física y psicológica depende de la unión equilibrada de la mente, el cuerpo y el espíritu. En este sentido, se dice que la ayahuasca, en combinación con los cantos curativos del chamán, es profundamente restauradora de tal equilibrio.

Antes de que se inicie la curación, los cuerpos energéticos suelen aparecer cubiertos de patrones caóticos que reflejan el desequilibrio espiritual de la persona. Los shipibos creen que todo cuerpo físico está cubierto por esos diseños, invisibles para el ojo inexperto. De hecho, los chamanes shipibos consideran que, en la antigüedad, cuando el cielo estaba más cerca de la tierra, todo estaba cubierto por tales patrones. Según sus creencias, los diseños pueden verse en los árboles, las rocas, las flores, los animales y los seres humanos, y la enfermedad es una alteración de esos patrones. Mediante la intoxicación con ayahuasca, el chamán desarrolla una segunda perspectiva y la capacidad de detectar en dónde se ubica la alteración energética del patrón. Entonces, redirige las energías curativas a través de los cantos u otros métodos chamánicos para rearmar los patrones distorsionados, y algunas veces incluso implantan un ícaro en el cuerpo de la persona para que los efectos curativos se mantengan al paso del tiempo. Los patrones desordenados son corregidos y reemplazados con nuevos diseños derivados de las plantas, con lo cual se da orden y armonía al sistema energético. Angelika Gebhart-Sayer menciona que "la terapia shipibo es un tema de aplicación de diseños visionarios en conexión con la restauración del aura... El chamán sana a su paciente mediante la aplicación de una combinación de canto-diseño, la cual satura el cuerpo del enfermo y, supuestamente, desenmaraña las energías físicas y psicoespirituales distorsionadas para restaurar la armonía de los sistemas somático, físico y espiritual del paciente"[16]. Pitágoras, el filósofo griego, también se refirió en sus escritos al vínculo que existe entre la geometría y la música. Según él: "Hay geometría en el murmullo de las cuerdas"[17]; además, argumentaba que la música es una expresión de la **armonía**, es decir, del principio divino que elimina la discordancia y da orden al caos. Asimismo, es interesante considerar que, de acuerdo con la física cuántica, la estructura subyacente del universo está conformada por eventos energéticos con un patrón vibratorio. Así, en vista de que el sonido es vibración, podría ser que los cantos energéticos curativos afecten, de hecho, el núcleo de la estructura energética del cuerpo, a un nivel muy profundo y fundamental.

UNA PROPOSICIÓN QUE SE CONTRADICE A SÍ MISMA

En términos de vida silvestre, la región amazónica no tiene parangón con ningún otro lugar de la Tierra. Los científicos han encontrado más especies de aves en un solo valle de Perú que en toda Norteamérica. Un único árbol alberga más especies de hormigas de las que se han hallado en todas las islas británicas. Un terreno de cien mil metros cuadrados en la selva tropical podría alojar hasta setecientas especies de árboles, un número bastante más alto que la diversidad arbórea total en Europa. En la actualidad, las selvas tropicales representan únicamente 2 por ciento de la superficie terrestre, pero generan más de 20 por ciento del oxígeno mundial, son hogar de más de la mitad de los árboles y plantas silvestres y la mitad de toda la vida silvestre del orbe[18]. Si bien 25 por ciento de los fármacos occidentales derivan de ingredientes de los bosques tropicales, menos de uno por ciento de los árboles y plantas de esas regiones han sido estudiados por los científicos[19].

A principios de la década de 1980, los organismos internacionales afirmaron que para desarrollar la Amazonia habría que expulsar a los residentes indígenas y talar los árboles. Su argumento era que los "salvajes" indígenas no sabían usar racionalmente sus recursos y, por lo tanto, era justificable apoderarse de sus tierras. La deforestación descontrolada ha desaparecido gran parte de la selva tropical amazónica, con el objetivo de hacer espacio para cultivar maíz con el cual alimentar al ganado. Como señala Luna: "Hemos transformado los extraordinarios bosques en hamburguesas"[20]. Por milenios, los "salvajes neuróticos" de la Amazonia peruana han vivido en armonía con la naturaleza, y tienen con ella una conexión tal que solo podríamos soñar en la iniciativa tecnocrática, pretenciosa y constipada que es la civilización occidental, donde la vemos sobre todo como una colección de artículos decorativos o una fuente de recursos que explotar. Los indígenas veneran los bosques y a sus pobladores, y cuentan con un enorme conocimiento etnobotánico, recopilado a lo largo de miles de años. Por otro lado, los occidentales solo ven en la naturaleza un recurso explotable. Considerando lo anterior, uno podría verse tentado a preguntar quiénes son en realidad los salvajes ignorantes.

A lo largo de miles de años, los curanderos del Alto Amazonas han trabajado con numerosas variantes de plantas medicinales con diferentes propiedades curativas. Cuando se les pregunta cómo descubrieron esas cualidades, responden que los espíritus se las enseñaron a través de visiones inducidas por plantas como la ayahuasca. Esto podría parecer difícil de creer. De hecho, considerar que las alucinaciones generan información verificable es parte de la definición moderna de psicosis. Esto representa una interesante contradicción en la perspectiva que tienen las culturas chamánicas respecto a las enfermedades, particularmente en la Amazonia. En ellas, una persona no se considera enferma cuando escucha voces o experimenta alucinaciones, sino precisamente lo contrario. La enfermedad se presenta cuando el individuo está desconectado de las energías numinosas de los bosques. Los indígenas interpretan que alguien está enfermo cuando es incapaz de sintonizar con la red de vida orgánica y espiritual, o de percibir las energías que surgen de todo lo que le rodea. Por ejemplo, cuando un *hmeno'ob,* o chamán, ha perdido su *ah-kanul* (espíritu protector), sus colegas asumen que el problema es grave. Entonces, preparan un espacio ritual y, con ayuda de plantas psicotrópicas, viajan al *yuntsil balam* para conversar con el "Señor Jaguar", con la esperanza de que él les ayude a recuperar los espíritus perdidos[21]. Por otro lado, entre los miembros del pueblo dagara de África, quien no percibe la energía que fluye de todas las cosas y es incapaz de ver o sentir a los espíritus, es considerado enfermo o visto como un niño, sin importar su edad[22].

Podemos discutir si los espíritus existen o no, pero no hay manera de ignorar las propiedades curativas de varias plantas medicinales. Las sociedades modernas denigran a los indígenas y los tachan de locos y psicóticos, pero explotan su conocimiento botánico para producir sus medicamentos. No solo no se les paga por ello, sino que ni siquiera les prestamos atención cuando explican cómo aprendieron lo que saben. A lo largo de los últimos siglos se les ha subestimado y considerado ignorantes. Y no lo son; sencillamente tienen una sabiduría distinta. Lo más probable es que no sepan usar Microsoft Excel o presentar una declaración de impuestos, pero nosotros ignoramos cómo vivir en armonía con la naturaleza o usar las plantas del bosque para tratar padecimientos físicos y espirituales. Medimos el valor del conocimiento de la gente a partir de nuestros propios criterios. Quizá no es casualidad que las sociedades premodernas hayan mantenido hábitos primitivos y sigan siendo cercanas a la Naturaleza y sus procesos. Cuando uno ha visto y sentido las poderosas, vivificantes, revitalizantes y mágicas energías que manan del reino viviente de Gaia, ¿cómo puede interesarse en fábricas, teléfonos inteligentes o carreteras? Creemos que la civilización moderna es un regalo para las culturas salvajes premodernas, pero tal vez sus integrantes están felices de no hallarse confinados en una modernidad ecológicamente desconectada, constipada y abatida.

La cultura indígena está muy alejada de la cultura moderna en numerosos aspectos, pero lo cierto es que podríamos aprender mucho unos de los otros. Si la pragmática ciencia occidental y la práctica chamánica se encontraran, seríamos testigos de un cambio de paradigma sin igual. Por desgracia, en este punto estamos muy lejos de cualquier tipo de iniciación cultural. La ciencia y el racionalismo se han convertido en la religión de la civilización moderna, y enarbolar la oscura idea de que hay "plantas maestras" no es racional. Somos demasiado arrogantes y el ego nos controla de tal manera que no podemos reconocer nuestra ignorancia.

Desafortunadamente, el estudio moderno del chamanismo representa, de antemano, una proposición contradictoria. El análisis científico del chamanismo es el estudio racional de lo no racional. Los chamanes creen que el mundo espiritual es tan real como el mundo tangible, y que desde aquel se nos proporciona guía, sanación y conocimiento. El abismo que hay entre estos dos mundos parece casi irreconciliable; sin embargo, estamos tratando de salvarlo y, aparentemente, la física cuántica ilumina el camino hacia una perspectiva más holística y auténtica. Ahora bien, para lograr el objetivo, la ciencia moderna tendría que dejar de lado muchos de los puntos de vista mecanicistas que tiene respecto a la naturaleza. Terence McKenna afirmó que "las fuerzas de este mundo no son algo que la ciencia pueda combatir sin asumir que sufrirá cambios por ello"[23]. A pesar de que la ciencia está madurando, no hay duda de que comprometerse con un cambio de tales dimensiones podría poner en riesgo su existencia. El misterio psicodélico no parece ser algo que la ciencia pueda dilucidar satisfactoriamente.

¿El hecho de que seamos incapaces de experimentar estos reinos chamánicos y sus espíritus conscientemente en un estado normal de vigilia implica que no existen? Cuando estuve en Perú conversé con un chamán llamado Adriano. Él me explicó que la ayahuasca permite experimentar cosas que no son accesibles a la percepción humana normal. Sin embargo, no consideraba que sus visiones fueran menos reales. Piense en las ondas de radio: ¿el que no podamos verlas significa que no existen?

Consultemos ahora a la filosofía, porque estamos en un terreno que tiene que ver con ella. De acuerdo con la epistemología del filósofo Immanuel Kant, nuestra experiencia del mundo no es completamente objetiva. Kant hizo un planteamiento revolucionario que todavía hoy sacude al campo de la filosofía, y trastocó por completo la epistemología (el estudio de cómo adquirimos el conocimiento). El filósofo argumentó que no experimentamos necesariamente al mundo "tal como es", sino más bien a través de ciertas formas de conocimiento que consisten en tiempo, espacio y causalidad. Estos no son atributos del mundo, sino facultades organizativas que llevamos en nosotros para darle sentido a la realidad. Kant explica que el tiempo, el espacio y la causalidad no pertenecen al universo; son elementos que forman parte del individuo. En consecuencia, nuestra experiencia del mundo no es completamente objetiva. Estas facultades organizativas (tiempo, espacio y causalidad) son cosas que nuestra mente proyecta en el mundo para hacer que la complejidad caótica e impetuosa de la realidad sea algo comprensible; constituyen nuestra limitación epistemológica. En otras palabras, estas formas de conocimiento conforman y limitan nuestra experiencia humana; somos incapaces de trascender esas fronteras. El espacio, el tiempo y la causalidad son funciones de nuestros órganos sensoriales, algo así como nuestras "lentes de la percepción". No son el mundo en sí mismo, sino que representan la manera en que nuestros órganos sensoriales lo perciben. Así pues, el argumento de Kant es que solo podemos conocer aquello que nuestras lentes de la percepción nos permiten experimentar, y que él denominó campo fenomenológico. Nunca podremos percibir el reino del noúmeno subyacente, el *das ding an sich* (el objeto o **cosa** en sí mismo), que es como Kant se refiere al mundo al que no tenemos acceso. Es posible que veamos el mundo tal como es, pero la idea de Kant es que nunca podremos estar seguros de que es así. Este planteamiento recibió mucha atención en los años siguientes, pero en general llevó a la conclusión de que, en vista de que no podemos conocer ese ámbito, tampoco podemos asumir con exactitud cómo es.

Esta epistemología se pone más interesante cuando la relacionamos con la experiencia psicodélica. Gracias a que las drogas psicodélicas facilitan la "expansión de la conciencia", la mente es capaz de percibir y comprender más que en su estado normal. Quizá esto se debe a que estas sustancias nos permiten poner en acción facultades organizativas de la mente a las que no tenemos acceso en el estado de conciencia habitual. ¿Podría decirse que el estado psicodélico representa una realidad que no es menos real, sino la misma que experimentamos con un conjunto más avanzado de facultades organizativas? Decimos que es irreal porque lo único que conocemos es la realidad de la conciencia alerta normal. Hablamos de la realidad como si supiéramos todo lo que abarca. Nunca hemos experimentado el mundo a través de otro medio que no sea el estado de conciencia habitual. Estamos tan acostumbrados a esta interpretación limitada de la realidad, que pensamos que todo aquello que no entra en ese marco mundano de la experiencia es irreal. ¿Y si fuera al contrario? ¿Qué tal si el estado alterado de conciencia no es una cuestión de "perder la cabeza", sino de recuperarla momentáneamente? Con las sustancias psicodélicas, el individuo simplemente "mejora" sus lentes de la percepción para poder experimentar cada vez más aspectos de la realidad. La desactivación de la válvula reguladora que ocurre con el uso de drogas psicodélicas facilita el reencuentro con todo el potencial de nuestra mente. La conciencia se libera de las cadenas neurofisiológicas y queda en posibilidad de desarrollarse y vagar libremente; entonces experimentamos una pequeña muestra del extraordinario potencial de una conciencia sin restricciones. Sin embargo, consideramos que este es un comportamiento psicótico, porque es un estado de cognición que no conocemos. Las sustancias psicodélicas constituyen un acceso al normalmente inaccesible espacio del noúmeno. Es la forma de echar un vistazo a lo que está detrás de la máscara tranquilizadora del espacio y el tiempo unidos por la causalidad; como menciona Lucrecio en *De Rerum Natura* 3:58: *Erepitur persona manet res* (la máscara se retira y la realidad permanece).

¿Y si los chamanes de la Amazonia peruana no estuvieran mentalmente trastornados, como han afirmado por siglos los occidentales? ¿No será acaso que, gracias a haber mantenido una estrecha conexión con el misterio numinoso del planeta vivo, sencillamente son capaces de experimentar más de lo que puede la mayoría? ¿Y si, como afirman los "salvajes" del Amazonas, estas plantas maestras pueden ofrecer sabiduría y guía del mundo espiritual? ¿Y si nos estuvieran diciendo la verdad y todo su conocimiento sobre las plantas medicinales es, en realidad, la sabiduría que adquirieron de los espíritus que las habitan? ¿Y si el gran espíritu femenino de la ayahuasca, al que los pueblos indígenas reverencian, no es uno más de los mitos de la selva, sino la verdadera madre espiritual de la naturaleza?

7

La ayahuasca en mis venas

Aunque desean dejar de sufrir, se involucran en el sufrimiento mismo. Aunque desean felicidad, por ignorancia destruyen su dicha, como a un enemigo.

ŚĀNTIDEVA, BODHICHARYAVATARA
(EL MODO DE VIDA DE LOS BODISATVAS)

Todo lo que se mencionará en este capítulo está relacionado con mi experiencia subjetiva. No pretendo presentarlo como una verdad imparcial; lo único que quiero es compartir mi historia.

Aun cuando he sido más bien afortunado y tenido una vida fácil, con muchas más ventajas de las que hubiera podido pedir, llegué a un punto en donde caí víctima de una profunda depresión. Me sentía inseguro, inadecuado y acosado por la ansiedad. Pensaba que no valía nada y solía preguntarme cómo podría alguien llegar a amarme o, por lo menos, a sentir simpatía hacia mí. Con grandes esfuerzos, lograba sonreír y mostrarme feliz cuando estaba rodeado de gente, pero mi máscara fue agrietándose por saturación y exceso de uso. Me sentía miserable cuando estaba con la gente y cuando estaba solo. Poco a poco y con lentitud, el mundo había ido perdiendo su color y convirtiéndose en algo horripilante, kafkiano. Ciertos días me costaba trabajo incluso salir de la cama; todo lo que quería era seguir durmiendo. Me parecía que sobraba en el mundo, que no tenía derecho a respirar y que mi cuerpo era una prisión. Además, cada vez me sentía más frustrado por una sensación permanente de opresión en el pecho. Desde que tengo uso de razón, mi respiración ha sido limitada, como si no recibiera suficiente aire, independientemente de cuán profundo trate de inhalar. De vez en cuando, un bostezo forzado me daba unos minutos de alivio antes de que la opresión se presentara de nuevo.

A pesar de lo molesto de la sensación, aprendí a vivir con ella. Varios médicos me dijeron que todo estaba en mi cabeza y que mis pulmones se hallaban en perfectas condiciones. Traté de dar solución al problema mediante terapias, distintos tipos de masajes, acupuntura, mi versión de terapia de calor (quedarme sentado en una sauna por mucho tiempo), gimnasio, boxeo, masajes terapéuticos holísticos, ejercicios de respiración, terapia de hipnosis y cambios en mi dieta. Nada funcionó. Quizá el problema estaba en mi cabeza, pero ¿cómo era posible que los médicos dijeran que mis pulmones se hallaban bien, si yo sentía que apenas podía respirar?

En un momento dado, todos esos problemas me rebasaron y llegué a sentir que ya no quería seguir viviendo. Al principio no era más que un pensamiento efímero y, como me parecía desagradable, rápidamente lo alejaba, casi asustado de haber siquiera tenido semejante idea. No obstante, a medida que pasaba el tiempo, empecé a sentirlo como algo natural. Lo que era todavía más inquietante, es que en un momento dado pasé de pensar en el suicidio con miedo a contemplarlo como una gran posibilidad de alivio. Cuando mis pensamientos dominados por la ansiedad me habían tenido aterrorizado por algún tiempo, la idea de quitarme la vida era un escape que se me presentaba siempre como una sensación de consuelo reconfortante. No dejaba de pensar en eso. No era que fuera a hacerlo, necesariamente, pero la idea acechaba siempre en el fondo de mi mente. A veces recuerdo que, cuando veía un árbol o un poste de luz, me preguntaba si serían un buen lugar para ahorcarme. Averigüé cuánto tiempo se necesita para morir ahogado y si la sensación era dolorosa en comparación con otros métodos de suicidio. Pensaba cuánto peso tendría que atarme a los pies para asegurarme de que el pánico no me hiciera tratar de salir a la superficie. También fantaseé con usar gas, pero eso implicaba el riesgo de sufrir daño cerebral si el intento no tenía éxito. Busqué cuál sería el tamaño apropiado de la bolsa hermética que se necesitaba y qué tipo de gas sería menos doloroso y, al mismo tiempo, garantizaría la muerte. Investigué qué tipo de soga era mejor para ahorcarme. Tenía que ser lo bastante delgada como para bloquear la arteria principal, pero lo suficientemente gruesa para que no cercenara mi cabeza. No quería que quienquiera que me encontrara tuviera un impacto innecesario. Recuerdo haber practicado el nudo una y otra vez. Solía tener la soga en mi departamento, como un reconfortante recordatorio de que mi escape estaba a la mano. Lo único que evitaba que llevara a cabo el plan, era pensar en lo que aquello le haría a mi familia. Trataba de convencerme de que estarían mejor sin mí, pero sabía que los lastimaría. Había sido testigo del caos emocional provocado por el suicidio de mi padre, y no podía hacer que mis familiares y amigos pasaran por algo similar... al menos no todavía. Después de mucho investigar, sabía exactamente cómo lograrlo. Solo esperaba el día en que la desesperación fuera mayor que mi conciencia.

Un día, un par de amigos me invitaron a un viaje para practicar senderismo. No dejaba de pensar que lo pasarían mucho mejor sin mí, pero finalmente decidí acompañarlos. Aquello sería una distracción y tal vez me ayudaría a aclarar mis ideas. Durante el recorrido comenzamos a platicar acerca de las drogas psicodélicas y uno de mis amigos mencionó la DMT. Nunca había oído hablar de esa molécula, pero parecía muy interesante; además, en aquel momento estaba desesperado por encontrar cualquier cosa que pudiera contribuir a mejorarme.

Cuando regresé de aquel viaje empecé a investigar todo lo que pude. Después de leer notas en internet, decidí explorar posibilidades de ingerir la sustancia psicodélica. Nunca me había gustado fumar, así que busqué otras formas. Entonces descubrí que la DMT podía ingerirse en la forma de una bebida llamada ayahuasca. Aparentemente se trataba de una infusión vegetal que había sido empleada por los pueblos indígenas durante muchos años. La información no dejaba de ser extraña pero, como dije antes, estaba desesperado. Imaginé que debería por lo menos intentarlo antes de matarme, así que decidí averiguar formas de obtener aquel antiguo jugo de la selva. Prepararlo por mi cuenta parecía muy complicado, y en internet había demasiados relatos de terror relacionados con la ayahuasca hecha en casa. Eso hizo que me decidiera a buscar un retiro. Había uno en mi país de origen, Dinamarca, pero yo quería algo más auténtico. Empecé a indagar en dónde se cultivaba la liana y descubrí que era natural del Alto Amazonas. Siempre me había sentido atraído por la historia, la belleza y el misterio de aquel lugar, así que me pareció bien ir hasta allá.

Ahora, todo lo que tenía que hacer era encontrar el retiro. Pasé horas leyendo reseñas de distintos retiros hasta que, finalmente, me decidí por uno. Tras muchísimo tiempo frente a la pantalla de la computadora, encontré un hermoso resort en la selva peruana. Recuerdo que, mientras analizaba su página web, sentí escalofríos recorrer mi cuerpo. Pensé que aquello era raro, porque estaba sentado en mi habitación, con las ventanas cerradas. Tomé la sensación como una señal positiva y envié un correo electrónico al retiro. Me dirigí a una de las integrantes del personal, Sofía (estoy cambiando sus nombres), quien incluso me dijo que ¡no había mosquitos! Emocionado por su respuesta quise hacer la reserva, pero antes debía entrevistarme con la encargada del retiro, un alma sabia y divertida llamada Verónica. Pasé la entrevista y mandé el pago; estaba listo para mi retiro. Ya solo tenía que esperar.

El día llegó, finalmente. Después de un largo vuelo arribé a Tarapoto, una pequeña y encantadora ciudad del norte de Perú. Salí del aeropuerto en busca de un taxi cuando un caballero local me saludó y se ofreció a llevarme al hotel en la bicicleta motorizada que usaba para transportar pasajeros. Ahí me reuní con las otras veintiún personas aventureras que asistirían al retiro. A continuación, nos condujeron hasta el hermoso lugar en medio de la selva en donde tendríamos la experiencia.

PRIMERA CEREMONIA

Y ahí estaba yo, sentado sobre una colchoneta de color púrpura en la *maloka**, cubierto con una sorprendentemente cómoda manta verde. A mi lado había un rollo de papel sanitario y un cubo para vomitar.

---

*Maloka es la palabra indígena para "casa" o "cabaña". Fue en aquella choza en donde se celebraron las ceremonias.

Esperaba con emoción mi primera experiencia con aquel misterioso alucinógeno del que había leído tanto. La ceremonia comenzaría a las 8:00 p.m. Teníamos media hora para meditar, relajarnos y prepararnos, aunque la mayoría de los participantes ignorábamos para qué era que debíamos alistarnos. Recuerdo pensar que, si alguno de mis amigos o conocidos supiera lo que estaba haciendo, probablemente estallaría en histéricas carcajadas. Pero ahí estaba, sentado en medio de la selva, en una choza ceremonial, a punto de ingerir una planta espiritual de nombre impronunciable en una especie de batido hecho con ramas y hojas.

Después de la meditación, se asperjó humo de mapacho alrededor de la choza para eliminar las energías superfluas; luego se apagaron las luces y la *maloka* quedó sumida en la oscuridad. Únicamente una pequeña vela, colocada junto al altar, iluminaba la habitación. Todos estábamos callados; tan solo el ruido de un enjambre de insectos interrumpía el silencio. La anticipación colectiva en la choza alcanzaba un nivel que se sentía casi invasivo. Uno por uno, los participantes nos acercamos al altar para recibir una taza de ayahuasca. Cuando llegó mi turno, avancé y miré el batido espeso de color marrón que me ofrecieron. Había leído que debía beberla rápidamente, porque no tenía buen sabor. Definitivamente, se quedaron cortos. No dudé en tragarla; aquel fue el líquido más nauseabundo que jamás hubiera probado. Estuve a punto de escupirlo sobre Verónica, quien acababa de servírmelo, pero me alegra haber podido controlarme y deglutirlo. Aún hoy, sentado en mi sillón, de solo recordarlo siento náuseas. Regresé a mi colchoneta y traté de ignorar el desagradable regusto en mi boca. Estaba muy excitado esperando tener alguna visión o iniciar uno de los mágicos viajes sobre los que había leído en internet, pero nada de eso ocurrió. Pasados unos veinte minutos, empecé a sentir náuseas y a sudar copiosamente. A cada momento me parecía que iba a vomitar, pero no terminaba de hacerlo. Mi esperanza es que aquello durara solo un momento, pero la sensación persistió toda la noche. Aquella pesadilla en estado de vigilia continuó hasta la mañana siguiente. No tuve visiones ni sueños, y tampoco pude dormir; solo náuseas implacables, dolor de estómago y sudor profuso durante nueve horas. ¿De verdad había hecho un viaje tan largo y pagado tanto dinero solo para tener una intoxicación alimentaria? Cuando el sol apareció, a las 6:00 a.m., me las arreglé para encaminarme a mi cabaña. Me sentía enfermo, cansado, agotado y muy decepcionado.

DE VUELTA AL COMBATE

La noche siguiente hubo otra ceremonia. Decidí que no me daría por vencido. Había atravesado medio mundo para esto. Quería curarme y traté de confiar en aquella medicina. Esperaba que las cosas funcionaran mejor, pero no estaba del todo convencido. Traté de persuadirme de que la primera noche había sido la única difícil, pero experimenté la misma miseria. La única diferencia fue que esta vez pasé mucho tiempo en el sanitario. Ni sueños ni visiones; solo horas de horribles náuseas, grandes cantidades de sudor y una agresiva diarrea. Estuve la mayor parte de la noche recostado en un colchón, afuera de la *maloka*, incapaz de dormir, sintiéndome absolutamente mal. Sin embargo, hice un profundo descubrimiento. En algún punto en medio de la terrible incomodidad, me di cuenta de que estaba conteniendo el sufrimiento. Lo hacía porque, aunque desagradable, era algo conocido a lo que podía aferrarme. Me sentía muy solo, pero el sufrimiento era algo que nunca me abandonaba. Una parte de mí se deleitaba en mi propia miseria y me permitía sentir pena de mí mismo. Un interminable círculo de autocompasión me impedía crecer como ser humano. Interpreté la autocompasión como algo que podía ser tentador y reconfortante, pero también como una herramienta completamente inútil que me mantenía estancado y en un estado lamentable.

Aunque fue un hallazgo profundo, estaba harto de aquel lugar. Una vez más, el sol apareció en el horizonte; había pasado otra horrible noche bajo el influjo de esa ridícula y asquerosa infusión. Me las arreglé para arrastrarme hasta mi cabaña. Cualquiera pensaría que lo peor había pasado, pero fue entonces que comenzó la verdadera pesadilla. Más o menos una hora después de haber regresado a mi habitación, las náuseas habían desaparecido por fin, pero empecé a experimentar un intenso ataque de pánico. Me sentía terriblemente mal física y emocionalmente; pasé horas retorciéndome y llorando de dolor en mi cama. Mi almohada estaba empapada en lágrimas. Mis compañeros de habitación empezaron a preocuparse seriamente y decidieron buscar a los facilitadores. Cuando vinieron a verme. traté de comunicarme con ellos, pero me resultaba muy difícil hablar. Mi cuerpo no paraba de sacudirse y no podía dejar de llorar, así que apenas pude expresar algunas palabras. Me dijeron que la medicina estaba trabajando, pero yo no podía soportar más. Estaba verdaderamente harto de aquel estúpido lugar. Lo único que quería era regresar a casa.

Transcurridas ocho o nueve horas logré tranquilizarme y fui capaz de levantarme y comer algo. Estaba exhausto después de dos noches de no dormir y padecer sin interrupciones. El día siguiente era de descanso, porque no habría ceremonia. De cualquier forma, en aquel punto hubiera sido imposible que yo asistiera. También sería una jornada dedicada a hablar con los facilitadores. Me condujeron a una habitación en donde me esperaban tres de ellos, Verónica, Sofía y Lorenzo, además del chamán. Les expliqué cuán horrible había sido la experiencia y lo mucho que deseaba abandonar aquel sitio y regresar a casa. Me dijeron que mi cuerpo estaba siendo purificado y que yo debía dejar de luchar y rendirme. Me pidieron que confiara en la medicina, aun cuando la experiencia fuera dolorosa.

¿Contra qué querían que dejara de luchar? ¿Era posible confiar en un brebaje? ¿Se suponía que tenía que rendirme a una taza de agua pantanosa? Mi sensación era que estaba hablando con cuatro locos que me pedían sucumbir ante un batido hecho de ramas y hojas que lo único que me provocaba era malestar estomacal. Estaba hasta la coronilla de aquel tonto lugar de culto y de toda la extraña gente que acudía a él. Sin embargo, dada mi debilidad de carácter, no tuve el valor de discutir. Fingí estar de acuerdo y decidí, aunque con muchas dudas, darme una última oportunidad.

EL TERCER BATIDO ASQUEROSO

La noche de la tercera ceremonia había llegado; una vez más, estaba sentado en la *maloka*, atemorizado por mi tercera dosis del repulsivo brebaje de lo que llamaban planta medicinal. Recuerdo preguntarme cómo era posible que me estuviera haciendo aquello de nuevo. Solo quería irme a casa. Estaba tan débil. Había sucumbido a la presión de los facilitadores. A esas alturas debiera estar a bordo de un avión, camino a casa. Cuando terminamos la meditación preliminar tuvimos un breve receso antes de que apagaran las luces para iniciar la ceremonia. Me encontraba sentado en mi colchoneta, súbitamente consumido por el miedo a vivir de nuevo aquella experiencia. No podía hacerlo. En serio, era imposible. Uno de los líderes entró por una puerta que estaba a mi lado, así que decidí pedirle ayuda. Le dije: "¿Cómo puedo controlar este miedo? Me asusta lo que está a punto de ocurrirme. No puedo volver a hacerlo; sencillamente no puedo". Me respondió con tranquilidad que debería tranquilizarme y confiar en que todo lo que sucedería sería a favor de mi curación; además, dijo que me ayudaría, de ser necesario. Le agradecí y él siguió su camino.

Apagaron las luces a las ocho en punto. Los participantes fueron acercándose al altar, mientras yo me preguntaba qué demonios estaba haciendo ahí. ¿Por qué me ponía otra vez en esa situación? ¿Qué me hizo decidirme a regresar a la maldita *maloka* para ingerir el absurdo bebedizo ponzoñoso? Podría estar en mi habitación, durmiendo como un bebé, en lugar de acabar cubierto en sudor y sintiéndome pésimo durante horas. Aun mejor: podría estar camino a Dinamarca. Quería abandonar la ceremonia, pero hacerlo me parecía irrespetuoso para los demás participantes. Pensé que podría salir discretamente, ya que la choza estaba a oscuras y quizá nadie lo notaría. Antes de terminar de planear mi ruta de escape, llegó mi turno de tomar el brebaje. Me odié por no tener el valor de defender mi decisión y rehusarme. Me aproximé al altar con reticencia, ingerí la "medicina" y regresé a mi colchoneta. No podía creer que me estuviera haciendo aquello una vez más. Ante mí se levantaba la expectativa de otra espantosa noche. Nueve horas de miseria. ¿Por qué seguía ahí? ¿Qué más podía esperar de beber una mezcla de tierra y hojas chamuscadas, sino dolor de estómago? Tendría que soportar la pesadilla otra vez; luego, podría reservar el primer vuelo disponible a casa.

Estaba listo para sentir náuseas, pero no sucedió. Después de veinte o treinta minutos, pude notar el recorrido de la medicina por mis venas. La sensación era impactante, pero no molesta. Me sentía diferente a las noches previas. Era como si pudiera ver y sentir la ayahuasca en mi sangre. Lo primero que vi fue la silueta de un ser rojiblanco enfrente y arriba de mí, iluminando toda la habitación. Los contornos de la silueta no eran claros. Era tan solo un ser constituido de una hermosa luz de tonalidades rojas y blancas. Se aproximó hacia mí, descendió y penetró mi cuerpo. Por un momento, todo adquirió un brillante color rojizo, para luego tornarse de un blanco reluciente. Enseguida sentí una poderosa presencia a mis espaldas. Al principio fue solo una sensación, pero al instante pude verla desde una perspectiva externa a mi cuerpo. Su cabeza se movía cuando yo movía la mía. Era un poco más grande que yo. Poco después, me envolvió y yo me sentí increíblemente poderoso, como si pudiera hacer todo lo que quisiera. Casi de inmediato, me vi frente a una enorme puerta negra. Supe que tenía que cruzarla de alguna manera, pero no traté de abrirla, porque estaba seguro de que el esfuerzo sería infructuoso. Tan pronto como me di cuenta de aquello, simplemente me deslicé a través de la puerta. Fue entonces que experimenté la sensación de poder. Quise explorar hasta dónde podía llegar. Me dominó la codicia y quise controlarlo todo.

En ese momento supe que había cruzado una línea; entonces la sentí por primera vez. Una presencia femenina giró mi cabeza y sostuvo mi rostro, como haría una madre que quisiera decirle algo importante a su hijo. Sin palabras, me dijo: "¡Ay, pequeño soberbio y tonto!". Sentí que estaba casi avergonzado por mi evidente estupidez y mi arrogancia infantil, aunque su actitud no era hostil, sino más bien divertida y amigable. No se sentía ofendida por cuán tonto y soberbio era, solo se mostraba asombrada. Me convirtió en una bolita y me obligó a mirar al suelo. Yo me sentía tan avergonzado por mi comportamiento que quise llorar.

Nunca me había sentido tan humillado. Sin palabras, le pedí perdón. Sé que esto puede parecer cruel, pero lo hizo de manera amorosa; yo no sentí miedo, porque sabía que ella tenía razón. Para ser honesto, sería perfectamente lógico que tuviera temor, pero la impresión que producía su increíble presencia borró cualquier otro sentimiento que pudiera estar experimentando.

A continuación, tuve toda suerte de aventuras místicas, profundas, horripilantes, extraordinarias y hermosas, que culminaron en el clímax del viaje. Las palabras son insuficientes, pero trataré de explicarlo tan bien como pueda. Había algo como una cúpula enorme, cavernosa, sin límites espaciales. Era como si se pudiera estar dentro y fuera de ella al mismo tiempo. Había muchos colores extraordinarios, como un amanecer con un toque rosáceo. En medio de aquel espacio estaba una plataforma y, sobre ella, una manada de lobos que miraban en la misma dirección. Seguí su mirada y la vi también: una fuerte luz que lo iluminaba todo. Me quedé petrificado. Era la luz más brillante que había visto en mi vida, pero no lastimaba. Mientras la admiraba, me sentí envuelto por ella; la sensación fue increíble, absoluta e inimaginablemente hermosa. Es imposible siquiera intentar describir con palabras aquella dicha celestial; nada de lo que he experimentado puede compararse. Me sentía rebasado por el amor y la luz. Aquello era todo lo que era y lo que había. No había un yo ni un cuerpo; tampoco tiempo o espacio, solo amor y luz. Creo que todo lo que, pueda decir, en un intento inútil por describir la experiencia con más detalle, solamente lograría distorsionarla.

No sé cuánto tiempo transcurrió antes de recuperar la conciencia de mi cuerpo, que se estremecía. Me pregunté si todavía estaba vivo. Me golpee las mejillas, y palpe mi rostro y mi pecho, desesperado por saber si seguía siendo un ser humano.

Es difícil determinar cuánto tiempo había pasado, porque mi idea del tiempo había cambiado. Pudieron ser diez minutos o un año. Tampoco estoy seguro de si mi narración concuerda con la sucesión de los eventos. De cualquier manera, tocar mi cara me devolvió al estado consciente y empecé a pensar: "He experimentado lo más sagrado que existe y nunca pediré más. Muchas gracias". Entonces aparecieron las náuseas y me sentí terrible de nuevo. Recordé lo que me habían dicho los facilitadores y decidí averiguar por qué sentía aquellos malestares.

Me concentré en mí mismo, tratando de localizar la fuente de las náuseas.. Intenté determinar de dónde provenían... y entonces la vi. Era una gran criatura negra que quería llevarme a algún lugar. La seguí y me condujo a una enorme habitación de azul verdoso, en donde se hallaban dos huevos traslúcidos, de tonalidades doradas, amarillas y marrones. Cuando los tomé entre mis manos se volvieron tangibles. Aunque no tenían nada escrito ni indicación alguna que explicara qué eran, supe de inmediato, sin sombra de duda, que uno era presencia y el otro, transitoriedad.

Aunque había escuchado estos términos con anterioridad, en mi visión era como si me fueran totalmente nuevos. Cuando encontré aquellos "huevos" en la visión, quedé boquiabierto por el increíble potencial de esas herramientas. Vi cómo cedía y daba paso a esta curiosa y juguetona fuerza de transmutación. La presencia nos lleva al ojo de la tormenta, atravesando por el caos hasta su pacífico punto medio. El poder de la presencia es un catalizador: una herramienta omnipresente que nos permite afianzarnos más profundamente en nuestro interior y en el mundo que nos rodea. Dondequiera que me llevaran las visiones, incluso cuando eran aterradoras, nunca tuve miedo, porque llevaba en brazos la manifestación física de esas increíbles herramientas. Aunque el don de la presencia parecía inmensamente poderoso, la transitoriedad superaba todo lo que podría haber imaginado. Se me mostró que, en un momento dado, todo lo que conocía dejaría de existir. Vi que nada de lo que pensaba que era tenía que ver con lo que soy, porque todo es pasajero y efímero. Estos son mi cuerpo... mis sentimientos... mis pensamientos... mi historia... Detrás de todo ello, yo era algo mucho más grande. Consideré que era una tontería aferrarse demasiado a fenómenos agradables o desagradables, porque todo lo que surge eventualmente se desvanecerá. Sin embargo, todavía podía enfrentarlo con presencia amorosa mientras estaba ahí; luego me vi entre todo aquello: entre el ascenso y la caída. Se me mostró también que la idea de control es una locura.

No controlo nada fuera de mí mismo, ni siquiera la mayor parte de lo que me constituye. Es como si a mi alrededor tuviera tentáculos con los que intentara controlar el mundo circundante; en aquel momento, sencillamente me deshice de ellos, y eso me dio una gran paz. Podría pensarse que renunciar al control sería atemorizante, pero no es así; por el contrario, es increíblemente liberador. Por otro lado, al igual que la presencia, el control es interminable e inabarcable. Uno puede seguir renunciando al control, solo para que este reaparezca una y otra vez; mientras tanto, el yo se afianza más profundamente en uno mismo. Por separado, la presencia y el control son muy poderosos, pero juntos van más allá de cualquier comprensión.

Cuando aquellas visiones terminaron, recuperé la conciencia normal. Estaba sentado de nuevo en mi colchoneta púrpura, en medio de la oscura *maloka*. Vi alrededor y descubrí las siluetas de mis compañeros, y esperé que ellos también hubieran sido conducidos a algún lugar maravilloso. Empecé a reflexionar en lo que había ocurrido y sentí una inmensa gratitud por haber descubierto esa conexión con un glorioso espíritu vegetal. Me di cuenta de que el propósito de todo el sufrimiento que había sentido era sanarme y prepararme para lo que vendría. Era como si cada uno de los acontecimientos de mi vida me hubieran conducido a aquel momento. Estaba eternamente agradecido por cómo había sido sanado, por lo que se me había enseñado y por los lugares a los que la ayahuasca me había llevado. Agradecí darme cuenta de que hay mucho que aprender y explorar dentro de mí, y entender que ese lugar de amor, dicha y paz se encuentra en mi interior y solo puede describirse como milagroso. Cerré los ojos y empecé a llorar de gratitud. Esa sensación me llevó de nuevo hasta aquella presencia femenina, pero esta vez la visión no era para mí, sino para ella.

De pronto, me sentí levantado hacia el cielo. Miré alrededor. Era una noche clara, llena de estrellas. Al ver hacia abajo, descubrí a la presencia femenina moviéndose a través del bosque luminoso, adentrándose en sus profundidades. Entonces me mostró su historia y sufrimiento; me enseñó que los seres humanos se limitan a explotar la naturaleza para alimentar una gran hoguera de nada. Me presentó a las personas como criaturas grises, de aspecto triste, que recorrían un camino que iba de la naturaleza a las ciudades, avivando la hoguera con recursos naturales... Y nos veíamos tan desdichados. La presencia femenina miraba aquello con impotencia, y me dejó saber que seguiría dando hasta que ya no quede nada para nosotros. Lloré por ella. Luego procedió a usar mi cuerpo para mostrarme su dolor. Vi cómo el lado derecho del mismo se desintegraba, convirtiéndose en cenizas, y lloré todavía más. Ella dijo: "Tienes que ayudarme". Traté de responderle en medio de las lágrimas: "Pero no sé cómo hacerlo". Ella replicó: "Debes decirle a los demás". Aquello fue lo último que me dijo. Regresé una vez más a mi conciencia normal; mis ojos me ardían y mis mejillas estaban cubiertas de lágrimas. Habían pasado unas cuantas horas, pero a mí me parecieron años. Me quedó claro que mi vida no volvería a ser igual. Supe que dedicaría el resto de la existencia a hacer todo lo necesario para ayudarla.

Después de esta ceremonia quedé completamente aturdido. Me sentía honrado de haber conocido a aquel espíritu. Cuando la experiencia llegó a su fin, no tuve molestia alguna. Regresé a mi habitación, tomé un bolígrafo, encendí la lamparilla de noche y empecé a escribir. En aquellos momentos comenzó a gestarse este libro. Sentía una mezcla de emociones. Estaba realmente sorprendido por la conexión espiritual con la naturaleza, lleno de agradecimiento por lo que había aprendido y experimentado, pero también devastado por haber presenciado el dolor que la aquejaba. A través de la presencia femenina, la naturaleza me había mostrado su sufrimiento y solicitado mi ayuda, pero tenía miedo de no poder brindársela. ¿Qué podía hacer? Después de escribir por un rato, pensé en tomar un baño rápido y recostarme. Sin embargo, pasé el resto de la noche bajo la ducha, tratando de dilucidar qué había pasado. ¿Me habría vuelto loco? ¿Era posible que mi ego se hubiera desvanecido lo suficiente como para permitirme participar en aquel viaje o, por el contrario, era tan grande que me había imaginado todo y hasta me había convencido de que era verdad? En mi mente no había lugar a duda de que lo que había experimentado era mucho más que un sueño. Pensé, sin embargo, en la posibilidad de que hubiera perdido la razón y desarrollado algún tipo de esquizofrenia. Pero, dado que escuché historias similares de otros participantes en nuestros círculos de integración, me percaté de que no era el único que había experimentado locuras y hasta conocido a aquel espíritu. De alguna manera, podía lidiar con el hecho de que la presencia femenina se había comunicado conmigo. Cabía la posibilidad de que hubiera algo malo en mí, pero si otras personas también la habían conocido debía ser real. A partir de estos pensamientos, toda mi comprensión del mundo se desmoronó. Estaba entrando en una crisis existencial. ¿Los espíritus podían ser reales?

LOS CÍRCULOS DE INTEGRACIÓN

Las mañanas posteriores a la celebración de una ceremonia teníamos un círculo de integración. Se esperaba que todos se presentaran a la reunión, que se llevaba a cabo en la *maloka*. Para empezar, había media hora de meditación. Después, Verónica tañía un pequeño gong y, por turnos, íbamos narrando los viajes que habíamos experimentado la noche previa. Compartir nuestras historias y escuchar las de los demás era maravilloso. Durante aquellas dos semanas nos convertimos en una familia y el crecimiento que vivimos fue fantástico. Entre los recuentos compartidos había crónicas de conexión con el universo, pesadillas espantosas, confrontaciones con traumas no resueltos, sentimientos eufóricos de amor y mucho más. Me sentía privilegiado de poder escuchar aquellas anécdotas y compartir esas poderosas experiencias de cambio de vida en una comunidad dispuesta a escuchar sin prejuicios. De hecho, todo eso me hacía muy feliz.

LA CEREMONIA FINAL

La preparación para la siguiente ceremonia no fue muy complicada. Ahora sabía que aquel formidable brebaje escondía algo profundo e increíble. Esta vez estaba impaciente, aunque me sentía cansado porque no había podido dormir mucho los días previos. Supuse que lo mejor sería tomar con calma esta ceremonia. Le pregunté a la encargada si podía darme una dosis más baja, ya que seguramente terminaría por caer dormido. Ella accedió con una sonrisa. Otra vez se estaba ocultando el sol y, cuando el último participante hubo ingerido su brebaje, apagaron la vela. Después de beber mi poción, esperé a que algo ocurriera; sin embargo, pasados más o menos veinte minutos seguía sin sentir nada. Pensé: "Debe ser normal, porque ingerí menos que las otras veces. Además, ya experimenté mucho más que suficiente, así que me limitaré a recostarme y dormir por un rato". Mi descanso duró poco; de pronto, la reacción se hizo presente. Esta vez, la presencia femenina surgió en la forma de una magnífica silueta del espíritu de un zorro-lobo de color rojo oscuro que me condujo a una cueva; ahí, sentado frente a una hoguera, los dos lobos me acompañaban. Pensé: "Estupendo, puedo dormir aquí. Estoy cansado y este es un lugar muy agradable. Incluso cuento con dos lobos para cuidarme. ¡Es perfecto!" No obstante, la presencia femenina me tenía preparado algo más que una siesta al lado de la fogata. Para empezar, un hermoso ciervo blanquinegro hizo su aparición, mirándome desde cierta distancia. La parte negra de su cuerpo era más oscura que el entorno, y las partes blancas iluminaban el bosque circundante. Permaneció en su posición, expectante, sin dejar de observarme.

Experimenté toda clase de sensaciones, de manera que trataré de describirlas brevemente. Una de mis visiones fue bastante oscura. En medio de las profundas tinieblas, pude ver el tenue contorno de lo que parecía un ser humano. Fui completamente consciente de que era yo, y hasta podía sentir el cuerpo que estaba mirando. Para aquel momento, ya había pasado por muchas cosas y me sentía abrumado. La sensación no era negativa –por el contrario, estaba extremadamente agradecido–, pero cuando empecé a sentir algo mi primer pensamiento fue que ya había experimentado y aprendido demasiado, y que no estaba listo para nuevas visiones. No obstante, lo que ocurrió a continuación fue verdaderamente increíble. Mientras observaba el perfil del individuo de color púrpura, vi cómo se abría su cabeza y sentí como si aquello le estuviera ocurriendo a mi propio cuerpo. Percibí que de la cabeza salían muchas cosas, pero también entraban otras tantas. Mi presencia ya no estaba constreñida por los límites de mi cuerpo; ahora llenaba la gran área circundante.

En otro momento fui el espíritu de un ciervo. No un ciervo de verdad, sino su versión espiritual. Me hallaba detrás de unos árboles, observando a una mujer sentada a la orilla de un río, haciendo algo. No podía ver qué hacía, pero pensé que probablemente estaba llenando de agua unos baldes, o algo así. Ella no podía verme y yo sentía mucha curiosidad, así que me mantuve alejado, detrás de un alto pastizal, observándola.

En otra visión, estaba en una habitación cerrada. Las paredes estaban cubiertas por ojos, cada uno de los cuales veía hacia mí, atento a cada uno de mis movimientos. El silencio era absoluto; solo se percibía su atención fija y uniforme. Los colores parecían imitar una temática egipcia: blanco, turquesa y dorado. Recuerdo que me pregunté si los ojos esperaban que yo hiciera algo, porque su observación era demasiado persistente y curiosa.

En algún punto, mi atención se concentró en mi hermano, convertido en una gota de rocío que colgaba de una hoja. La gota empezó a deslizarse hacia otra hoja, y luego a otra y una más. Traté de acercarme para atraparla en la mano, pero no paraba de caer, de manera que nunca lo logré. Fue una experiencia escalofriante. Comencé a llorar y me percaté de cuánto significa mi hermano para mí.

El espíritu del zorro que había visto al principio me acompañó a lo largo de todos mis viajes mágicos. Era como si su misión fuera facilitarlos. Sentí que había pasado mucho tiempo con aquel espíritu y pensé que era mi mejor amigo y que lo amaba mucho.

En algún momento recuperé la conciencia normal. Estaba seguro de que la ceremonia había llegado a su final, porque me parecía que me había ido por muchísimo tiempo. Lo sorprendente fue que el cielo todavía estaba bastante oscuro, y mis compañeros se hallaban en silencio, sentados en sus colchonetas. Confundido, consulté mi reloj y descubrí que solo habían transcurrido dos horas. No podía creerlo. Pero me sentía bastante normal y quise registrar por escrito todas esas experiencias; el problema fue que había olvidado mi bolígrafo y mi cuaderno. Por raro que parezca, mi sensación era que estaba consciente y con la mente clara, a pesar de hallarme todavía bajo la influencia de la medicina, así que me acerqué al altar y pregunté, en la voz más baja posible, si podía hablar con alguno de los facilitadores. Lorenzo dijo que me encontraría afuera de la choza en cinco minutos. Salí y esperé, pero mi concepción del tiempo estaba bastante distorsionada, porque me pareció que aguardé una eternidad. La impaciencia me dominaba. Sabía que no debía alejarme mucho de la *maloka*, pero me sentía bien y quería escribir, así que me escapé hasta mi habitación, tomé bolígrafo y papel y empecé a escribir. Poco después, vi a Lorenzo acercándose. Me disculpé y traté de explicarle por qué no lo había esperado. Él se mostró muy amable y comprensivo; solo me dijo que se había preocupado. Luego, regresamos a la *maloka*.

Antes de entrar me sentía perfectamente bien. Caminé, escribí, conversé... todo de lo más normal. Sin embargo, una vez que entré a la *maloka* y regresé a mi colchoneta, empecé a sentir poco a poco la increíblemente poderosa energía que llenaba el espacio. Sentí que mi cabeza estaba a punto de explotar y que tenía que salir de ahí. Fue como si hubiera algo en mí, algo que mi cuerpo no podía soportar. Salí de la *maloka* y me detuve en una escalinata; fue entonces que sucedió.

Abandoné mi cuerpo por completo y fui conducido a un lugar que rebasaba cualquier posibilidad de comprensión. Estoy tratando de dar con las palabras que puedan describir lo que presencié, pero ningún diccionario contiene los términos necesarios para siquiera empezar a explicar aquel éxtasis etéreo. Era una euforia colorida, dichosa, trans-dimensional; cada vez que me entregaba a ella, se volvía más intensa. Yo no tenía sentido del tiempo, de manera que no supe cuánto duró la experiencia, pero en un momento dado regresé a mi cuerpo.

Cuando volví no entendía nada en absoluto; sabía en dónde acababa de estar, pero ignoraba en dónde me hallaba ahora y quién era yo. Nada estaba claro. Me costó trabajo dilucidar qué era real. ¿Qué soy? ¿Quién soy? ¿En dónde estoy? ¿El lugar en donde estoy es real? Ni siquiera se me ocurrió abrir los ojos. Es solo porque hoy puedo hacer memoria que sé que estaba sobre una escalinata, afuera de la *maloka*, hecho un ovillo, boca-bajo sobre los peldaños de piedra que conducían al baño. Hubo una visión específica que dominaba mi cognición: una forma colorida y dinámica, conformada por cinco figuras elípticas conectadas por un círculo en el medio (para mi sorpresa, más tarde descubrí que es precisamente la misma forma que puede verse dentro de la liana de la ayahuasca).

Mi sentido de la realidad estaba tan distorcionado que no entendía nada. De tanto en tanto surgía el recuerdo o el pensamiento de un amigo o un familiar, pero se disipaba rápidamente para dejar espacio a aquella colorida visión. No podría decir si la visión o los recuerdos eran reales, pero entre más veces se me hacían presentes, más sólidos se volvían. Era un mundo que se me revelaba lentamente. Me percaté de que vivo en un planeta en donde hay otros seres, y de que en mi interior hay una voz que puedo usar para comunicarme conmigo mismo. Estas conversaciones internas, llamadas pensamientos, me son comunicadas en un idioma que se denomina inglés. No tenía idea de qué era ese idioma, pero era capaz de usarlo para hablar conmigo mismo y era lo que me permitía articular mi diálogo interior de una forma que podía entender. Cualquier pensamiento que tuviera era capaz de expresarse en ese idioma dentro de mi cabeza. Así era como me comunicaba conmigo mismo. Por otro lado, tengo una madre y un hermano. Seguí repitiéndome esto como un mantra, porque sabía que eran cosas reales. "Tengo una madre y un hermano, tengo una madre y un hermano, tengo una madre y un hermano". La realidad se me iba revelando poco a poco. Trataba desesperadamente de aferrarme a algo real, así que seguí repitiéndolo cuando se presentaban nuevas visiones. Lentamente, empecé a recordar a mi familia, mis amigos y mi niñez.

Cuando comencé a sentirme cómodo con mis pensamientos, abrí los ojos y lo primero que vi fue una roca. Nadie puede imaginar cuánto amor sentí por ella. Pensé que podría seguir viéndola por el resto de mi vida, totalmente anonadado. La roca de la que hablo era, literalmente, uno de los peldaños de la escalera de piedra que conducía al sanitario. No había nada espectacular ni extraordinario en ella. Sí, tal vez era una buena piedra, pero el lector entenderá a qué me refiero. Me di cuenta de que mi interés se debía únicamente a que fue lo primero que vi al abrir los ojos. Cuando miré a mi alrededor, todos los detalles me parecieron todavía más maravillosos. Las estrellas en el cielo, el césped en el suelo y los árboles del bosque... Todo era increíblemente espléndido. Me hallaba en un estado de pura felicidad, asombrado por la belleza de este mundo inverosímil del cual, aparentemente, yo era parte. No estaba seguro de que aquello fuera posible, de que viviera en este mundo de belleza apabullante. Nada se sentía real.

Entonces, vi hacia abajo y me percaté de que... ¡tenía un cuerpo! ¡Con brazos y piernas! ¡Y podía hacer cosas con ellos! Podía caminar, saltar, moverme. Sentí la urgencia de tocar algo que fuera real. Necesitaba sentir algo con mis manos, porque tenía duda de que lo que me rodeaba fuera real. Me estiré hacia la barandilla de madera y sentí su textura, firme y húmeda, en las palmas de mis nuevas manos. Luego, Lorenzo se me acercó; recuerdo haber apretado su brazo con fuerza y preguntarle si era real. Él me respondió entre risas: "Sí, soy muy real". Cuando Ulrik, uno de mis amigos, pasó a mi lado, nos miramos a los ojos y le di el abrazo más grande que he dado en la vida. En los minutos siguientes me dediqué a acostumbrarme a mi nuevo cuerpo: tocaba mis piernas, mi rostro y mis manos; saltaba de un lugar a otro; bailaba, me iba de bruces y hacía sonidos raros con la boca, en particular uno que me pareció agradable. Los demás debieron pensar que estaba completamente loco, pero no me importaba. ¡Tenía un cuerpo!

Quería conocer el fascinante cuerpo que me pertenecía. Después de seguir haciéndolo por un rato, me atacaron las náuseas.. Me sentí terrible. Estaba doblado sobre mí mismo, con la cabeza apoyada en un lavabo situado entre dos sanitarios individuales. En algún momento, una de las facilitadoras me preguntó si estaba bien, y si quería recostarme en el colchón que estaba al lado. Me pareció bien, pero no sabía cómo llegar hasta ahí, aunque nos separaba una distancia de menos de dos metros y seguramente sería más cómodo para mi cabeza que el lavabo. Por tentador que me pareciera el ofrecimiento, sencillamente no concebía la idea de moverme, así que respondí: "No, gracias. Aquí estoy bien". Ella solo sonrió. Poco después, Sofía se acercó para decirme que la ceremonia estaba a punto de terminar y ofrecerme ayuda para regresar a mi habitación. Empecé a sentirme un poco mejor, así que le contesté: "No te preocupes, estoy bien", y comencé a caminar hacia mi cuarto. Me pareció que el camino era muy largo y difícil, pero finalmente lo logré. Al llegar fui directamente al baño, me quité toda la ropa, abrí el grifo de la ducha, me recosté desnudo sobre el piso de la regadera y me quedé ahí por mucho tiempo. Entonces expulsé la flatulencia más grande de toda mi existencia, y sentí un enorme alivio. Después de un buen rato, me puse unos calzoncillos y me tiré en la cama.

Cuando desperté a la mañana siguiente, me sentía increíble. Sentía una gran energía recorrer mis venas. Me levanté para lavarme los dientes y percibí una gran ligereza. Miré mi reflejo en el espejo y no pude despegar la vista de ahí por espacio de unos diez minutos. Sin dejar de verme directo a los ojos, tocaba mi rostro. Me daba la impresión de estar viendo a un extraño, pero era yo... Así es como me veía. Finalmente, me las arreglé para ir a desayunar. No podía dejar de sonreír: los colores eran más brillantes, y sentía que podía saborearlos. Parecía que mis pensamientos y mis ideas ocupaban un espacio; podía sentir la energía que emanaba de mi entorno; el sabor de la comida era orgásmico. Decidí no participar en las siguientes ceremonias. Sentía una enorme gratitud y respeto hacia aquella medicina sagrada, pero por el momento solo quería pasar el resto de la vida disfrutando de mi cuerpo. Me daba miedo que, si ingería más ayahuasca, quizá no pudiera regresar a la existencia humana. El incremento en la intensidad de las ceremonias había sido exponencial, y yo no estaba listo para abandonar mi cuerpo otra vez. Incluso si lograba volver, temía perder contacto con la realidad y volverme completamente loco, algo que estuvo a punto de suceder en esa ocasión.

EL LLAMADO DE LA JUNGLA

A la ayahuasca le encanta apoderarse de la gente orgullosa y restregarle su soberbia en la cara. Lo que quiero decir es que no tiene problema en hacerte suplicar clemencia. Uno tiene que acercarse a ella con humildad.

TERENCE MCKENNA

A pesar de la poderosa experiencia que había vivido el año anterior, seguía sintiéndome atraído por aquella medicina. Mi depresión había desaparecido y me encontraba mucho mejor, pero sentí que estaba siendo llamado a regresar e ingerirla nuevamente. Decidí hacerle caso a esa sensación y volví al mismo retiro de la vez anterior.

Me dio mucho gusto regresar. Sentía una profunda conexión con aquel hermoso lugar, y fue estupendo reunirme de nuevo con los encargados del retiro. Era consciente de que solo pasaría dos semanas ahí, pero me parecía que estaba en casa. Me habían pasado tantas cosas en aquel adorable retiro.

Antes de la ceremonia y de la meditación previa, me pareció que debía llegar hasta las últimas consecuencias, así que le pregunté a Verónica si podía darme una dosis mayor de la acostumbrada. Accedió con cierta reticencia, porque recordaba que el año anterior había estado muy sensible. Apagaron las luces y la vela; la ceremonia comenzó. Tristemente, el sabor del brebaje era igual de repulsivo que siempre, pero esta vez iba preparado con muchas pastillas de menta. Me metí al menos seis de ellas a la boca, tratando de eliminar el asqueroso gusto de aquello, y traté de vaciar mi mente. Pasaron más o menos treinta minutos antes de que comenzara a sentir la energía moviéndose en mi interior. Iba de mi cabeza a la parte superior de mis ojos, como si estuviera "purificando" mi cerebro y glóbulos oculares. Luego pasó a mis brazos y estómago. La sensación era como si estuviera en una sesión de masaje, en donde un terapeuta me daba un masaje interior por las diferentes partes de mi cuerpo. Esto, sin embargo, no duró mucho. Fue abruptamente interrumpido por las ya conocidas náuseas, repugnantes pero previstas. Sentía que era el precio que debía pagar para aprender.

Al principio pude manejar la molestia, pero llegó un momento en que me resultó imposible. Las ceremonias del año anterior habían sido difíciles de soportar, pero esta era todavía peor. Puse en práctica muchos mecanismos de control, sin resultados. Nada parecía funcionar. Hubo momentos en que cierta parte de los ícaros distraía la energía que se hallaba en mi estómago para que me doliera menos, pero la ventana de alivio era breve. El dolor fue incrementándose poco a poco y no tenía cómo darle solución.

Las náuseas dieron paso a otra sensación. Se convirtió en una energía malgna, terrorífica y repulsiva, pero muy poderosa, que no dejaba de esforzarse por salir de mí. Y lo logró. Empezó en el fondo de mi estómago y ascendió lentamente. Era como si estuviera pariendo una y otra vez a través de la boca. Cuando una de aquellas cosas lograba salir después de varios minutos de constantes jadeos, arcadas y vómito, otra comenzaba a gestarse, y luego otra y otra. No era solamente vómito; se sentía como si bolas de boliche de horrible dolor y desesperación atravesaran lentamente mi estómago, pulmones, garganta y boca. En una de esas ocasiones me asomé al cubo para ver qué estaba vomitando. Estar cerca de aquello despertaba el sentimiento de todo lo malo y asqueroso, de la más absoluta desesperación y miseria. Antes creía que el mal era una ilusión pasajera, pero no era así. Era algo muy real, muy oscuro. La forma física de una de aquellas cosas que vomité era la de una criatura parecida a un escarabajo negro, grande y repugnante. Estaba bocarriba, exhibiendo unas asquerosas patas de color rosa oscuro. Su boca era un abominable agujero negro, infinito, que se apoderó por completo de mi cognición cuando la miré. Estoy seguro de que ninguna criatura real salió por mi boca aquella noche, pero para mí era como si realmente lo hubiera visto y sentido. No le deseo vivir esta experiencia ni a mi peor enemigo. Sin embargo, la sensación que tuve después de tan violenta purga fue asombrosa. Fue como si me hubieran extirpado un tumor del cerebro; me sentía ligero, libre y claro. Estaba muy mareado, pero totalmente cómodo. Me sentía aliviado, increíble. Cuando abrí los ojos, el chamán estaba sentado frente a mí, cantando. Entre los dos, a más o menos un metro de distancia de mí, se encontraba la figura de una pirámide ligeramente brillante, del tamaño de una ciruela, que giraba. Pensé que el chamán era, de alguna manera, responsable de lo que estaba viendo, toda vez que estaba cantando frente a mí, pero cuando pasó al siguiente participante la figura siguió ahí, girando. No creía que fuera una visión, porque tenía los ojos bien abiertos y podía ver al chamán y las demás personas sentadas a mi alrededor, entre las tinieblas de la *maloka*. Mientras miraba aquel objeto, me vi acosado de nuevo por las náuseas. Pensé que eso ya había pasado, pero no fue así. La tortura apenas estaba empezando. Al recordar la experiencia, creo que debí haber interactuado de alguna manera con la pirámide, pero me disculpo pensando que estaba demasiado confundido y disfrutando de una vertiginosa sensación de euforia.

La siguiente fase de náuseas, como la primera, produjo más que vómito. Arrojé sin parar unas energías espantosas que tomaban muchas formas. Cada vez que terminaba una purga, otra se manifestaba en el fondo de mi estómago. Cada minuto me parecía eterno, y aquello iba a durar toda la noche. Ni siquiera mi extremo cansancio lo detuvo; continuó a pesar de que ya no tenía un ápice de energía. No había descanso. Llegó el momento en que no tenía energía para moverme y apenas podía respirar, pero la purga no se detuvo. Cada evento duraba varios minutos y me exigía enormes esfuerzos acompañados de jadeos, tos, escupitajos y arcadas. Sentía que mi garganta era demasiado pequeña para dar paso a las cosas que salían de ella. Tenía miedo de que se rompiera, pero era imposible contener el vómito. Cada vez que superaba la purga de una de esas cosas, me desplomaba sobre mi colchoneta, completamente exhausto.

De vez en cuando, entre las purgas, tenía breves visiones. Recuerdo que, de pronto, todo adquirió una especie de tonalidad negra; al mirar hacia abajo vi a un ser humano adulto, desnudo, con coloridos patrones geométricos sobre todo su cuerpo; la figura estaba recostada en posición fetal, como un recién nacido. Hay que tener cuidado al etiquetar las experiencias, pero mi interpretación es que se nos dejó que descubriéramos por nosotros mismos cuán extraordinarios seres somos y cuál es nuestro potencial divino. Sentí el inagotable potencial del ser humano, frente al cual me incliné con extrema humildad; sin embargo, al mismo tiempo estaba extasiado por tener ante mí aquella misión. En otra visión, experimenté que yo era mi propio creador. No como si fuera un dios, y tampoco en el sentido de un padre. Vi a dos seres y yo era, simultáneamente, los dos. Me abrazaba a mí mismo como una figura paterna, pero al mismo tiempo experimentaba la ternura que siente el niño cuando lo abrazan. Yo no era ninguno de ellos, pero era simultáneamente ambos, y ninguno de ellos era humano. Es difícil explicar estas experiencias con palabras. Es como tratar de pintar un arcoíris cuando solamente se tienen los colores negro y blanco.

En otro momento me movía dentro de una esfera iluminada con una luz tenue, pero brillante al mismo tiempo. Había muchas formas y figuras, pero yo no las veía únicamente desde la perspectiva de quien estaba dentro de la esfera. Simultáneamente, me hallaba fuera de la esfera, viendo a la figura que estaba en su interior y sintiéndome casi frustrado por tener que darle espacio a ese pequeño imbécil para que no chocara con los extremos de la habitación. Pero esas intensas visiones se veían abruptamente interrumpidas por las terribles náuseas. Cuando el dolor se intensificaba mucho, las visiones se detenían y el dolor me regresaba a mi cuerpo. Sabía, sin embargo, que el tiempo jugaba a mi favor. Llegaría el momento en que me liberaría de esa agonía. Todo era cuestión de tiempo. Solo tenía que arreglármelas para no morir en medio de aquello.

Uno de los facilitadores se me acercó mientras estaba tirado en posición fetal, temblando de miedo como un cervatillo aterrorizado, gritando una y otra vez "no, no, no". En realidad, ese no fue el peor momento; lo más fuerte ocurría cuando terminaba una purga y sentía que otra de aquellas cosas estaba formándose en mis entrañas. Llegó el momento en que fue demasiado. No tenía tregua. Sin importar cuánto estaba sufriendo y la poca energía que me quedara, sencillamente seguía y seguía. Había alcanzado mi punto de quiebre varias horas antes, sin encontrar alivio. Después de cada purga, apenas tenía tiempo para recuperar el aliento antes de que se presentara otra.

En algún punto después de lo que me pareció una eternidad, el cielo se iluminó y traté de levantarme. No tenía energías, pero después de mucho esfuerzo logré arrastrarme desde mi colchoneta hasta la puerta de salida de la *maloka*. Me las arreglé para abrirla y salir; lo que siguió fue un milagro. Ese momento es uno de los más hermosos, gloriosos e intensos de toda mi vida. Si no fuera por las ceremonias del año anterior, ciertamente no tendría rival. Cuando me puse de pie, tuve la certidumbre de que nunca había sido tan consciente de mi cuerpo. Tenía las piernas débiles, pero me sentía poderoso. Era como si estuviera inhalando el universo entero; sentía como si la totalidad del mundo circulara por mis venas. Mi cuerpo estaba extasiado de conocerme. Me daba la bienvenida, como si me hubiera estado esperando. Sentí que mi cuerpo estaba dándome mucho amor, que había encontrado a un querido amigo al que no había visto en años. Miré mis manos y sonreí. Mi mente estaba muy clara. En mi camino de regreso me moví con torpeza, me arrastré y caí en una escalera de piedra. Pero me gustaron las piedras; mis pies amaban las piedras. Por primera vez era uno con mi cuerpo, aunque, de alguna forma, estaba separado de él. Era como si me sintiera profundamente conectado con él pero, al mismo tiempo, fuera algo distinto de mí. Era un organismo de increíble magnificencia que yo habitaba, pero también admiraba desde fuera. Era como si estuviera conociéndose a sí mismo y, a veces, se moviera por lo que parecía su propia voluntad. Era mi mejor amigo. Sentía que había estado ciego toda la vida, pero ahora podía ver. Me sentía profundamente conectado con el bosque que estaba viendo. Las plantas se veían infinitamente más gloriosas que nunca, y era como si se extendieran para encontrarse conmigo. Podía sentirlas. Miré a mi alrededor casi con arrogancia. Me sentía absolutamente invencible, casi divino.

Tras mucho tiempo y esfuerzo, recorrí el camino hasta mi habitación, me di un baño y me desplomé en la cama. No logré dormir porque empezaron a dolerme los pulmones. Los sentía destrozados. No podía respirar apropiadamente. Era como si tuvieran una grieta. Cada respiración era insoportable. La única manera de controlar el dolor consistía en hacer una inhalación profunda, retenerla tanto como podía, exhalar y repetir la secuencia. Era muy temprano y no quería despertar a los facilitadores. Traté de conservar la calma, pero sentía que cada respiración podía ser la última, así que terminé por pedir a mis compañeros de habitación que fueran a buscar ayuda. Vinieron Sofía y Verónica; les dije cómo me sentía y ellas trataron de explicarme que lo más probable era que el dolor fuera psicológico. Con sincero respeto, me esforcé por explicarles que mis pulmones estaban físicamente afectados y que necesitaba alguna cirugía, porque de verdad no quería morir. Ellas reconocieron el pánico en mis ojos y estuvieron de acuerdo en llamar un taxi para que me llevara al hospital más próximo. El único problema era que se hallaba en una ciudad lejana y no contaba con equipo. No quería que un médico local me diera un diagnóstico incierto, así que cancelé el taxi. Por si acaso moría, le escribí a mi madre, a mi tía y a una amiga, diciéndoles cuánto las quería. Sentía que mis pulmones se darían por vencidos en cualquier momento. Estaba a punto de comprar un boleto de avión para volver a casa y hospitalizarme en Dinamarca, con la esperanza de llegar a tiempo.

Justo antes de que lograra reservar el vuelo, Sofía me sugirió ver a Stéphane, un curandero y acupunturista. Recordé que lo había conocido en mi última visita, y pensé que valía la pena darle la oportunidad, porque era realmente talentoso. Sin embargo, seguía un tanto escéptico. Sí, tenía talento, pero ni siquiera así podría reconstruir mis pulmones. Vino a mi habitación algunas dolorosas horas después y empezamos a conversar. Le conté lo que había pasado y cómo me sentía. Él actuó como si supiera por lo que estaba pasando y dijo que también había experimentado aquella especie de pesadilla varias veces. Había ingerido ayahuasca en cientos de ocasiones y también muchas otras plantas. Me dijo que era resultado de un proceso de iniciación espiritual. Ciertas partes del individuo deben morir para poder renacer, y el proceso puede ser absolutamente terrorífico. Me explicó que el terror por el que se tiene que pasar es necesario para liberarse del simbionte* que vive en nuestro interior: un simbionte que enturbia nuestra conexión con nosotros mismos y con todo lo que nos rodea. Solo sabemos que estuvo ahí después de que desapareció.

Repliqué que el dolor en mis pulmones era muy real y que debería tenerme mucha paciencia. Se repetía la historia de la última vez. Me pidieron que me recostara y Stéphane empezó a tomarme el pulso. Poco después me insertó una sola aguja y comenzó su labor. Transcurridos más o menos dos o tres minutos, me dijo que estaba en mis pulmones. Me explicó que la experiencia traumática de la noche previa había desconectado mis pulmones del bazo, y que él trataría de restablecer la conexión. De pronto empezó

---

*Desde el punto de vista biológico, un *simbionte* es un organismo que está estrechamente asociado con otro, generalmente más grande, llamado anfitrión. La asociación entre el simbionte y el anfitrión es lo que llamamos simbiosis.

a tener episodios en los que bostezaba y tosía. Me explicó que aquello era resultado de una poderosa energía que estaba saliendo. Una vez que reconectó mis pulmones con el bazo, regresó a los primeros y me dijo lo que veía. No estaban rotos ni dañados, sino que eran nuevos. Dijo que era como si hubieran mudado su vieja piel, como hacen las serpientes. El dolor se debía a que mis pulmones eran nuevos, frescos y frágiles, y mi cuerpo tendría que acostumbrarse a ellos. Continuó explicándome que también vio un gran espacio en mi interior, y que yo debería esforzarme por explorarlo. Mencionó que los pulmones seguirían doliendo, pero que mejorarían poco a poco y volverían a la normalidad en unos días.

Los siguientes días fueron extraños. La gente debió pensar que había enloquecido por completo. Mi cuerpo se sentía increíble, pero muy raro. Al principio ni siquiera lograba mantenerme erguido. Tenía que caminar muy lentamente y viendo siempre hacia el piso. Me costaba trabajo vestirme, pero no tenía prisa. Lo más difícil era ponerme los calcetines. Yo trataba de actuar normal, pero como era imposible pronto me di por vencido. Era más fácil andar descalzo. La música me ayudaba a tranquilizarme. Al día siguiente empecé a hablar de nuevo con la gente. Daba largos paseos por la naturaleza. Pasaba el tiempo tendido en una hamaca, escuchando el canto de las aves. Me sentí atraído por el río y por la piscina natural. Aunque todavía faltaban muchas ceremonias, no participé en ninguna más. Tenía que reparar mis pulmones, mi cuerpo y mi mente. Mis pulmones siguieron doliéndome más o menos tres días y mi garganta estaba irritada, pero como me había dicho Stéphane, mejoraba poco a poco. Uno de los días en que estaba descansando en la hamaca recordé que un año antes había estado en el mismo lugar, saturado de una depresión suicida. Era la misma hamaca; sobre ella estaba lo que parecía el mismo cuerpo y estaba viendo el mismo árbol, pero el mundo era un lugar completamente distinto. Ya no buscaba lugares en donde poder ahorcarme. Ahora era un ser sereno y curioso, humilde ante la insondable grandeza y el misterio de la existencia. Sentía como un don la oportunidad de explorar el universo y el que la naturaleza me hubiera dotado de una extraordinaria máquina biológica y artística para embarcarme en ese viaje.

8

Reintegración

Las sustancias psicodélicas son una hermosa ayuda para abrir la puerta, siempre y cuando uno pueda aceptar que no son la solución.

MANUEL SCHOCH, EN *NEURONS TO NIRVANA*

Las drogas psicodélicas, como la ayahuasca, pueden provocar una experiencia revolucionaria capaz de cambiar la vida. Sin importar si se trata de una experiencia mística, una noche de terror desgarrador o algo en medio de ambas, la aventura psicodélica parece afectar el núcleo mismo del ser. Sin embargo, existe una idea equivocada sobre la naturaleza de la experiencia psicodélica. El individuo puede ser llevado a suponer que ha vivido un cambio inequívoco en la parte más profunda de su ser –una especie de reinicio– y que ahí termina la labor. Ya puede volver a la vida normal, pero como un ser humano nuevo y realizado.

Sin embargo, ahí está de nuevo, sentado frente al escritorio de su trabajo, como si nada hubiera pasado. Acaba de vivir una experiencia revolucionaria, pero todo parece ser como siempre ha sido. Las cosas se sienten irreales y decepcionantes. Esto puede ocasionar una sensación de alienación, no solo respecto a los demás, sino también respecto a uno mismo. Puede ser que las sustancias psicodélicas hayan facilitado una experiencia increíblemente significativa, pero para que la transición de regreso a la vida normal sea lo más fluida posible, a menudo se considera de gran importancia pasar por lo que se conoce como integración. Se trata del proceso de

167

incorporar la experiencia en el tapiz de la vida "normal". Es como digerir después de haber ingerido una comida abundante. El procesamiento lleva tiempo. El proceso de integración no es menos importante que la experiencia psicodélica misma y puede, en última instancia, ser el factor que decida si la aventura psicodélica tiene un impacto positivo o negativo en la vida.

No existe una manera correcta de realizar la integración. Es verdaderamente única en cada individuo, lo mismo que la duración del proceso. Para algunas personas puede tardar semanas; para otras, varios años, y para algunas más puede ser un esfuerzo que abarque la vida entera. Tómese el tiempo necesario; solo **usted** puede determinar cuánto requiere. Olvídese de lo que "debe" hacer o como "debe" sentirse. Si pretende probar algún tratamiento con plantas medicinales, considere que la integración es una parte inseparable y no negociable del viaje psicodélico, y un tiempo de autocuidado y amor a uno mismo. Considere tomarse un tiempo para su práctica personal. Sea creativo, lea libros y revistas, escuche a su cuerpo, dé espacio a sus sentimientos, disfrute la quietud, medite, manténganse en contacto con sus seres queridos, escuche música, permítase pensar y regálese largos paseos en la naturaleza. Conéctese con los elementos naturales, toque la tierra, pase tiempo en el agua, escale montañas y sienta la arena con sus pies descalzos. La naturaleza vibra en una frecuencia equilibrada que le ayudará a integrarse y sentirse más en paz.

Cuando uno participa en una práctica enteogénica para sanar, aprender, crecer o por cualquier otra razón, debe tener siempre presente que la experiencia psicodélica rara vez es una solución por sí misma. Tal vez aprenda mucho y haga descubrimientos profundos, pero si no trabaja en sí mismo, todo podría acabar siendo una experiencia más para sumar a sus recuerdos. Las sustancias psicodélicas pueden ayudarle a encontrar el camino, pero usted debe recorrerlo por su cuenta. Dicho lo anterior, sea amable consigo mismo. La integración puede ser difícil. A mí me resultaron útiles prácticas como caminar en el bosque, escuchar música, leer, meditar y estar en contacto con mis compañeros de retiro. De hecho, uno de los más grandes desafíos que enfrenta la gente al regresar a casa después de una experiencia con ayahuasca, es la falta de comunidad.

Busque círculos de integración próximos para conectarse con otras personas que estén siguiendo la misma ruta de curación psicoespiritual. Al mismo tiempo, tenga cuidado de compartir demasiado sus experiencias, porque hacerlo podría producir un efecto indeseable.

Es posible que esté experimentando un poderoso cambio, y este tendrá impacto en sus relaciones con las personas que lo rodean. Algunos vínculos podrían fortalecerse, mientras que otros se debilitarían. Debemos honrar el hecho de que cada cual es responsable de sus propios viajes. A veces podría darse el caso de que compartamos con otros el mismo camino, pero otras, los caminos se separan; es un proceso completamente natural. Simplemente permita que la vida tome su curso y manténgase fiel a usted mismo. A final de cuentas, sin importar cuán asombrosa haya sido la experiencia para usted, no siempre es buena idea comentarla en exceso. Las sustancias psicodélicas siguen siendo ilegales en muchos lugares, pero tienen sus propios medios para encontrar a las personas.

Un fenómeno común que suele ocurrir después de varias ceremonias consecutivas con ayahuasca es algo a lo que nos referimos como "seguir viajando". La ayahuasca permanece en la sangre durante varios días después de la conclusión de las ceremonias, y a veces se hace presente en nuestros sueños. A diferencia de los sueños normales, los "infusionados" con ayahuasca parecen mucho más reales, como los que ocurren en una ceremonia rverdadera. Recuerdo que esto me pasó varias veces mientras estaba en Perú, después del retiro. Siempre que ocurría me despertaba exactamente a las 3:00 a.m. Luego pasaba una hora completa mirando al techo, preguntándome qué diablos acababa de ocurrir. Por lo tanto, si ingiere ayahuasca, prepárese para tener algunos sueños muy vívidos en los días siguientes. Varias personas cuentan también que escuchan los ícaros y ven algunos patrones, aunque haya pasado mucho tiempo después de la ceremonia.

COMPARTIR LA EXPERIENCIA

El lenguaje es un fenómeno formidable y extraordinariamente práctico. Es el primer producto y el órgano indispensable de la razón. Es también una herramienta impecable que resulta de gran utilidad cuando navegamos por la existencia humana; es con su ayuda que la razón alcanza sus más grandes éxitos. De manera similar a como las arañas tejen las telarañas y las aves construyen los nidos en donde viven, los seres humanos usan la razón para formar ideas que actúan como arquitectos de las sociedades en las que vivimos. Nuestra sociedad es, de alguna manera, la manifestación física del lenguaje y la materia con la que creamos el mundo subjetivo. Sin embargo, cuando lo usamos para explicar la experiencia psicodélica, tiende a ser bastante insuficiente.

A menudo hay que dejar atrás el vehículo del lenguaje en el que normalmente pasamos toda la vida, sencillamente porque es incapaz de circular en este terreno desconocido. Visitar los reinos trascendentales puede resultar una experiencia imponente, de autenticidad sin parangón. Cuando el individuo ha vivido una experiencia mística poderosa, entra en contacto con una realidad prelingüística que se sitúa más allá de los límites del lenguaje local. Habitualmente, nuestras percepciones del mundo exterior se ven empañadas por designaciones verbales. El lenguaje impone un escudo lingüístico entre el individuo y el mundo, pero con las drogas psicodélicas es posible romper esa barrera y entrar en contacto con la textura prelingüística de la existencia cruda, que todavía no ha sido verbalizada ni asimilada en abstracciones carentes de vida.

Lo que hace que la experiencia psicodélica sea tan sublime no es solo su naturaleza ininteligible, sino también la maquinaria de observación en que se basa su descripción. Aquello que mira la experiencia también está, de alguna manera, infectado por ella y pasa por una especie de sobrevaloración, lo cual provoca algo parecido a una comprensión divina, aunque no es fácil explicar qué es lo que se ha comprendido. De cierta forma, lo único que queda claro es que todo cobra sentido. Más que expresarse mediante una cadena de palabras, el entendimiento asume las características de una sensación que no puede descender al nivel más bajo de un lenguaje, como el inglés o el castellano. Las palabras no son un constructo que pueda transmitir este asunto de manera siquiera remotamente apropiada. En consecuencia, pueden tener un efecto de contaminación sobre la idea que se pretende comunicar. El lenguaje es un constructo de la realidad convencional, y todo lo que toca es llevado a la superficie. Por eso puede parecer desalentador hablar de ciertas cosas: el lenguaje contamina la experiencia auténtica y la saca del glorioso lugar en que tuvo su origen. La esencia mágica de la experiencia es sometida a la presión de la maquinaria del lenguaje, para dar a algo trascendente una forma y un nombre determinados, pero sacrificándola en el proceso. Entre la impresión y la expresión se abre una brecha inmensa. Tal es nuestro irónico destino. Como escribió Huxley, practicamos la alquimia en reversa: "Tocamos oro y se convierte en plomo; tocamos las letras puras de la experiencia y se convierten en los equivalentes verbales de tripa y bazofia"[1].

Es justamente como escribió Wittgenstein en su *Tractatus*. Según él, debemos poner fin a la búsqueda filosófica a través del lenguaje, porque es una herramienta insuficiente para lograr tal cometido. Y concluye su *Tractatus* con esta frase: "De lo que no se puede hablar, de ello se debe guardar silencio"[2]. Me parece que esto se aplica también, en alguna medida, a la experiencia psicodélica. Sencillamente, el lenguaje se queda corto para lograr el objetivo. Es como usar una botella de agua para clavar un clavo en la pared. Con frecuencia malinterpretamos los límites del lenguaje. Algunas de las grandes verdades no pueden explicarse con palabras; hay que mostrarlas. Creo que la experiencia psicodélica es un extraordinario ejemplo de ello. El gran secreto no es lo que callamos, sino lo que no podemos decir. Las palabras son insuficientes. Los chamanes de la tribu dagara, de las planicies occidentales de África, se refieren al gran misterio de la experiencia numinosa con el término *yielbongura*, que se traduce como "aquello que el conocimiento no puede comer". Es, sencillamente, lo que está fuera de los límites del conocimiento y que el lenguaje no puede transmitir o que la mente racional es incapaz de asir. Los miembros de la tribu dicen que solo puede entenderse mediante la experiencia, a través de estados de éxtasis que nos sacan de la conciencia normal de vigilia[3]. En el versículo 1 del *Tao Te Ching*, Lao-tzu escribe: "El Tao del que puede hablarse no es el Tao eterno"[4].

Dicho lo anterior, hay que aclarar que si siente que es correcto compartir, no se reprima. Definitivamente, a mí me ayudó en Perú, y en algunos casos puede resultar útil para la integración. Sin embargo, estas experiencias pueden ser muy significativas para el individuo, y si las comparte en exceso y con personas que no reaccionan con amor y apertura, la consecuencia podría ser nociva para quien habla. Esto se debe a que el encuentro con lo numinoso, facilitado por las sustancias psicodélicas, suele afectar al participante en el nivel más profundo de su ser. Por lo tanto, sería buena idea considerar qué tanto se quiere compartir y con quién. Si desea hacerlo o no, lo importante es que permita que la experiencia sea relevante para usted. No se deje influenciar por lo que otros piensen.

MEDITACIÓN

Cuando estuve en Perú, pregunté al chamán si era posible mantener la maravillosa sensación que estaba viviendo al volver a casa. Me respondió que sí, pero que tendría que meditar una hora diaria y mantener la dieta. Pensé que seguir el régimen alimenticio no era un problema, pero la meditación sí. Siempre he considerado que la meditación es una estupenda idea, pero cada vez que intenté hacerla terminaba aburriéndome y quedándome dormido. A pesar de ello, decidí darle otra oportunidad cuando volviera a casa, porque la integración había sido difícil para mí y tal vez esto pudiera ayudarme. Las primeras veces se repitió la misma situación: me aburría rápidamente y caía dormido. Sin embargo, recuerdo con toda claridad un día en que algo raro sucedió mientras estaba meditando. Estaba sentado cuando, de pronto, empecé a sentirme muy cómodo. Pensé: "¿A qué se deberá que me siento tan bien?" "¿Qué es esta sensación?" "¿Seré capaz de dejar alguna vez este lugar tan confortable?". A partir de ese día, nunca he dejado de meditar. Ninguna meditación es igual que otra. En ocasiones todo está bien; en otras, empiezo a sentirme lamentablemente incómodo o inquieto. Las experiencias desagradables son distintas cada vez. Con frecuencia se trata de sensaciones de malestar en diferentes lugares del cuerpo, pero si las enfrento con plena conciencia se intensifican para luego modificarse o desaparecer. A veces es un fastidio, y otras es como si me besaran por dentro. Sin importar qué ocurra durante la meditación, al terminar siempre me siento tranquilo y revitalizado.

Creo que la meditación es una práctica que podría ayudar a mucha gente, en especial a quienes sufren dolor emocional o experimentan angustia mental. Si fuera psiquiatra o psicólogo, les haría esta recomendación a mis pacientes: meditación, filosofía* y caminatas en el bosque. De hecho, las investigaciones que se han realizado al respecto demuestran que las caminatas en la naturaleza contribuyen a la salud psicológica y fisiológica, así como al bienestar general[5]. Quizá la meditación sea incómoda al principio, sobre todo para quienes viven con ansiedad o depresión, porque implica un enfrentamiento con todas las heridas internas. El silencio provoca que uno esté más cerca de sí mismo, y quizá ese encuentro no sea del gusto de todos. Sin embargo, con la integración llega la curación. Nunca se sabe qué está al otro lado del dolor, a menos que se le acepte. Sufrimos emocionalmente porque nos identificamos con el dolor, pero si lo dejamos entrar, lo aceptamos y no nos apegamos a él, se transformará en otra cosa o desaparecerá. Esto se debe a que es efímero y temporal, a diferencia de nuestra verdadera naturaleza de luz y amor. Irónicamente, al tratar de escapar del dolor nos aferramos a él como si no quisiéramos que se fuera.

Por último, se habla mucho acerca de la meditación y sobre lo que se supone que debe ser o no debe ser. Si hay algo que me gustaría compartir con usted a este respecto, sería esto: no debe ser nada. Limítese a sentarse consigo mismo y permítase pasar un tiempo con aquello que surja. No está mal si empieza a pensar en un caldo de pollo. Simplemente sea consciente de ello y dígase: "En este momento estoy pensando en un caldo de pollo".

---

*Para ser más específico, recomendaría leer el maravilloso libro del sabio oriental Lao-tzu, el *Tao Te Ching,* y *Cartas de un estoico*, de Lucius Séneca. Ambos son un maravilloso remedio contra la depresión; quisiera que alguien me hubiera recomendado su lectura cuando padecí esa enfermedad.

9

Hijos de Gaia

La naturaleza no es nuestro enemigo; no tenemos por qué violentarla ni conquistarla. La naturaleza somos nosotros mismos, a quienes debemos apreciar y explorar. El chamanismo siempre lo ha sabido y, en sus más auténticas expresiones, ha enseñado que el camino requiere de aliados. Esos aliados son las plantas alucinógenas y las misteriosas entidades maestras, luminosas y trascendentales, que residen en esa dimensión cercana de belleza extática y comprensión que hemos negado, hasta que ya es casi demasiado tarde.

TERENCE MCKENNA, *FOOD OF THE GODS*

UNA METÁFORA DISTANTE

El implacable avance de la civilización es cada vez más rápido y feroz, y llega hasta los pueblos más aislados y escondidos. Parte del ímpetu occidental se ha centrado en la intención de sojuzgar todos los estilos culturales a su propio paradigma. Esto se ha convertido en un verdadero acto de tragar y digerir a las culturas nativas, que se desintegran en el estómago de la bestia materialista occidental, y luego son excretadas como desencantados gólems consumidores de la modernidad. A lo largo de los siglos hemos sido impresionantemente creativos para justificar la colonización de las tierras habitadas por los pueblos indígenas, pero siempre la caracterizamos en términos de contacto involuntario. Mecidas en la cuna de la diosa ecológica, la mayoría de las sociedades premodernas probablemente no tenían problemas antes de que la civilización occidental se hiciera presente para modernizar a sus "ignorantes" nativos. Esta asimilación forzada ocasiona la pérdida o el cambio extendido de las prácticas, normas y creencias tradicionales; la reubicación de los pueblos; la privación de tierras y el desastre ecológico. Inevitablemente, la aculturación implica la ruina de las tradiciones nativas. Milenios de conocimiento adquirido empírica y espiritualmente quedarán enterrados para siempre, junto con las culturas que les dieron origen.

Creemos que nuestro desarrollo como especie se expresa en la tecnología y la inteligencia artificial, pero es exactamente lo contrario. Debemos volver a nuestras raíces, porque las plantas son nuestros maestros. Hemos perdido contacto con una parte importantísima de nuestra realidad: la tenue conexión con la mente de Gaia. Esta fue una conexión que siempre fue sagrada para numerosas tribus indígenas; sin embargo, para nosotros, la Madre Tierra se ha convertido en poco más que una metáfora distante. Jung escribió que "a medida que la comprensión científica se ha incrementado, nuestro mundo se ha deshumanizado. El ser humano se siente aislado del cosmos, porque ya no está involucrado con la naturaleza y ha perdido su 'identidad inconsciente' emocional con los fenómenos naturales"[1]. Lo que ha provocado en nosotros tan nefasta herida existencial es la falta de conexión con el planeta sensible, que respira. La sociedad moderna es consecuencia de este exilio de Gaia. Hasta que no seamos conscientes de ello, seguiremos atrapados, confundidos y desorientados en un mundo que parece no tener coherencia. Henry Corbin dijo: "Destruir su idea celestial no está bajo el poder del ser humano, pero sí lo está traicionarla y separarse de ella"[2].

La sociedad moderna está fragmentada. Una epidemia de vacío circula a través de la civilización de hoy. Le llamamos vacío, pero ignoramos vacío de qué. La ausencia de canales que nos conecten con el organismo eterno de la comunidad orgánica, mediante el ritual y la autotrascendencia, ha creado en nosotros un vacío que buscamos llenar con un exceso de placeres. La naturaleza nos diseñó para obtener placer a partir de la satisfacción de nuestras necesidades, pero en nuestra ignorancia y confusión, pensamos que la satisfacción lo es todo. Nos hemos convertido en ciegos esclavizados por nuestros insaciables deseos. Para nosotros, lo superfluo es hoy una necesidad, y este es el pináculo de la infelicidad. No nos vestimos para mantenernos calientes, sino para vernos a la moda. No comemos para saciar el hambre, sino para complacer a nuestras exigentes papilas gustativas. Cuando llegamos a este mundo, lo único que necesitamos es leche y algún paño para cubrirnos; sin embargo, hoy en día una mansión enorme nos es insuficiente; debemos tener otra para las vacaciones. Pretendemos satisfacer esta sed con placeres, lo cual equivale a beber agua de mar. Entre más bebemos, más sedientos nos sentimos. Como dijo Goethe, corremos del deseo a la satisfacción, y saltamos de la satisfacción al deseo.

Hemos transgredido tanto nuestra naturaleza espiritual, arraigada en la ecología astral del bosque, que hemos olvidado de dónde venimos. La dimensión humana ha sido apabullada por las luces eléctricas, que ya no están imbuidas en el flujo vivificante del reino de Gaia. Hasta nuestros sueños son decadentes y han perdido el color. Somos la cultura más farmacológicamente empobrecida de todo el planeta. La civilización moderna tiene el más largo historial de desconexión respecto a cualquier clase de encuentro numinoso, extático, supresor de fronteras, con la mente psicotrópica. La historia nos ha mostrado que la autotrascendencia es una necesidad intrínseca y esencial de cualquier ser humano, y la civilización moderna es la consecuencia de su ausencia. Para sustituirla tenemos hermosos espectáculos y ligas deportivas. Las tribus chamánicas de todo el mundo han tenido siempre acceso a lo sagrado; gracias a ello, se las arreglan para vivir de acuerdo con la naturaleza y en armonía con ella. Es preciso que nos reencontremos con lo auténtico, con aquello que perdimos hace tanto tiempo y que hoy nos parece tan extraño que ya no sabemos de qué se trata. Como afirmó Terence McKenna, sencillamente padecemos de un dolor del que no nos podemos deshacer. Aparentemente, los cimientos arquetípicos de la práctica psicotrópica apuntan siempre hacia un estado mental colectivizado entre los integrantes de la tribu, hacia una unidad amorosa que trasciende la forma.

LAS AVES CON UNA SOLA ALA NO PUEDEN VOLAR

El ser humano es un hermoso intermediario entre lo físico y lo espiritual. Sin embargo, si descuidamos cualquiera de esos aspectos, surge el sufrimiento. La civilización moderna está jugando solamente con media baraja. Esta creencia ha encontrado eco en muchos pensadores de la antigüedad, colosos como Buda, Platón, Aristóteles, Jung y Kierkegaard.

En su diálogo *Fedro*, que es básicamente una crónica de viaje, Platón habla sobre el recorrido del alma sobre el "arco del cielo". El filósofo emplea la alegoría de un carro alado para representar el peregrinaje del alma humana. Un caballo se siente atraído hacia la tierra y el otro busca ascender hacia el cielo. La única forma de llegar con los dioses hasta donde reside el verdadero y hermoso ser, hacia las gloriosas llanuras en donde el alma encuentra el alimento, consiste en lograr que el avance de los caballos esté equilibrado. Por su parte, también Aristóteles abordó esta armonía de la interacción entre lo natural y lo espiritual. Para él, el héroe debía ser mitad divino, mitad mortal. Asimismo, el señor Mota, sabio del Santo Daime, afirmó: "Las aves con una sola ala no pueden volar"[3].

Buda predicaba las dos verdades. La enseñanza budista de las dos verdades establece que la realidad existe en dos niveles: el *samvrti satya* (realidad convencional) y el *paramārtha satya* (realidad absoluta). La realidad convencional es el teatro de lo manifiesto. Es una realidad en donde todo se percibe como separado de todo lo demás. Categorizamos este mundo en términos de designación verbal, y usamos sistemas y términos para hacer que la realidad sea manejable. Tenemos fines de semana, ciudades y sociedades; pensamientos, correo, escuelas, normas, avena, ideas del yo y del otro, géneros, etnicidades, etcétera. La segunda verdad es la verdad absoluta, que es el desmoronamiento del ser y de las características de todos los fenómenos temporales y relativos. La verdad absoluta representa una realidad sin límites, pura e interconectada, sin distinciones, características inherentes, generación ni destrucción. Esta realidad, sin embargo, no debe percibirse como algo separado del mundo material y ninguna verdad es "más correcta que la otra". Son sencillamente dos reflejos de una sola realidad. Ambas verdades son indispensables, y nosotros debemos encontrar el equilibrio entre las dos para liberarnos del sufrimiento innecesario y traer paz y prosperidad a nuestras vidas. Jung también abordó la importancia del aspecto espiritual de la existencia humana. Escribió: "El hombre moderno no entiende en qué medida su 'racionalismo' lo ha puesto a merced del 'inframundo' psíquico. Se ha liberado de la 'superstición', pero en el proceso ha perdido sus valores espirituales en un nivel extremadamente peligroso. Su tradición moral y espiritual se ha desintegrado, y ahora está pagando el precio de esta ruptura con una desorientación y disociación mundial"[4]. Nos hemos alejado tanto de nuestro propio interior, que difícilmente podemos reconocerlo cuando lo vemos. La relación con nuestra conciencia es infantil, porque la cultura ha colocado una enorme cerca alrededor de ella. Ni siquiera sabíamos que existía hasta que Freud y Jung nos hablaron de ella. Los chamanes de las sociedades arcaicas se han conservado cercanos a la naturaleza y mantienen abierta la puerta a las antípodas de la mente. Han conservado su relación con los continentes espirituales de la mente con la ayuda de las plantas, mientras nosotros hemos pasado los últimos miles de años vagando por los desiertos de la abstracción.

Kierkegaard argumentó que no nacemos como seres humanos. Ese es un potencial interior latente que debemos concretar. Según él, el ser auténtico nace después de haber progresado por su propia "escalera de la libertad", cuyo último peldaño es el encuentro con lo divino. Únicamente entonces somos capaces de regresar a la vida convencional como verdaderos seres humanos[*].

Kierkegaard estaba en lo correcto al emplear la palabra **autenticidad**, porque eso es exactamente lo que se obtiene. Nunca sabremos el significado de ser humano si reconocemos únicamente una parte de lo que somos. En

---

[*]Este proceso está lleno de ansiedad. Sin embargo, de acuerdo con Kierkegaard, la ansiedad no es algo malo. Es la evidencia de que está a punto de ocurrir un proceso de profunda transformación. No debemos evadirla ni ocultarnos de ella. Por el contrario, tenemos que darle la bienvenida.

este punto, nuestra autenticidad reside en nuestra capacidad de seguir y obedecer ciegamente los cambios transmitidos a través de los medios, y nuestra creatividad se ha convertido en una disciplina para encontrar nuevas formas de satisfacer un deseo corrupto e insaciable. Sedados e inutilizados por las ideologías, el alcohol, los medios de comunicación basura, la pornografía y los supuestos culturales, nos hemos convertido en cascarones vacíos e insensibles a todo, menos al acto de consumir. La televisión y los videojuegos han infectado profundamente todos los hogares de la modernidad, y son muchas las personas que viven en un estado larvario, sentadas en sus sofás de cuero, adheridas a esta ópera insensata de decadencia cultural que se repite ante ellas día tras día. Mientras tanto, sus hijos pasan la mayor parte del tiempo dentro de mundos de realidad virtual, con sus cuerpos deteriorándose y sus mentes en blanco. Perdidos en los artificiales mundos virtuales de magia, se han vuelto ciegos y displicentes hacia los misterios espirituales reales de la naturaleza.

Vivimos un triste capítulo de la historia, en el que los ganadores son aquellos que mueren con el mayor número de posesiones, y consideramos que las filosofías de bienestar del hedonismo desenfrenado constituyen la gloria suprema de la organización social. Tal es el destino de una sociedad divorciada del logos de Gaia. Somos como engranajes y tornillos de una máquina social sin sentido, bajo cuyas ruedas está siendo aplastada la diosa ecológica del planeta.

EL JARDÍN DEL EDÉN

La personificación del superhéroe bienamado de Nietzsche fue Zaratustra, un ser humano superior que desprecia todo aquello que ha sido contaminado por la práctica religiosa y solo ama a la tierra y a sí mismo. En el otro extremo de la balanza está la figura religiosa perdida en la espiritualidad, que se esfuerza por ascender y huir de lo corpóreo. Desde mi punto de vista, el ser auténtico se encuentra entre ambas figuras. No huye de lo convencional para saciar su sed espiritual; en lugar de ello, reclama su hogar cósmico en esta vida. El paraíso no es un lugar escondido entre las nubes, cuyas puertas celestiales solo se abren para dejar pasar al prodigio ético. Con toda razón, Nietzsche escribió en *Así habló Zaratustra* que la "felicidad debería oler a tierra". El jardín del edén está en el fondo de nuestra mente. Es un estado del ser, posible en nuestro cuerpo. Buscarlo en otros lugares es como buscarle cinco patas al gato. La espiritualidad auténtica no nos escinde de la Tierra; por el contrario, nos acerca mucho más a ella.

El hijo de Gaia ve la magia en todo lo que le rodea, y así aprende a amar a la Tierra, como el Zaratustra de Nietzsche. No necesita ver las estrellas para encontrar respuestas y significado, ni añora ser más de lo que es, pero ve la maravilla y la profundidad infinitas en una gota de rocío o en el pétalo de una flor. Se enamora de la expresión siempre cambiante del universo del que forma parte. Entiende que la diferencia aparente entre él y el mundo que lo rodea no es más que un velo ilusorio, y percibe que el yo es tan solo una forma útil de mantener una conversación convencional. Su corazón late en sintonía con el corazón de su madre, la diosa de la Tierra viva. "Cuando nos sentimos los únicos herederos del universo, cuando 'por nuestras venas el mar discurre... y nuestras joyas son las estrellas', cuando cuanto percibimos es infinito y santo, ¿qué razones podemos tener para la codicia o la ambición, para buscar el poder o formas de placer más funestas?", escribe bellamente Aldous Huxley[5]. Como un árbol, sus raíces están asentadas con firmeza en la tierra y sus ramas se abren a la luz. Con el Tao fluyendo a través de él, ha reclamado su divino derecho de nacimiento como hijo vivo de Gaia, estrechamente conectado con la gloriosa red de la existencia.

En el *Tao Te Ching* de Lao-tzu hay un pasaje excepcionalmente significativo, muy similar a esta idea del hijo de Gaia: "El maestro lo es porque ha alcanzado maestría sobre la naturaleza; no en el sentido de haberla conquistado, sino en el de ser él mismo naturaleza. Al rendirse al Tao abandonando todo concepto, juicio y deseo, su mente es, por naturaleza, compasiva... hasta que, finalmente, puede afirmar con toda humildad: "Yo soy el Tao, la verdad y la vida""[6]. El hijo de Gaia vibra con una resonancia tan poderosa, que hasta el nihilista más terco y reduccionista no puede sino sentirse atraído hacia él, porque es un ejemplo vivo de un alma educada. No está separado del suelo sobre el que camina, y su frecuencia cósmica es prácticamente una invitación a reconciliar nuestro divorcio de las fuerzas numinosas de la naturaleza. Me atrevería a decir que esta es la apoteosis de la naturaleza. Es por lo que ha estado luchando desde el principio. La materia es un espíritu adormecido con un apetito inconsciente de darse a luz a sí mismo. Este es el divino y glorioso nacimiento que todos tenemos la posibilidad de realizar. Los hijos de Gaia estábamos a punto de convertirnos en dioses vivientes, pero equivocamos el camino. El que seguimos ha producido grandes descubrimientos, pero hoy sabemos que no es más que un callejón sin salida. Es hora de regresar al sendero principal. Tenemos dos alternativas: permitir que imbéciles despistados, ciegos y hambrientos de poder lleven el barco al desastre, o asumir la responsabilidad de nuestro glorioso destino y alinearnos con la intención de Gaia. El pueblo inca profetizó que, hacia el año 1500, el mundo atravesaría cinco siglos de oscuridad, pero que un nuevo ciclo de paz, amor y convivencia con la tierra le esperaría al otro lado de esos tiempos oscuros. Esto ocurriría cuando el hombre blanco se recuperara de su violento olvido. Debemos ayudar a que esta antigua profecía se cumpla.

EL CORDÓN UMBILICAL CERCENADO

Las religiones, que son el constructo espiritual de la civilización moderna, carecen de autenticidad. A la espiritualidad no se le permite crecer (o no crecer) desde dentro; pero se alimenta a la gente con diversas interpretaciones de las "palabras de Dios" a partir de un determinado sistema de creencias dependiente del país. Discutimos la interpretación de los antiguos textos religiosos y el derramamiento de sangre hecho para reforzar esos atesorados sistemas de creencias. Hemos olvidado qué es la religión. Su origen está en el deseo que tiene el corazón humano de conectar con algo más grande que él mismo. La religión no tiene que ver con el conocimiento, sino con la experiencia y la transformación que tiñen el alma con hermosos colores, que luego se reflejan en el mundo. Hemos cercenado nuestro cordón umbilical chamánico, el cual nos conectaba con lo divino, y ahora solo nos quedan anécdotas y palabras para recitar y ensayar. Es como si recorriéramos un museo del que se han sacado todas las obras de arte, a pesar de lo cual seguimos vagando por ahí, detrás de los guías, viendo y señalando hacia las paredes desnudas.

Esto es algo de lo que los chamanes se dieron cuenta. Los seres humanos necesitan una conexión con lo sagrado que no consista en rituales, dogmas, libros, versos y un largo instructivo de lo que deben y no deben hacer. El impulso es experiencial y está impulsado por un deseo de reconectar con algo mucho más grande que nosotros mismos como seres individuales. Los líderes espirituales se han encumbrado y han caído, sus mensajes han sido transmitidos, pero evidentemente esto no es suficiente. Necesitamos más que doctrinas, independientemente de cuán extraordinarias puedan ser. El verdadero aprendizaje procede del interior, como afirmó Sócrates hace muchos años, y es aquí en donde las plantas entran en escena. Ellas no hablan, muestran. Esta dimensión aparentemente mágica, este portal hacia el misterio, reside en las plantas que viven en nuestro mundo. Las plantas no nos dicen que estamos perdidos o somos herejes si no creemos en una religión determinada. Se limitan a darnos acceso a lo sagrado, para que vayamos a verlo por nosotros mismos. Han sido utilizadas por monjes budistas, cristianos, sufíes, hindúes y chamanes en general. Otra solución podría consistir en meditar en la cima de una montaña durante treinta años, pero pocos tienen la paciencia y el reloj ecológico no se detiene. Muchos de nosotros, que vivimos en el lujoso entorno de las sociedades industriales de alta tecnología, seguimos siendo lo bastante privilegiados como para que nos preocupe saber si estamos tomando suficientes antioxidantes, pero la fiesta está a punto de terminar.

Desconocemos qué o quiénes somos; al enfrentar este profundo cuestionamiento, surgido originalmente en la antigua Grecia, hoy en día lo primero que nos viene a la mente es a qué nos dedicamos. Hemos estado tan desconectados de la fuerza creativa de la vida, que perdimos la curiosidad. ¿Por qué no nos preguntamos acerca del mundo que nos rodea?

Nuestro ánimo indagatorio desaparece apenas pasada la primera infancia; luego, poco a poco nos volvemos productos desconectados de una
cultura constipada. La cultura es algo que debemos trascender, tal como
hacemos con la ropa a medida que vamos creciendo. Después, podemos
ver nuestras antiguas prendas y sonreír pensando que alguna vez las uti-
lizamos. Si no lo hacemos, como argumentó provocativamente Terence
McKenna, nos convertiremos en "uno de esos que miran la televisión
durante el día, deambulan por los centros comerciales, se casan con los
medios de comunicación y disfrutan sus vacaciones en paraísos artificiales. En pocas palabras, un estilo de vida inquieto, apenas superior al
nivel de existencia de una rata de laboratorio"[7]. El chamán es una de esas
personas que se han sobrepuesto a la cultura y mantenido su curiosidad
por el misterio latente en el reino orgánico. El chamán no tiene miedo
de ver qué ocurre si presiona un poco los frágiles muros que hemos construido en un vano esfuerzo por hacer que la realidad sea comprensible.
A los occidentales no nos gusta enfrentarnos con nuestra ignorancia cósmica. Apreciamos nuestros frágiles muros. El chamán ha aprendido que
el mundo no es lo que parece; por nuestra parte, preferimos calificarlo de
psicótico antes de preguntarnos si no seremos nosotros quienes vivimos
en un paraíso de tontos.

Cuando los seres humanos se reúnen en una colectividad, tienden
a crear y reforzar una especie de burbuja cultural de normas, creencias
y comportamientos, en la cual comen, se visten, respiran y duermen.
Esta burbuja evita que caigamos en el caos prelingüístico que nos acecha.
Edificamos muros para mantener a raya a la naturaleza y sus misterios
que eliminan fronteras, pero los psicodélicos anulan esa ilusión super-
ficial. Nuestro cerebro es, por lo menos en parte, culpable de este comportamiento. Estamos neurofisiológicamente programados para reforzar
nuestro modelo del mundo, al menos como adultos. A nuestro cerebro
le gusta estar en una zona de confort en donde haya la menor cantidad
posible de sorpresa y desorden. Hace todo lo necesario para evitar enfren-
tarse con el caos de la realidad, pero solo los cobardes permitirían que
este mecanismo neurobiológico reduccionista se volviese un obstáculo

para nuestra curiosidad cósmica. Las sustancias psicodélicas son una de las agujas que podemos utilizar para reventar la burbuja cultural. La maquinaria convencional se desmorona, y eso puede ser muy inquietante. Si el individuo tiende a disfrutar de una zona de confort dotada de muros de control y predictibilidad, esa posibilidad sería equivalente a realizar un viaje espontáneo a Madagascar, acompañado por siete personas extrañas y sin teléfono celular. Los muros que enmarcan la realidad convencional se derrumban y uno siente como si estuviera enloqueciendo. Y lo cierto es que, si vemos la situación desde la perspectiva de la ciencia occidental, realmente uno estaría perdiendo la razón. Si lleváramos al hospital a alguien que está atravesando por una profunda experiencia mística, lo más probable es que lo diagnosticaran como psicótico, neurótico o esquizofrénico, o una mezcla de ellos. En la decadente era moderna, cualquier conducta que salga un poco de la norma es tachada de patológica. La respuesta natural sería sedar a quien incurra en ella, y tratar de "curarlo". Con esto no quiero decir que todos los episodios psicóticos sean espirituales, pero es un hecho que tampoco todas las pausas que tomamos de la realidad "normal" implican que padezcamos una enfermedad mental. Platón afirmó que ciertos tipos de locura no constituyen una enfermedad, sino que son, más bien, una "inspiración divina". Según él, "la mayor bendición concedida a la humanidad viene por medio de la locura, que es un don divino... de hecho, todos aquellos que reconocen la idea eterna en las cosas fugaces parecen estar locos"[8]. El poeta y dramaturgo inglés John Dryden dijo también, en *Absalom and Achitophel* (1.163): "Los grandes ingenios seguramente se aliarán con la locura, y delgados muros dividen sus límites". Los jóvenes miembros de las tribus arcaicas premodernas que mostraban signos de conexión espiritual eran separados e instruidos por los chamanes ancianos. En cambio, en la sociedad moderna los calificamos de enfermos, los encerramos y los saturamos de píldoras tóxicas. No deduzco de ello que todos los episodios psicodélicos den por resultado el encuentro con una verdad universal. En los ámbitos psicodélicos hay muchos farsantes, por lo que no siempre es prudente dejar de lado nuestra razón para seguir ciegamente un llamado interior. Aunque no fue resultado del uso de drogas psicodélicas, Heidegger declaró que un llamado claro como el cristal lo llevó a unirse al nazismo*. Baste decir que el contenido de cualquier llamado interno debe pasar por algún tipo de filtro lógico o ético. Pero volvamos a nuestro tema.

Lo que quiero decir es que, si permitimos que la experiencia psicodélica se desarrolle en un entorno seguro, lo más probable es que seamos testigos de un hermoso fenómeno. Experiencias como esta representan la primera gran puerta de entrada a la aventura espiritual de presenciar algo incomprensible. Nuestra perspectiva del mundo se trastoca e incluso, si tratamos de reconstruirla, nunca vuelve a ser la misma. El autor y antropólogo Jeremy Narby dijo que la ayahuasca debería venir con una etiqueta de advertencia: "Cuidado. Este producto podría ser peligroso para su cosmovisión". Una vez que se ha presenciado la maleabilidad de la realidad y la relatividad provisional de la cultura y el lenguaje, quedamos sumidos en una confusión estridente y apabullante. Nos damos cuenta de que las ideas y perspectivas infantiles, mecanicistas y materialistas del mundo que la modernidad nos ha legado, sencillamente son insuficientes. Los colores que adornan nuestro tapiz ontológico comienzan a desdibujarse, dejándonos una pared en blanco, que podemos empezar a pintar con nuevos colores. El problema es que debemos salir a buscarlos por nosotros mismos. El cuerpo se convierte en el laboratorio del ser. Uno va descartando las capas del condicionamiento cultural y regresa al cuerpo animal del que la modernidad se ha desvinculado tanto. La realidad se vuelve una obra de arte viva de la que uno forma parte para explorar de nuevo, en vez de ser una masa de materia inerte en la que somos unos extraños. El mundo se pone de cabeza.

La aventura psicodélica provoca que la membrana que existe entre el ego y el logos, o mente suprema de Gaia, se diluya y el mundo pierda su

---

*Debo añadir que no por ello debemos ignorar a Heidegger, porque su filosofía del *dasein* es absolutamente extraordinaria y definitivamente digna de atención y reverencia. Sin embargo, esto no hace más que agravar el punto expuesto anteriormente. Incluso alguien tan notable como él sintió este maligno llamado interior, lo cual significa que todos debiéramos reflexionar, en alguna medida, sobre qué nos está diciendo esa voz.

carácter prosaico. Todo se llena de significado, de belleza e importancia. Este proceso de vivir a profundidad puede hacerse todavía más denso, en cuyo caso el mundo comienza a disolverse en un cosmos de magia pagana. Entonces desarrollamos un sentido de lo que el poeta inglés William Wordsworth definió como "algo mucho más profundamente entrelazado". El filósofo Friedrich Schelling dijo que la naturaleza es un espíritu dormido, y cuando las fronteras se difuminan, ese espíritu despierta. O, para decirlo mejor: despertamos para ver el espíritu viviente en la naturaleza. Los árboles empiezan a respirar, oímos los sutiles susurros de los ríos y el viento arrastra significado. Uno comienza a sentir lo que Paracelso llamó *Lux Natura*, es decir, el flujo vivificante de la naturaleza, que está interconectado en cada flor, en cada piedra, en cada río, en cada ave y en cada árbol. El mundo se imbuye nuevamente del *anima mundi*, que la secularización ha logrado amputar con éxito en el universo alienado de la civilización moderna. Esta conexión es a lo que los chamanes del pueblo dagara se refieren como "maduración", y puede funcionar como un regreso al paraíso que siempre estuvo a la mano, aunque no pudiéramos verlo. Sin embargo, es preciso que desarrollemos la capacidad de escuchar porque, como escribió Heráclito, "a la naturaleza le encanta esconderse"[9].

EL DESIERTO DEL RACIONALISMO

Cuando empezamos a explorar el mundo que se encuentra afuera de la burbuja cultural, quedamos boquiabiertos. A medida que la esfera de la comprensión se expande, la superficie de la ignorancia se dilata frente a ella. Haciendo alarde de sabiduría, Sócrates dijo que "solo los tontos se consideran sabios", y creo que hay mucha verdad en ello. La idea de que entendemos la realidad es una de las ilusiones más soberbias de la modernidad. Los valores culturales no analizados y las limitaciones del lenguaje nos han hecho prisioneros de nuestras propias suposiciones. Únicamente cuando dejemos atrás nuestra arrogancia y descendamos de los tronos de nuestra "conciencia", podremos comenzar a abrir nuestra mente a las antiguas prácticas chamánicas de las sociedades premodernas, de las que tanto tenemos que aprender. La sociedad moderna no cuenta con la madre naturaleza para guiarnos. En lugar de ello tenemos a la Biblia, la cultura y la ciencia para iluminar el camino, pero ¿a dónde nos ha llevado esto? Si el siglo XXI representa el culmen de la mente occidental, haríamos bien en pedir ayuda, porque es una vergüenza. Esta edad oscura es un crimen en contra de la humanidad y la tierra viva. Necesitamos gnosis, porque el impulso de nuestra idiotez está alcanzando una velocidad crítica. Considero a Francis Bacon, fundador de la ciencia empírica moderna, la máxima representación de la visión equivocada del cientificismo moderno. En su libro *Temporis Partus Masculus* (El parto masculino del tiempo, 1603), escribió: "La ciencia nos permitirá tomar a la naturaleza por las riendas, sujetarla y someterla a nuestra voluntad". Podríamos considerar que esta perspectiva de la naturaleza representa una violentísima agresión. Si esto no implica un grito de ayuda, no sé qué otra cosa se necesita.

Richard Evan Schultes es un buen ejemplo de alguien que ha alcanzado una conclusión más sana, después de haber sido infectado por el flujo vivificante del reino de Gaia. Tras entrar en contacto con los pueblos indígenas, escribió lo siguiente en su diario: "El investigador etnobotánico debe darse cuenta de que, lejos de ser un ente superior, el hombre civilizado que representa es, en muchos aspectos, muy inferior"[10]. Hay un escepticismo colectivo en relación con las prácticas mágicas de las tribus indígenas, pero los científicos parecen estar de acuerdo en el hecho de que el universo brotó de la nada en algún momento y sin razón aparente. Nuestra disposición a creer esta teoría sin cuestionarla me resulta tremendamente curiosa. La apreciada ley de la causalidad sale volando por la ventana sin que nadie dé muestras de lamentar su pérdida. Por otro lado, no creemos que el espíritu es inherente a la naturaleza y que la mente simplemente nació en algún momento a partir de "materia muerta". Evidentemente, no es nuestra disposición a creer en oscuridades lo que nos impide abrir nuestra mente a estas antiguas ideas de los chamanes.

Desde que Nietzsche declaró que Dios está muerto, la fuerza divina ha estado ausente del debate filosófico. El divorcio de lo numinoso ha provocado que nuestra parte divina quede desatendida, mutilada, por lo que no hay mucho que discutir. Esta presunta muerte ha encontrado eco en los filósofos subsecuentes y en toda la sociedad moderna. Vivimos en una era de ciencia avanzada y existencialismo. "La naturaleza es muda", como dijo Sartre. Nos hemos convertido en campeones de los números y de la información verificable. Así, de acuerdo con casi todos los científicos y filósofos, el nihilismo y la falta de sentido son consecuencias naturales de la práctica intelectual. La espiritualidad se deja a quienes no se atreven a reconocer la "cruda verdad" de la existencia. Glorificamos la ciencia y el racionalismo, pero ¿no es bastante paradójico que el padre del racionalismo moderno fuera inspirado por un ángel? Cierta noche de 1619, un veinteañero Descartes afirmó que un ángel se le había aparecido para darle este mensaje: "El dominio de la naturaleza puede lograrse a través del número y la medida". Aquella experiencia mística lo inspiró a poner en práctica ese método de investigación, lo que dio pie al surgimiento de la ciencia moderna. Sócrates, otro venerado paladín de la razón, reconoció un fenómeno personal más bien extraño. Según él, desde que era un niño había tenido un *daimonion*, o voz interna, que le prohibía hacer ciertas cosas, algunas triviales y otras de importancia, muchas veces sin relación con el concepto del bien y el mal (por lo tanto, no debemos confundirnos y pensar que hacía referencia a los populares conceptos del súper ego o de la conciencia).

En la sociedad civilizada pagamos un precio muy alto por la cordura, no solo en términos monetarios, sino también de algo más valioso. Pagamos con la pérdida de la conexión con nosotros mismos y con el mundo que nos rodea. La caída del ser humano no comenzó cuando Adán comió el fruto del árbol prohibido, sino cuando dejó de comerlo. Esto provocó que cortáramos el cordón umbilical de Gaia y que el ego usurpara el lugar de lo numinoso. No puedo más que preguntarme si es una coincidencia que, mientras vivimos esta época crítica de destrucción ecológica, las técnicas y las plantas de las sociedades arcaicas están poniéndose a nuestra disposición. Es como si la naturaleza estuviera saliendo a nuestro encuentro, en un intento de curar la patológica y desconectada mente de la cultura moderna. Antes, el acceso chamánico a lo numinoso funcionaba como contraparte del ego y mantenía el equilibrio entre la colectividad de Gaia y el individuo. Hoy en día, el ego está desbocado y pensamos que eso es normal, porque desconocemos la forma de refrenarlo. Lo cierto es que no hay por qué hacerlo; siempre es bueno saber a quién alimentar. Sin embargo, el ego es útil solo hasta cierto punto. Es como un tumor que crece en la personalidad; si no lo atendemos, podría convertirse en una enfermedad crónica. Este crecimiento patológico desatendido prospera en la civilización moderna. La historia occidental es un *coup d'état*, un golpe de estado, una usurpación encabezada por aquel que se suponía era tan solo el guardián del cuerpo de la naturaleza. Sin los cuidados de los rituales psicodélicos, el ego creció como un tumor y se apoderó del trono de la diosa Gaia; hoy, rige como un tirano. La única forma de aliviar este crecimiento canceroso es a través de la naturaleza de una experiencia psicodélica, que disuelva los límites e incite a la humildad. El ego ya no puede mantener las barreras en alto. Nos damos cuenta de que el mundo es el cuerpo de la diosa Gaia, y de que solo somos una fracción de este glorioso misterio. Somos conscientes de la relatividad del ser. La biología es un hijo multifacético de la diosa Gaia, y nosotros somos como las hojas de un árbol, que crecen y caen del cuerpo de Gaia, para vivir en el resto de su organismo.

Entre más nos alejemos del ego, más empezaremos a sentir la energía universal. La paradoja de este predicamento estriba en que ansiamos tener cosas e influencia, pero cuando nos desprendemos del yo, el mundo entero se vuelve nuestro. Pero debemos volver cuidadosamente sobre los pasos de más de cinco mil años de consecuencias de la dominación del ego, la confusión y el patriarcado. Entonces, un día podremos volver a reclamar nuestro hogar cósmico mientras seguimos presentes en este cuerpo físico. Cuando la energía cósmica fluya por las venas, seremos capaces de dejar que las fuerzas creativas nos llenen de amor y guíen nuestras acciones en esta vida.

Considerando este aparentemente intachable beneficio que brinda la experiencia psicodélica, uno se preguntaría por qué nos resistimos tanto a tener un encuentro con las plantas psicodélicas. Dejemos que la respuesta nos la dé Terence McKenna, quien tan bien abordó el tema en su conferencia sobre las drogas psicodélicas y el chamanismo.

Pero ¿por qué hay tensión entre el límite y la disolución del límite? ¿A qué se debe la tensión que hay entre el cerrado mundo personal de constructos neuróticos reforzados, al que llamamos salud psicológica normal, y este enormemente abierto y expandido estado del ser en donde la vida, el Tao, parece fluir a través de nosotros? Bueno, la tensión entre esos estados tiene que ver, creo yo, con el hecho de que hay un punto ciego en la mente humana. No nos gusta que nos hablen de la naturaleza animada y bondadosa del universo... Que nos digan que la mente universal está viva, que percibe, que está ahí para recibirnos cuando lleguemos del otro lado[11].

Gaia nos proporciona todo: plantas que producen el aire que respiramos, plantas para comer, plantas para curar y plantas de las cuales aprender. Nosotros, en cambio, le respondemos agrediéndola. El encuentro psicodélico con lo auténtico genera disonancia cognitiva en nuestro interior. Creemos ser un espécimen tan desarrollado que, cuando enfrentamos la aterradora realidad de cuán ignorantes y destructivos somos, preferimos negar la verdad de esta Tierra amorosa y bondadosa que hemos tratado de conquistar por cientos de años. La razón de esta agresión estriba en que nos hemos vuelto incapaces de sentirla. Camille Paglia dijo que la decadencia es sofisticación sin sentimientos. Lamentablemente, esta es una imagen exacta de la modernidad. No se trata de denigrar las extraordinarias proezas del proyecto de la modernidad, pero en nuestra búsqueda de comprensión hemos perdido contacto con el cuerpo, con la presencia sensible de la experiencia inmediata y con la importancia de incluir la fenomenología en la investigación del mundo que nos rodea. Nos hemos dejado anestesiar por las luces eléctricas y los muros de concreto; si pudiéramos sentir las consecuencias de lo que hacemos, nos detendríamos de inmediato. Es como si acabáramos de despertar en medio de un edificio en llamas. Gaia está gritando y llorando a un lado, pero somos incapaces de escucharla.

AUTOPOIESIS FILOSÓFICA

Entonces, ¿la solución es vivir como lo hacíamos en la antigüedad? No necesariamente. El problema no es el cambio climático, la pérdida de la biodiversidad o el colapso de los ecosistemas. Todo ello no es más que la consecuencia de los problemas que subyacen en la codicia y la apatía del ser humano. Y eso, a su vez, se debe a nuestro divorcio de Gaia. Como señaló Heidegger en repetidas ocasiones, tanto nuestro espíritu individual como el colectivo están desconectados y enfermos. Es difícil sanar al otro cuando uno mismo está sangrando. El remedio para nuestras heridas es el amor cósmico. No somos más que plantas con las raíces mutiladas que se han alejado demasiado de casa. Como un padre de familia frustrado y preocupado, la Madre Tierra nos llama a regresar a casa. Ella es lo que se interpone entre nosotros y el Armagedón. Para poder sanar al mundo, primero debemos sanarnos a nosotros mismos. El sendero hacia un mundo en armonía comienza por la armonía interior. Como dijo Confucio: "Si queremos poner en orden el mundo, primero debemos poner en orden la nación; para poner la nación en orden, primero debemos poner la familia en orden; para poner la familia en orden, primero debemos cultivar nuestra vida personal; antes que nada, debemos remediar nuestros corazones"[12].

Necesitamos aliados para cumplir el objetivo de remediar nuestros corazones, y las plantas pueden guiarnos, si se lo permitimos. Como bien dijo Dennis McKenna, "la ayahuasca es un aliado de la especie humana"[13]. La liana retorcida de la ayahuasca es una representación del lazo —perdido hace mucho tiempo— con el misterio numinoso de Gaia, cuya ruptura nos ha hecho sufrir enormemente a nosotros y al planeta. Sin embargo, las sustancias psicodélicas no deberían ser vistas como la solución mágica de todos nuestros problemas. Aldous Huxley dio en el clavo cuando los llamó "beneficios gratuitos". Lo que quería decir es que no son ni necesarios ni suficientes para la salvación. Lo que sí necesitamos, no obstante, es la gnosis y el sentimiento. Nuestra carencia de ellos está matando al planeta, literalmente, y a nosotros con él. Incapaces de comprender y apreciar el misterio de la naturaleza, nos ensañamos con ella y quemamos el cuerpo de la diosa, el cuerpo del que formamos parte, la fuente de infinitas cantidades de medicamentos, conocimiento y transformación espiritual, como si fuéramos un lobo hambriento que se come su propia pata. Somos como niños violentos e ignorantes; incapaces de apreciar y disfrutar el canto de las aves, tenemos que arrojarles piedras. La necesidad de comprender es incuestionable, pero es probable que las plantas sagradas no sean la solución para todos. No hay un camino único hacia la gnosis. Los chamanes aborígenes de Australia central practicaban el arte del *miwi*, un poder espiritual que se obtiene a través de la meditación profunda. Otra respuesta podría estar en el sagrado *Mahabharata* de la religión hindú. A través de la práctica del yoga*, el sabio Mirada trascendió el cuerpo, emprendió un vuelo mágico y alcanzó el monte cósmico Meru. Desde ahí podía ver todo el océano de leche (uno de los siete océanos cósmicos de la cosmología hindú), y en el horizonte lejano estaba la tierra sagrada de Vetadvipa[14]. Sin embargo, no he visto nada con capacidades curativas tan poderosas para la mente, el cuerpo y el espíritu que las plantas psicodélicas, que también son capaces de transformarnos tan rápido como necesitamos si queremos cambiar el rumbo de la nave planetaria, para conducirla en una dirección más saludable.

Creo que podemos hacer por nosotros mismos el viaje hacia la unión colectiva trascendental del amor cósmico, pero nos estamos quedando sin tiempo. Las sustancias psicodélicas no son indispensables, pero constituyen una forma de reconectarnos con nosotros mismos y con la naturaleza, y en estos tiempos la necesidad de lograr esta vinculación parece bastante apremiante. Dicho esto, también hay que mencionar que estas plantas no son para todos, y que **nadie debería sentirse forzado u obligado a usarlas.** Considero, sin embargo, que las sustancias psicodélicas, en

---

*En realidad, las "hierbas llenas de luz" psicotrópicas eran consideradas una de las vías para alcanzar el objetivo del yoga. En última instancia, el yoga tuvo su origen en los Yoga Sūtras de Patañjali. La sección que explica esto se encuentra en el capítulo de la liberación del mandala Kaivalya Pāda, versículo 1[15]. El sutra dice lo siguiente: *Janmaushadhi Mantra Tapah Samaadhi Jaah Siddhayab.* La traducción sería: "Los siddhis nacen de prácticas realizadas en nacimientos anteriores, o mediante hierbas llenas de luz, repetición de mantras, ascetismo o samadhi".

especial la ayahuasca, juegan un papel importante en el futuro. Es la forma que tiene la naturaleza de comunicarse con nosotros y, de alguna manera, debe estar disponible en circunstancias controladas, seguras y en las que haya respaldo. Denigrar o censurar estas plantas sagradas no es la solución. Abren nuestros ojos y amplían nuestra mente, dos elementos que, según Einstein, son fundamentales para la resolución de problemas. De acuerdo con sus palabras: "Los problemas no pueden modificarse en el mismo nivel de conciencia que los creó"[16]. A este respecto, Maurice Nicoll presentó en su libro *Living Time* (Tiempo vivo) una idea del tiempo similar al eterno retorno de Nietzsche. Nicoll afirma que estamos encerrados en unos ciclos repetitivos que se reiteran eternamente. Sin embargo, a diferencia del concepto de Nietzsche, afirma que el camino está torcido, que el tiempo no es un círculo, a menos que uno lo permita. La única forma de escapar de este ciclo es elevando la conciencia en algún punto del camino. Nicoll puntualiza que, cuando elevamos nuestra conciencia, el flujo de la corriente cambia y el ciclo se rompe. El río de la realidad se altera cuando se modifica el lecho por donde fluye la corriente. Desde mi punto de vista, la idea propuesta por Nicoll no aplica solo para el individuo, sino también para la humanidad como un todo. Para romper el círculo vicioso debemos reformarnos en medio de él. Es preciso que elevemos la conciencia desde su seno y, de este modo, podremos cambiar la dirección del barco.

Vivimos en un mundo en el que no nos consideramos parte de la naturaleza. Según el diccionario y la opinión de la mayoría de la gente, la naturaleza es aquello que está apartado del ser humano y sus creaciones. Esto demuestra que el ego es capaz de las más extraordinarias hazañas de autoengaño. El problema es que esa perspectiva no es solo risible, sino incluso peligrosa. Nos estamos escindiendo de la naturaleza. La naturaleza es la fuerza sensible y creativa de la que nosotros, como seres humanos, no estamos separados; por el contrario, somos uno de los productos que surgen de ella. Somos la cúspide del proceso de nacimiento de Gaia en la materia. La bifurcación entre el hombre y la naturaleza es una ilusión tóxica. Esta es la verdadera alucinación. La mente humana –como el árbol, la abeja y la flor– es un producto emergente del pulso del devenir de la naturaleza. Al contrario de lo que afirmó Sartre, la naturaleza no está muda. La verdad está mucho más cerca de lo que dijo Schelling acerca de que la filosofía, si se practica bien, se convierte en *autophusis philosophia* o autopoiesis filosófica, es decir, en la naturaleza filosofando respecto de sí misma[17]. El ser humano es naturaleza desarrollada hasta el punto en que puede comprender la totalidad de su propia y hermosa creación. Y la aventura no ha terminado; un destino extraordinario nos espera, pero caminamos hacia él sobre una línea delgada, y no podemos darnos el lujo de perder el equilibrio. La empresa humana está sobre arenas movedizas, hundiéndose rápidamente, y no podemos limitarnos a ser espectadores del desastre inminente. Somos herederos de todo lo pasado y, hoy en día, hay demasiada libertad e información como para cerrar los ojos y seguir siendo inocentes. Debemos alinearnos con la intención de Gaia y deshacernos de nuestra crisálida de visión infantil, mecanicista, dualista y materialista del mundo, para emerger como una mariposa. Si nos quedamos en la crisálida para siempre, no lo lograremos. Tenemos que estar a la altura de las circunstancias, y no permitir que la evolución de la conciencia sea regulada y estigmatizada por los menos solidarios y más ecológicamente alienados de entre nosotros. Respondamos al llamado de nuestra madre preocupada. Cuando vemos la naturaleza en todo su esplendor, no nos queda más remedio que querer cambiar. Al darnos cuenta de que no es solo el entorno de nuestra experiencia, o lo que Whitehead denominó "un motor en donde corren ciegamente los átomos", sino también el cuerpo de una diosa viviente y bondadosa de la que somos hijos, todo cambiará inevitablemente.

Es natural que de la curación profunda y la iluminación de la verdadera gnosis que proporcionan las plantas sagradas se desprenda una responsabilidad moral. Se trata de algo distinto al conocimiento académico. Es la gnosis vegetal: un conocimiento que corre por las venas e infecta la mente, el cuerpo y el espíritu, que nos lleva a renunciar espontáneamente a todo lo que sea necesario. Entonces empezaremos a vivir con la Tierra, y ni siquiera sentiremos que estemos renunciando a algo. No lo haremos por obligación, sino porque no podemos evitarlo.

Gaia ha despertado de su letargo y está lista para reclamar su trono. Tal como Napoleón Bonaparte cuando regresó a Francia del exilio reunió en torno suyo a sus antiguas tropas, hoy son muchas las personas que se unen a su verdadera reina. Con el apoyo de sus hijos, la revitalización de los valores chamánicos y el descubrimiento de la teoría cuántica ha llegado a la puerta del salón del trono, y el ego está empezando a sudar, porque es muy consciente de que su imperio está construido sobre un castillo de naipes. El ego se cimienta sobre los pilares de la ignorancia histórica, el miedo, la desinformación y las cosmovisiones infantiles y constipadas de la ciencia mecanicista y el dualismo, pero a medida que la gente comienza a despertar, esos pilares van erosionándose. Un nuevo mundo de amor y comprensión, en donde la biología es una gran criatura interconectada, nacerá cuando la verdadera reina reclame su trono.

Quiero concluir este libro con un poderoso canto a la ayahuasca del Santo Daime; lo conocí mientras leía una recopilación de cantos y poemas ceremoniales tradicionales de todo el mundo. Se llama "Trono sagrado":

> *En el poder de la tierra,*
> *en el poder de la roca,*
> *encontré esta verdad:*
> *nunca estoy solo.*
>
> *Oh, Divina Madre,*
> *siempre estás conmigo,*
> *en las rocas y en los ríos,*
> *en el viento y en el mar.*
>
> *Espíritu de las aguas, Mamá Oxum.*
> *Espíritus del bosque, Mi Rey Ogum.*
> *Oh, Padre Divino, escucho el llamado*
> *en lo más profundo de mi corazón, de mi alma.*
>
> *Ven a guiar a tus hijos,*
> *guíanos hasta el hogar,*
> *hasta la luz sagrada,*
> *hasta el sagrado trono.*

Apéndice

Otras plantas psicotrópicas

La evolución de la especie humana va aparejada al crecimiento y la expansión de la conciencia.

ALBERT HOFMANN

No cabe duda de que la ayahuasca es una planta medicinal psicoactiva que hace honor a su reputación. No obstante, está lejos de ser la única. El mundo está lleno de cientos de plantas distintas con propiedades que alteran la mente y que han sido usadas por miles de años. Gracias a su mente curiosa, la mujer primitiva buscó alimento en la naturaleza circundante. No contaba con internet, libros o botánicos que le informaran cuáles plantas son comestibles y cuáles no. Su hambre, sin embargo, no dejaba espacio para el escepticismo y, en su esfuerzo empírico por satisfacerla, tuvo contacto con diferentes plantas. Algunas de ellas le produjeron malestares; otras demostraron su capacidad para curar enfermedades; algunas más quitaban el hambre... y había otras de una categoría particular. Afectaban la mente como ninguna otra planta. Le dieron oportunidad a la mujer primitiva de ver una realidad ubicada más allá del tiempo y el espacio, y traer una nueva visión de ese universo aparentemente distinto. A pesar de haber jugado durante milenios un papel esencial en la práctica indígena, las sociedades modernas apenas están empezando a reconocer la importancia cultural y material que esas plantas han tenido a lo largo de toda la existencia de los pueblos chamánicos. Dependiendo del lugar del orbe en donde uno se encuentre, estas plantas psicotrópicas tienen diferentes formas y colores, pero todas comparten compuestos químicos que facilitan la expansión de la conciencia.

Este apéndice está dirigido a los "psiconautas" que desean explorar otras de las antiguas plantas psicotrópicas que han ejercido una fuerte influencia en la cultura indígena. No fue fácil elegir cuáles de las numerosas plantas alucinógenas debíamos incorporar a este apéndice. Al final, resultaron seleccionadas las siguientes: los "hongos mágicos", la datura (trompeta del diablo), la Amanita muscaria (matamoscas o falsa oronja) y dos especies de cactáceas: el cactus de San Pedro y el peyote. Si su planta favorita no está en la lista, me disculpo de antemano. Una vez más, repito que la experimentación personal con estas plantas es una muy mala idea y no es recomendable. Como cualquier otra planta psicoactiva, estas deben emplearse con el mayor respeto y absoluta precaución.

Los cinco tipos de plantas psicoactivas que abordaremos aquí han sido utilizadas durante miles de años y, al igual que la ayahuasca, todas fueron veneradas como grandes maestros espirituales en las sociedades premodernas. Lamentablemente, el extraordinario potencial de estas plantas como ayuda para el ser humano todavía no ha sido reconocido del todo. Quizás un día, siguiendo el ejemplo de nuestros antepasados, también nosotros aprenderemos a entender la divina sacralidad de la naturaleza y de nosotros mismos, a través del uso responsable de estas plantas sagradas.

HONGOS MÁGICOS

Descripción etnobotánica

Una de las plantas psicotrópicas que descubrieron los primeros humanos fue el hongo del género *Psilocybe*. Este género está conformado por al menos 150 especies, pero aparentemente las más importantes son la *Psilocybe mexicana* (carne de los dioses, angelitos o pajaritos), la *Psilocybe cubensis* (maestro dorado, flores de la tierra, seta de la risa) y la *Psilocybe semilanceata* (mongui u hongo de San Juan). Albert Hofmann señaló que la *Psilocybe mexicana* puede reconocerse por la forma de su sombrero, que curiosamente se parece al típico sombrero mexicano. La *Psilocybe cubensis* tiene un sombrero dorado y crece en lugares donde hay estiércol. La última, la *Psilocybe semilanceata*, también puede reconocerse por su sombrero, que tiene la apariencia de una gorrita de elfo. Sin importar si son silvestres o cultivados, todos estos hongos comparten el compuesto psicoactivo conocido como psilocibina y/o psilocina, y a diferencia de otras plantas psicodélicas localizadas tienen amplia presencia alrededor del mundo. Su hábitat preferido son las selvas y las praderas húmedas subtropicales, en donde el suelo es rico en humus y detritos vegetales.

Historia y tradición

"Los niños santos curan. Bajan la fiebre, alivian resfriados y quitan el dolor de dientes. Expulsan del cuerpo los malos espíritus o liberan el espíritu de los enfermos"[1].

Estas son palabras de la chamana María Sabina, quien vivió en Huautla de Jiménez, México. Sabina era una curandera mazateca con un profundo conocimiento de los hongos sagrados, a los que ella se refería como "niños santos". Según ella, los niños santos no solo tenían propiedades curativas, sino que también permitían acceder a lo numinoso: "Hay un mundo más allá del nuestro, un mundo lejano, cercano e invisible. Es ahí donde viven Dios y los muertos, los espíritus y los santos, un mundo en donde ya ha ocurrido todo y todo se sabe. Ese mundo habla. Tiene su propio lenguaje. Yo transmito lo que dice. El hongo sagrado me toma de la mano y me lleva al mundo en donde todo es conocido"[2]. Ahora bien, María Sabina no fue la primera en recibir la influencia de los hongos mágicos. Manifestaciones de arte rupestre encontradas cerca de Villar del Humo, en España, sugieren que cierto género de hongos, la *Psylocybe hispánica*, se empleaba en rituales religiosos hace más de seis mil años[3]. Representaciones pictóricas similares con imágenes de hongos han sido encontradas en las paredes de las Cuevas de Tassili, ubicadas al sureste de Argelia, con una antigüedad de entre siete y nueve mil años. Una de las excavaciones más impresionantes se localiza en el sitio de arte rupestre Tin-Tazarift. Las imágenes representan una serie de figuras danzantes rodeadas por diseños geométricos de distintos tipos. Cada danzante sostiene un hongo en la mano derecha; dos líneas paralelas salen del hongo y se encuentran en el centro, entre los ojos del danzante. Se ha interpretado que esas líneas representan los efectos alucinógenos de los hongos. En las cuevas se encuentra otra pintura rupestre que muestra un antropomorfo enmascarado con el cuerpo completamente cubierto de efigies de hongos[4].

Excavaciones arqueológicas posteriores han descubierto al menos doscientas efigies de hongos realizadas en piedra, principalmente en la región mesoamericana[5]. Bernard Lowy, un internacionalmente reconocido experto en hongos tropicales y etnomicología, escribió: "Hay respaldo para la interpretación de que estas esculturas probablemente estuvieron asociadas, en la cultura maya, con ceremonias religiosas en donde los hongos alucinógenos desempeñaban un papel importante. Es probable que, por lo menos algunas de esas piedras, estuvieran relacionadas con el culto a la fertilidad"[6].

Los hongos del género alucinógeno *Psilocybe* han sido empleados con propósitos de comunión religiosa, adivinación y curación en todo el mundo, pero sobre todo en Mesoamérica. Entre los pueblos de esa región es posible mencionar a los aztecas, quienes tenían a los hongos en alta estima. Se referían a ellos con el término *teonanácatl* (carne de los dioses) y los usaban no solo para explorar la mente divina, sino también para sanar. Los hongos sagrados se empleaban para curar desórdenes espirituales, migrañas, molestias estomacales, inflamación y enfermedades crónicas[7]. Los miembros del pueblo azteca sabían incluso manejar microdosis. Algunos ingerían pequeñas cantidades de hongos cuando estaban enfermos, pero también con regularidad para prevenir futuros padecimientos. Las dosis completas solían estar reservadas para el chamán, quien era capaz de controlar las poderosas experiencias que desencadenaban. Los miembros del pueblo mixe consideraban a los hongos como un medio para entrar en comunión con la Madre Tierra. Frank J. Lipp consigna lo siguiente en su libro *The Mixe of Oaxaca: Religion, Ritual and Healing* (Los mixes de Oaxaca: religión, ritual y curación):

Entre los miembros del pueblo mixe, la deidad más importante es la Madre Tierra, *Naaxwin* o *Nashwin* (literalmente, "el ojo de la tierra"). La tierra es reconocida como fuente de sabiduría; la Madre Tierra es omnisciente y puede ver el pasado, el presente y el futuro. Dado que los hongos crecen de la tierra, se les considera extremadamente sabios y llenos de conocimiento... Debido a ello, se les llama *nashwin mux*, "hongos de la Madre Tierra"[8].

Cuando los jesuitas españoles llegaron a la región, vieron que los nativos comían esos hongos en rituales de adivinación. Muy pronto se dieron cuenta de sus efectos psicoactivos y entendieron que tenían un problema entre las manos. El núcleo del misterio católico es la sagrada eucaristía. La santa comunión es un ritual en el que se ingiere una lámina de pan ázimo, que simboliza el cuerpo divino, con la finalidad de acercarse al Señor y salvador, Jesucristo. Al comparar la experiencia espiritual de comer la "carne de Jesús" con la experiencia psicodélica derivada del consumo de hongos psicoactivos, los jesuitas pensaron que aquello implicaba una competencia innecesaria. Por lo tanto, decidieron erradicar el uso de los hongos diabólicos. Ingerirlos era considerado un acto de brujería, un crimen equiparable al canibalismo. Si los indígenas desobedecían, eran perseguidos o asesinados. Esto provocó que los nativos que realizaban tales prácticas se ocultaran a lo largo de varios siglos. No fue sino hasta tres centurias después, hacia la década de 1930, que el Occidente empezó a comprender las propiedades psicoactivas de los hongos, aunque existen reportes de un encuentro previo con el género *Psilocybe* en Londres, en 1799. Un hombre de 40 años y padre de cuatro hijos recogió hongos silvestres en el Green Park de la capital británica, y cocinó con ellos un estofado para el almuerzo familiar. Everard Brande, boticario, describió lo que ocurrió después: "Edward, uno de los hijos (de ocho años), que según creían había ingerido una gran parte de los hongos, se vio afectado por un ataque inmoderado de risa, sin que las amenazas de su padre o su madre lograran refrenarlo. A esto le siguió el vértigo y un importante estado de estupor, del cual se le sacaba al llamarlo o sacudirlo, aunque volvía a caer en él inmediatamente"[9].

También tenemos noticias de intoxicación por hongos en los ritos chamánicos de la antigua Siberia. El chamán Ostyak celebraba ritos chamánicos en los que ayunaba todo un día y luego, al anochecer, comía entre tres y siete hongos y se iba a dormir. Después, informaba a los miembros de su tribu lo que le habían comunicado los espíritus. Los hongos han sido parte de las prácticas ceremoniales durante miles de años y su uso ha sobrevivido hasta la actualidad. Las sociedades premodernas de todo el mundo realizan rituales con hongos sagrados, y los que tienen propiedades psicotrópicas también han logrado penetrar en las comunidades alternativas occidentales. La práctica farmacéutica de Occidente está empezando a reconocer, aunque poco a poco, las profundas capacidades curativas de los "niños santos". Cada vez se sabe de más personas que han tenido experiencias curativas milagrosas y viajes cósmicos gracias a los hongos de psilocibina, haciendo eco de antiguos relatos chamánicos, como los compartidos por la curandera mazateca Julieta Casimiro.

La naturaleza es fundamental, porque representa la relación con dios; en el cielo, en las montañas, en los ríos y en todo aquello que, en conjunto, conforma el universo. Esto es con lo que dios trabaja, y con los niños. Seguimos la tradición de curar con los niños santos desde hace miles y miles de años... Esto no es nocivo, porque la medicina de ahora, la medicina de laboratorio, te curará de algo, te quitará el dolor por un tiempo, pero tendrás otra consecuencia en algún otro lugar de tu cuerpo. Porque solo cura una pequeña parte, pero el hongo te sanará por completo; tu alma, tu espíritu, tu cuerpo físico[10].

Me gustaría compartir una poderosa experiencia que yo mismo tuve con hongos de psilocibina; trataré de hacerlo brevemente. De hecho, ocurrió mientras terminaba de escribir este libro. De pronto, me sentí impelido a comer los hongos mágicos que tenía guardados en mi armario. Compré una báscula de bolsillo y me preparé para el viaje, pero no funcionó. Decidí tomar únicamente la cantidad que me pareció correcta e ingerirlos con un poco de té de manzanilla. El espíritu vegetal del hongo se muestra muy amable conmigo cada vez que nos encontramos. Es usual que penetre poco a poco y tranquilizadoramente, antes de instalarse en cada parte del cuerpo. Aquella vez sentí que estaba haciéndole el amor a la totalidad de mi ser. Su presencia se percibía como algo muy familiar. No era en absoluto una sensación sexual; se trataba simplemente de un encuentro amoroso entre el espíritu del hongo y mi cuerpo. Después de no sé cuánto tiempo, abrí los ojos porque sentí que el espíritu del hongo quería mostrarme algo. Mi pecho fue empujado hacia el frente y mi respiración se aceleró, como si quisiera que me diera cuenta de la obra de arte que eran mis pulmones. Sentí la potencia de mis brazos y mis piernas; luego miré alrededor y noté que mi visión se había incrementado. El piso de madera de mi departamento estaba respirando, literalmente. Traté de parpadear varias veces y me senté en el suelo para verlo más de cerca, porque aquello no parecía normal. Sin embargo, la sensación persistió: la madera respiraba, llena de vida. A continuación, me fijé en mis dedos y los vi como si mis ojos fueran un microscopio. Ahí estaba, sentado en el piso y mirando mi mano como si estuviera loco. Luego, mi cabeza se vio impulsada a girar hacia la pared, como si se me hubiera dicho que era lo único importante en aquel momento. Estaba mirando la pared, pero lo que en realidad veía se hallaba más allá de ella: un mundo en donde las plantas y los árboles eran venerados, y en el que vivíamos en armonía con ellos como nuestros maestros. Para mí, era notablemente obvio que así debía ser. Todo lo demás parecía completamente ridículo. No hay duda de que las plantas debieran ser reverenciadas y respetadas como los seres divinos que son. A continuación, fue como si la esencia espiritual de la planta que estaba dentro de mí obligara a mi cuerpo a moverse. Fui guiado para adoptar una posición específica y, cuando por fin logré lo que el espíritu de la planta quería, sentí un alivio y una comodidad inmensos. Entonces me di cuenta de que me hallaba de rodillas, como si fuera a proponer matrimonio, con la cabeza inclinada y las palmas de las manos abiertas al frente. Nunca me pareció tan correcto hacer una reverencia. A partir de ese momento, mi conciencia se dispersó y mi cuerpo se desvaneció. Aquello era raro, porque los hongos nunca me habían llevado tan lejos. El entorno era distinto a todo lo que había experimentado antes y, sin embargo, me resultaba muy familiar. Mi conciencia se dividió y cristalizó en cuatro puntos brillantes que luego conformaron una especie de patrón; sentí que estaba por caer en un descanso eterno. Después de no sé cuánto tiempo, fui conducido a lo que solamente puedo describir como un templo. Su magnificencia me dejó estupefacto y con una sensación de profunda humildad. Tenía que estar completamente callado y trataba de hacerme lo más pequeño posible, lo cual era la respuesta más natural al encuentro con el templo divino, saturado de magia y sacralidad. Me sentía tan pequeño e insignificante. en comparación con la grandeza de aquel lugar, que ni siquiera me consideraba listo para entrar en él.

Terence McKenna tampoco es ajeno a las numerosas especies de hongos. De hecho, hasta propuso una teoría sobre el importante papel que pudieron jugar los hongos de psilocibina en la evolución humana. McKenna sugirió que, en tiempos remotos, algunos monos curiosos comieron hongos de psilocibina. El resultado fue que su visión se agudizó y, en consecuencia, su desarrollo cognitivo dio un salto cuántico. La ingesta repetitiva de los hongos de psilocibina provocó que los monos se convirtieran en bestias inteligentes que empezaron a experimentar con el lenguaje, lo cual conduciría, eventualmente, al surgimiento de los primeros seres humanos[11].

TROMPETA DEL DIABLO

Descripción etnobotánica

La **datura** es un género muy celebrado, conformado por once especies de plantas florales conocidas como "trompetas del diablo" debido a su forma característica y a sus propiedades alucinógenas. Está estrechamente relacionado con el *toé* (trompeta del ángel, maricahua, floripondio rosado), su primo psicoactivo*. Ambos pertenecen al mismo género de la familia de las solanáceas, que florecen al anochecer. Las tres especies más comunes y de mayor uso son la *Datura innoxia*, la *Datura metel* y la *Datura stramonium*. Son muchos los nombres que se han atribuido a este eminente género. En navajo, la flor se conoce como *ch'oxojilghei* (generador de locos); en maya, *nohoch xtohk'uh* (gran planta en dirección de los dioses); en español se le llama *toloache, hierba del diablo* o *higuera loca*; en sánscrito, *umana* (embriaguez divina); en las islas del Caribe se le conoce como pepino zombie; en las islas Canarias se denomina "noches santas"; en seri, *hehe caroocot* (planta que enloquece), y en francés *herbe aux sorcières* (planta de las brujas). Estas variedades de la flor de la datura son diferentes, pero comparten varias características, entre ellas, la escopolamina, su compuesto psicoactivo; además, todas son empleadas como medicina y en rituales de embriaguez divina en ambos hemisferios[12].

Las raíces, hojas, flores y semillas de la datura son usadas y preparadas de varias maneras. Las semillas pulverizadas se esparcen sobre bebidas; los pétalos desecados se fuman con tabaco; las hojas y raíces se infusionan en brebajes, y los extractos se mezclan con grasa y se untan como ungüento sobre la piel. También se acostumbra a colocar una hoja de datura bajo la almohada para experimentar sueños más vívidos y lúcidos. Luis Eduardo Luna se enteró de este uso de la datura entre los nativos tucanos y decidió intentarlo. En una de sus conferencias comentó que, ciertamente, experimentó sueños lúcidos, lo cual fue tan fascinante como terrorífico[13]. Se dice que el simple hecho de reposar al lado de un árbol de datura provoca que la gente pierda un poco la memoria y sienta que está volando.

Se ha reportado que las diversas especies de datura tienen numerosas propiedades medicinales. Han sido ampliamente utilizadas en prácticas curativas en todo el mundo, incluyendo la medicina ayurvédica. Se les ha empleado en el tratamiento de fiebres, diarrea, migraña, inflamaciones,

---

*Toé (*Burgmansia suaveolens*), a veces llamada también "trompeta del diablo" por su forma característica y sus propiedades alucinógenas. Es una planta del mismo género de la datura, *Solanaceae*.

sarna, resfriados, heridas infectadas, padecimientos cardiacos, impotencia, como antiespasmódicos, en enfermedades cutáneas, e incluso como
analgésicos al ser masticadas. También son útiles en dolencias respirato-
rias y reumáticas, y se usan para tratar la rabia y las mordeduras de insectos venenosos[14]. Un reporte médico científico de 2013 ha demostrado
importantes efectos antitumorales, citotóxicos, antiinflamatorios, anti-
bacteriales, hepatoprotectores, sedantes y citostáticos a partir de los alcaloides sintetizados de la planta de datura[15]. Por otro lado, las hojas se
fuman para aliviar el asma, y están entre los principales ingredientes de
los medicamentos broncodilatadores[16].

Su uso tan difundido en la India provocó una división en tres fases.
Se empleaba en dosis bajas para propósitos medicinales y curativos. En
dosis moderadas para "magia amorosa", porque los extractos de datura
han sido utilizados por milenios como afrodisiacos*, y se dice que sen-
sibilizan y erotizan la piel, provocan fantasías eróticas y facilitan que el
orgasmo dure varios minutos[17]. Los varones indios también la usan para
tratar la impotencia, comiendo mantequilla mezclada con polvo de sus
semillas. Las dosis más grandes sirven para lograr lo que Eliade define
como ruptura del plano, para diagnosticar enfermedades, para adivinación y para viajar a otros mundos. Aunque el género de las daturas
tiene numerosas propiedades medicinales, en la literatura suele mencio-
narse que su uso excesivo podría provocar locura, y que una sobredosis seria podría ocasionar parálisis respiratoria[18]. En este sentido, vale la
pena recordar lo que señaló el renacentista Paracelso: "Nada es veneno,
todo es veneno: la diferencia está en la dosis"[19].

Historia y tradición

Ciertas representaciones de arte rupestre que se han relacionado con
la especie *Datura innoxia* se localizan en California, territorio previamente habitado por los pueblos chumash y yokut. Los dibujos datan de

---

*Los afrodisiacos son sustancias cuyo consumo incrementa la libido. La libido es
el impulso sexual del individuo o su deseo de practicar actividades sexuales. El
término deriva del nombre de la diosa griega del amor, Afrodita.

hace más de cinco mil años[20]. Asimismo, son muchas las leyendas atribuidas a este eminente y misterioso género floral. Un mito zuñi narra el nacimiento de la datura.

En tiempos antiguos hubo un niño y una niña (el nombre del primero era A'neglakya, y el de la chica A'neglakyatsi'tsa), hermano y hermana, que vivían en el interior de la tierra. Sin embargo, salían con frecuencia a la superficie y vagaban por ahí. En esos paseos, observaban detenidamente todas las cosas y luego le contaban a su madre lo que habían visto y oído. Aquel incesante parloteo no era agradable a las divinidades (los hijos gemelos del padre Sol). Cierta vez, cuando las divinidades se encontraron con el niño y la niña, les preguntaron: "¿Cómo están?". Los hermanos respondieron: "¡Felices!". (A veces, A'neglakya y A'neglakyatsi'tsa aparecían en la tierra con forma humana.) Dijeron a las divinidades que habían hecho que una persona cayera dormida y viera espíritus, y les explicaron que podían lograr que alguien deambulara y pudiera ver en dónde había ocurrido un robo. Después de ese encuentro, las divinidades decidieron que A'neglakya y A'neglakyatsi'tsa sabían demasiado y, por lo tanto, tenían que ser desterrados del mundo. Fue así que las divinidades hicieron que los hermanos desaparecieran de la tierra para siempre. Pero, en el lugar en donde se les vio por última vez crecieron flores, precisamente el tipo de flores que adornaban sus cabezas durante sus visitas a la Tierra. Las divinidades las bautizaron como A'neglakya, en honor del niño. La primera planta tuvo muchos vástagos que se propagaron por todo el mundo. Algunas de ellas son amarillas, otras azules, rojas o totalmente blancas, como los colores de los cuatro puntos cardinales.

En la religión maya, la flor de datura lleva el nombre de aquel niño, *A'neglakya*[21].

A lo largo de miles de años, la datura ha estado relacionada con la veneración de Shiva, el dios hindú asociado con las fuerzas de la creación y destrucción del universo. Las primeras representaciones del dios como figura danzante pueden verse en las esculturas de piedra de los templos indios de los siglos V y VI. En ellas se muestra el acto final de la danza cósmica de Shiva, que revela todos sus rasgos de carácter. Para ilustrar su sabiduría divina, Shiva está de pie sobre el demonio Apasmāra-purusa, la personificación de la ignorancia. La base del conjunto es un tambor, el cual representa el latido del cosmos. Con la mano derecha Shiva realiza el gesto *abhaya-mudrā*, indicando la intrepidez del dios Shiva como guardián y protector absoluto del universo. La mano izquierda apunta hacia su pie izquierdo, suspendido en el aire, en referencia a la renuncia de la ignorancia convencional y a la liberación espiritual[22]. La forma icónica de la flor de datura puede verse sobre la oreja izquierda de Shiva. De acuerdo con el antiquísimo texto sagrado *Vamaná-Purana*, escrito en sánscrito, la flor de datura surgió del pecho de Shiva como un don que se brindaba a los seres humanos para que se reconectaran con lo divino. Muchos yogis y sadhus valientes fumaban la mezcla Shiva, esto es, una combinación de semillas de datura molidas y *ganja* (marihuana)[23]. En la India, la flor de datura también se conoce como "mechón de Shiva". Se le usaba como un suero de la verdad: quien bebía el brebaje infusionado con datura empezaba a delirar, respondía todo lo que se le preguntaba, evidenciaba una distorsión de los sentidos y parecía perder el control de la voluntad[24]. Cuando pasaba el efecto, la persona no recordaba el episodio, de manera muy similar a lo que ocurre tras una sobredosis de toé.

La *Datura stramonium* jugaba un papel fundamental en las ceremonias de iniciación de varios pueblos chamánicos. Los jóvenes adolescentes eran confinados hasta por veinte días, durante los cuales el único alimento que recibían eran las raíces intoxicantes de la flor de datura. Debido a ello, deliraban y experimentaban episodios de locura. La idea era que "dejaran de vivir" su existencia infantil para convertirse en miembros adultos de la tribu; por otro lado, si escuchaban el canto de un ave durante sus alucinaciones, se elevaban a la categoría de iniciados chamánicos[25].

Ciertas especies del género datura también eran empleadas en las tribus chamánicas para controlar a los niños desobedientes, de manera que pudieran aprender lo que les enseñaban sus antepasados[26].

En Estados Unidos, la flor recibe el nombre de *jimsonweed* o hierba de Jamestown. El término tuvo su origen en un acontecimiento ocurrido en Jamestown, Virginia, en 1676. Después de que un grupo de soldados estadounidenses estuvo luchando para suprimir una rebelión, un creativo cocinero les sirvió una ensalada que incluía flores de datura. Cuando la comida concluyó, aquellos hombres tuvieron delirios y se comportaron torpemente por varios días. Esta es la crónica que se escribió al respecto:

> La hierba de James-Town (parecida a la manzana espinosa del Perú, y supongo que se trata de la misma planta) es considerada uno de los mejores refrescantes del mundo. Siendo una planta temprana, algunos de los soldados enviados de aquí a reprimir la rebelión de Bacon (1676) la recolectaron recién brotada para preparar una ensalada hervida; algunos de ellos comieron grandes porciones de la ensalada, con el resultado de que terminaron representando una comedia de lo más divertida, ya que se volvieron tontos natos por algunos días: uno se dedicó a soplar una pluma por el aire; otro le lanzaba pajillas con gran furia; y otro más, totalmente desnudo, permanecía sentado en una esquina, como un mono, sonriéndoles y haciéndoles muecas; un cuarto besaba y daba cariñosas palmadas a sus compañeros, burlándose de ellos con un semblante más travieso que el de cualquier gracioso holandés... En esta frenética condición fueron encerrados para evitar que, en su locura, se destruyeran a sí mismos, aunque se observó que todas sus acciones estaban llenas de inocencia y bondad. La verdad es que no estaban muy limpios, porque se habrían revolcado en sus propios excrementos si no se les hubiera impedido. Hicieron mil trucos bobos y, después de once días, recuperaron su estado natural sin recordar nada de lo sucedido[27].

El pueblo mixe de Oaxaca cree que la flor de datura es el hogar de un viejo espíritu curandero de género femenino, al que se le invoca en las ceremonias para que ayude a sanar enfermedades. Los mixes llaman a esta planta *tag'amih*, es decir, "abuela"[28].

La datura tiene la reputación de ser usada por los brujos que practican la magia negra. Los chamanes huicholes se refieren a ella como "planta maldita de los dioses", porque otorga al brujo un enorme poder para la magia negra. En su libro, el antropólogo Carlos Castaneda (1925–1998) narra cómo un chamán familiarizado con el uso de la datura le compartió sus conocimientos. El maestro le expresó lo siguiente:

> La segunda parte de la yerba del diablo se usa para volar... Mi benefactor decía que la raíz es la que dirige y da sabiduría, y es la causa de volar. Conforme vayas aprendiendo y la tomes seguido para volar, empezarás a ver todo con gran claridad. Puedes remontarte por los aires cientos de kilómetros para saber qué está pasando en cualquier lugar que quieras, o para descargar un golpe mortal sobre tus enemigos lejanos. Conforme te vayas familiarizando con la yerba del diablo, ella te enseñará a hacer esas cosas... Te enseñará cosas que ni te imaginas[29].

La datura también juega un papel importante en los rituales de los chamanes tsonga. Ellos aseguran que, cuando ingieren las flores, tienen visiones de grandes serpientes que, según sus creencias, son dioses ancestrales[30].

Los integrantes de la tribu navajo recolectan esta flor en un contexto ritualista, y dicen esta oración antes de cortarla: "Cabellito blanco, perdóname por llevarte. No lo hago por arrogancia. Quisiera que me sanes. Tomaré solo lo que necesito"[31].

Los médicos espirituales del pueblo hopi mastican las raíces de la datura para desarrollar una segunda visión que les permita ver la enfermedad del paciente para tratar de curarlo[32].

El término *innoxia* proviene del latín y significa "inocente" o "inofensivo". Esto es más bien irónico, porque si hay una característica que esta bella flor no cumple, es precisamente esa. Se sabe que produce una experiencia visionaria sin igual, pero, si se ingiere en exceso y sin precaución, puede ser letal. Es altamente venenosa, y tomar un té preparado con una sola de sus hojas puede provocar profundas alucinaciones. La *Datura innoxia* ha ganado una extraordinaria importancia como elemento sagrado. De las plantas de la familia datura, esta es la variedad que más se emplea para inducir visiones. Los indígenas estadounidenses, como el pueblo tübatulabal, la usaban en rituales de paso[33]. La tribu tübatulabal es un grupo indígena nativo del valle aledaño al río Kern, en el sur de California. En sus ritos, las raíces trituradas de la datura se remojaban en agua durante varias horas antes de ofrecérselas a adolescentes de ambos sexos. Estos caían en un estado de estupor y alucinaban por un periodo de hasta veinte horas. Si se les presentaba un animal en sus visiones, significaba que ese sería su espíritu protector de por vida. Una de las normas de la tribu es que sus integrantes nunca maten a su animal espiritual, porque en caso de tener una enfermedad seria, este podría visitarlos varias veces para procurarles una cura[34].

En vista de todo lo que se ha mencionado, es bastante obvio que ingerir esta flor –y cualquier otra planta psicoactiva– exige la mayor de las precauciones. Sus extractos incluso se han utilizado como agente tóxico para aturdir a la gente y dejarla vulnerable ante actos como violaciones o robos.

LA LUZ DE LA TIERRA

Descripción etnobotánica

La *Amanita muscaria*, mejor conocida como matamoscas, falsa oronja o agárico de la mosca, es posiblemente uno de los miembros más antiguos y legendarios de la familia psicotrópica. Son muchas las historias que se le han atribuido a este hongo moteado. Se le puede encontrar en las regiones árticas, templadas y subtropicales de ambos hemisferios. El hongo matamoscas tiene una forma característica, con láminas blancas y un sombrero de color rojo sangre o naranja opaco con motas. Sus extractos han sido utilizados durante milenios por los varones de las tribus chamánicas de la antigua Siberia. Para obtenerlos,, desecan el hongo al sol, lo rostizan a las brasas, lo diluyen en leche de reno o lo ingieren directamente exprimiendo el jugo de la planta. Algunos rusos valientes también lo adicionan ocasionalmente a bebidas alcohólicas para potenciar sus efectos. La dosis varía de uno a diez hongos, y su molécula psicoactiva predominante es el muscimol. Como indica su nombre, también se le emplea para aniquilar moscas: en la antigüedad, se colocaba una vasija con hongos matamoscas en los espacios abiertos para contrarrestar las plagas de esos insectos. Cuando las moscas se posaban sobre el hongo, quedaban aturdidas por sus propiedades insecticidas. Pero el hongo también es conocido por otros nombres. En Afganistán y en la tradición védica se le llama *tshashm baskon* o "abridor de ojos"; en kekchí (idioma hablado por la tribu maya del mismo nombre, establecida en Guatemala y Belice) se le dice *rocox aj tza* u hongo del diablo; en maya es *lacandon* o luz de la tierra; y en Hungría lo conocen como hongo de los tontos. Los mayas de Guatemala le llaman *kakuljá-ikox* u hongo relámpago, y consideran que al usarlo entran en contacto con una de sus deidades, Rajaw Kakuljá, Señor del Relámpago[35].

Existieron varios cultos relacionados con el hongo matamoscas a lo largo de las llanuras y las regiones interiores del continente americano, desde los bosques orientales de Norteamérica (asentamiento de las tribus algonquina, ojibwa y dogrib), hasta las planicies occidentales del Perú (territorios de los pueblos maya, azteca, purépecha y moche)[36].

Historia y tradición

Los miembros de las tribus del norte aprendieron que los compuestos psicoactivos de este hongo en particular pasaban por el organismo sin metabolizarse. Esta es una propiedad singular entre las plantas psicodélicas, y hasta ahora solo se le ha atribuido al hongo matamoscas. Los integrantes de la tribu que no tenían permiso de participar en los rituales con este hongo permanecían fuera de la choza, portando cuencos de madera tallada y con la esperanza de que quienes sí tomaban parte de las ceremonias fueran lo bastante generosos como para orinar en ellos. Esto permitiría que, al beber la orina, los no privilegiados participaran de alguna manera de los rituales y experimentaran también los poderosos efectos del hongo[37].

En torno al antiguo estupefaciente mágico de los vedas hindúes, conocido como soma, persiste un misterio sin resolver. Este brebaje psicoactivo, conocido como "néctar de Indra", se ha mantenido como un enigma durante más de dos mil años. Más de cien de los himnos sagrados consignados en el Rigveda, texto santo de la religión hindú, son elogios a la bebida sacra llamada soma. El noveno mandala del Rigveda está completamente dedicado al Sóma Pávamāna (soma sagrado). Uno de los himnos dice:

> *Hemos bebido soma*
> *y nos hemos vuelto inmortales.*
> *Hemos llegado a la luz,*
> *hemos alcanzado a los dioses.*
>
> *La mitad de mí está en los cielos*
> *y la otra se extiende hasta las profundidades.*
> *¿He bebido soma?*
> *Mi altura ha llegado a su máximo,*
> *mi encumbramiento asciende hasta las nubes.*
> *¿He bebido soma?*
>
> BASADO EN LA TRADUCCIÓN
> DE RALPH GRIFFITH (1896)

En su libro *Soma: Divine Mushroom of Immortality* (Soma: el hongo divino de la inmortalidad), Gordon Wasson propone la teoría de que la solución al misterio es el hongo *Amarita muscaria*. Su razonamiento se basa en varios versículos del Rigveda en donde se menciona el soma y su relación con la ingesta de orina: "Los hombres hinchados orinan el soma que fluye. Los señores, con la vejiga llena, orinan soma con rápidos movimientos" [38]. Considerando que la sustancia psicoactiva presente en el hongo matamoscas es la única que recorre el sistema digestivo sin metabolizarse, tal vez pudiera ser la respuesta al enigma. Por otro lado, también son varios los himnos védicos que mencionan a las vacas en relación con el soma; uno de ellos en particular, el mandala 9 del Rigveda, parece respaldar la teoría de que la bebida sagrada no tiene nada que ver con el hongo matamoscas, sino con aquellos cuyo compuesto alucinógeno es la psilocibina. Dice así: "Las poderosas aguas, los ríos, corren hacia ti, el poderoso, cuando te vistas con las vacas"[39]. Varios tipos de hongos de psilocibina crecen en la proximidad de estiércol de ganado vacuno, y esta podría muy bien ser la razón por la que los nativos de la India veneran a las vacas. Ahora bien, en muchos himnos se dice que el soma es un jugo que se exprime, lo cual parece descartar la idea de que se trate de cualquier tipo de hongo.

Los indoarios reverenciaban a la eternidad y creían que solo es posible acercarse al misterio con la ayuda de un psicoactivo al que llamaban *haoma*. Esta es la planta divina del zoroastrismo, y también está rodeada de misterio[40]. Flattery y Schwartz sugirieron la idea de que el soma y el haoma son, de hecho, el mismo estupefaciente, y que los nativos de la India lo conocieron cuando los indoarios migraron hacia el sur, llevándolo con ellos. Wasson murió con la firme convicción de que el hongo matamoscas era el enteógeno supremo y la respuesta a los misterios védicos, pero el enigma psicodélico sigue sin aclararse.

Hay muchas otras historias fascinantes alrededor del uso del hongo matamoscas. Como se ha mencionado, esta variedad era conocida por las tribus siberianas, las cuales usaban trineos y renos para transportación humana y de alimentos. Como muchas otras plantas psicotrópicas, este hongo podría inducir efectos como distorsión de los sentidos, percepciones extrasensoriales y vuelos mágicos. Tomando en cuenta lo anterior, se ha sugerido que la muy conocida historia de Santa Claus y su reno volador quizá tuvo su origen entre los miembros de las tribus siberianas que ingerían el hongo psicoactivo y, súbitamente, sentían que remontaban el vuelo en sus trineos conducidos por un reno volador. Otra interesante coincidencia estriba en que el vestuario de Santa Claus es rojo y blanco, que son los colores del hongo matamoscas, y ambos entregan regalos, aunque cada uno a su propio estilo. Además, el *Amarita muscaria* es conocido por tener una conexión simbiótica (mediante la micorriza) con los pinos, lo cual refuerza la ambigua relación entre el hongo matamoscas y la festividad navideña.

Otra teoría que no podemos dejar de comentar, sin importar cuán especulativa pueda parecer, es la que propone John Allegro en su libro *The Sacred Mushroom and the Cross* (El hongo sagrado y la cruz). Allegro sugiere que los misioneros cristianos no lograron erradicar el uso de las plantas visionarias como recurso para explorar lo divino. De hecho, Allegro comenta que los curas y los misioneros cristianos adoptaron su utilización en sus propios rituales. Como argumento para respaldar esta teoría cita un fresco que se encuentra en la Capilla de Plaincourault (Mérigny, Francia), en el que se retrata el árbol sagrado del jardín del edén, con Adán y Eva a sus costados[41]. Por ambos lados del árbol brotan hongos, lo cual, desde el punto de vista de Allegro, sería una representación precisa de la ingestión ritual del *Amanita muscaria* como la Eucaristía.

Allegro no se detiene aquí. También propone la discutible pero interesante hipótesis de que Jesucristo no fue un ser humano, sino el espíritu de un hongo psicodélico, y que sus discípulos eran miembros de un culto secreto centrado en el hongo matamoscas o alguno otro con psilocibina[42].

Los legendarios vikingos de la Edad Media fueron famosos por su brutalidad en las batallas. Se dice que esto era consecuencia de que habían logrado un estado de intrépida ferocidad conocido como "ira sangrienta". Aparentemente, este talante furibundo no surgió de manera natural. Los etnobotánicos sugieren que el hongo matamoscas era utilizado en los rituales previos a aquellas salvajes batallas. Los "guerreros de Odín", como se llamaban a sí mismos, comían los hongos para alcanzar un estado de ira sangrienta similar al trance. Mientras estaban en esa condición, aullaban como animales, se golpeaban unos a otros y mordían sus escudos, todo en preparación para el combate[43].

Las gotas de rocío recolectadas de los sombreros del hongo matamoscas también pueden beberse para provocar efectos medicinales o psicoactivos. Al bebedizo obtenido de esta manera se le llama "vino de los enanos"[44].

Varios textos mencionan también que el hongo matamoscas se usaba en iniciaciones chamánicas, pero solo unos pocos hacen referencia a sus propiedades. Probablemente en un intento de monopolizar el conocimiento, se le describe como venenoso, y hay algo de cierto en ello. De hecho, su utilización podría representar una elección un tanto imprudente, ya que se ha informado que su ingestión en exceso podría tener consecuencias fatales[45].

Por su parte, los chamanes tzeltales fumaban el *Amanita muscaria* mezclado con tabaco, y se dice que la combinación les otorgaba una visión espiritual que les permitía reconocer los padecimientos de sus pacientes, localizar ladrones y predecir el futuro. Asimismo, se ha planteado la hipótesis de que el hongo matamoscas era uno de los ingredientes empleados por las brujas en la Edad Media. El nombre austriaco de esta variedad es "hongo de las brujas". Se ha dicho que estas eran en realidad las curanderas chamánicas del Medievo, y que tenían conocimientos etnobotánicos y usaban plantas psicotrópicas con propósitos de curación y adivinación. Las personas sentían miedo y tal vez un poco de envidia por el dominio que tenían de los efectos mágicos, así que las perseguían[46].

EL MENSAJERO DIVINO

Descripción etnobotánica

El *Lophophora williamsii* es conocido también como peyote, término derivado del náhuatl hablado por los aztecas y que puede traducirse como "capullo de gusano". Este cacto tiene otros nombres tradicionales, como "mensajero divino", "raíz del diablo", "raíz maligna", "planta divina" y "whisky seco". El peyote es una planta cactácea pequeña y sin espinas, con un largo historial de uso chamánico y medicinal por parte de los indígenas de América del Norte. La mescalina es el alcaloide psicoactivo natural presente en esta planta sagrada. La corona del cacto, o "botón del peyote", se puede comer cruda, pero también es posible cortarla y desecarla para almacenarla por largos periodos de tiempo. El consumo de los botones se hace masticándolos, poniéndolos en remojo para después tomar el agua infusionada, o moliéndolos para fumarlos. La ingestión puede inducir cambios en la conciencia. Es normal consumir más o menos diez botones, pero algunos chamanes intrépidos comen hasta cuarenta en sus ceremonias. Cuando se le quita la corona, por lo general la planta produce otras, de manera que no es raro ver cactos de peyote con varias de ellas. El peyote no solo se ha utilizado para provocar visiones, sino también con propósitos medicinales[47]. Se emplea para tratar padecimientos físicos y mentales; algunas tribus creen que, si se le utiliza apropiadamente, el peyote puede curar todas las enfermedades.

Historia y tradición

Es sabido que Antonin Artaud dijo: "En la conciencia reside el prodigio; a partir de él, el hombre llega al reino que está más allá de lo material, y el peyote nos dice en dónde encontrarlo"[48]. A lo largo de la historia, muchas sociedades premodernas han usado el peyote como una ayuda en su búsqueda del prodigio. El peyote es uno de los agentes psicodélicos más antiguos; era muy utilizado por las culturas precolombinas de América, que lo consideraban mágico y divino. El uso ceremonial del peyote varía en cada pueblo, pero suele involucrar a la danza. Unas impresionantes pinturas rupestres halladas por arqueólogos en el Río Pecos, en Texas, han sido asociadas con un "culto a la mescalina". Posteriormente se descubrió que había otras representaciones rupestres en donde también aparecen semillas de mescalina y figuras mitológicas. Se ha afirmado que este culto a la mescalina tiene una antigüedad de diez mil años[49]. Los arqueólogos descubrieron, en antiguas tallas rituales conservadas en rocas de lava, símbolos empleados en las ceremonias de peyote que realizaban los tarahumaras*. Más recientemente, se han encontrado especímenes de peyote en excavaciones arqueológicas en cuevas secas y refugios rocosos de Texas.

Tanto el pueblo huichol como el tarahumara creen que el peyote es un don que Dios otorgó a los seres humanos, antes de dejar la tierra, para curar sus enfermedades y reconectarse con lo divino[50].

---

*Los tarahumaras son un grupo indígena de América que se retiró a los cañones y las altas serranías de México tras el arribo de los invasores españoles en el siglo XVI. La región de la Sierra Madre Occidental, en donde habitan hoy en día, es conocida también como sierra Tarahumara. Los tarahumaras son famosos por su habilidad para correr largas distancias; de hecho, la palabra que utilizan para referirse a sí mismos, *rarámuri*, significa "pie corredor" o "los de los pies ligeros".

Los jesuitas españoles del siglo XVII reportaron que el cacto se usaba como medicina para curar enfermedades y provocar visiones. Por su parte, los inquisidores se opusieron a la utilización de esta planta alucinógena, a la que se referían como "truco satánico" para contactar con los demonios. Los españoles eran intolerantes hacia cualquier práctica religiosa que no fuera el cristianismo, y la negativa de los indígenas a abandonar sus ejercicios tradicionales con peyote tuvo consecuencias desastrosas. Tal como ocurre con los hongos sagrados, el uso inapropiado del peyote podía provocar la muerte. El esfuerzo español por erradicarlo ocasionó que esta práctica se ocultara en las regiones más internas de los Andes, en donde ha perdurado hasta nuestros días.

Las antiguas prácticas que involucran el uso de peyote han logrado hallar incluso un lugar en la América moderna. La Iglesia Nativa Americana es una comunidad espiritual organizada alrededor del uso enteogénico del peyote. La iniciativa surgió cuando varios pueblos nativos se unieron para conformar una comunidad más grande, capaz de hacer frente al agresivo evangelismo cristiano. Hoy en día, esta iglesia cuenta con aproximadamente 280 000 miembros y constituye una de las prácticas religiosas indígenas más difundidas entre los pueblos nativos de Estados Unidos. También se le conoce como "peyotismo". Sus miembros creen en una deidad a la que se refieren como Wakan Tanka, que significa "Gran Espíritu" o "Gran Misterio". Se trata de la concepción de una fuerza universal que reside en todas las cosas, de manera muy semejante al Tao del taoísmo y a la cosmovisión del paganismo primitivo y de los estonios. Los miembros de este culto usan el peyote para conectarse con ese espíritu. Una de sus creencias es que Wakan Tanka creó el peyote en una época remota, no para que se le empleara con propósitos recreativos, sino exclusivamente para sanar y profetizar. Celebran sus ceremonias por la noche, en tipis, y creen que los padecimientos fisiológicos y psicológicos tienen su origen en un desequilibrio espiritual en el organismo. Aunque la guerra contra las drogas alcanzó todos los rincones de Estados Unidos, en 1993 el entonces presidente, Bill Clinton, reafirmó el derecho de los miembros de la Iglesia Nativa Americana a usar el peyote[51].

La tradición de los huicholes guarda grandes similitudes con la cosmología del pueblo kogui en relación con la ayahuasca. Los huicholes creen que, al igual que la ayahuasca, el peyote representa un medio para acceder a lo divino. A través de esta planta sagrada entran en comunión con sus espíritus y sus antepasados, y se reconectan con dos divinidades supremas, Takutzi Nakawé y Tatewari.

Takutzi Nakawé es la diosa mesoamericana de la Tierra. Representa el principio femenino de la creación y está asociada al agua y a la luna. Tatewari es el dios más antiguo de los huicholes; representa el principio masculino de la creación y se asocia con el fuego. Es frecuente verlo retratado con peyote en sus pies y manos. En las visiones, se hace presente como él mismo, o indirectamente bajo la figura de Kauyumari, un ciervo sagrado de color azul que aparece frecuentemente en las artesanías huicholas.

Se dice que el peyote nace en donde se posan las pezuñas de Kauyumari[52]. Guiados por un *mara'akame* (un anciano huichol), los miembros de la tribu hacen un peregrinaje sagrado hasta Wirikuta. Esta región tiene una gran importancia desde tiempos antiguos, y se cree que ahí se inició el tiempo: el lugar en donde nació el mundo y Tatewari hizo su primera aparición. El recorrido es de más de 300 kilómetros y se realiza a pie una vez por año, con el objetivo de recolectar el *hikuri* (palabra nativa para el peyote). La noche del arribo a Wirikuta, los peregrinos reúnen el peyote y se preparan para la ceremonia. El chamán principal entona cantos y lava a los participantes, purificándolos y preparándolos para su tránsito al otro mundo. A continuación, el chamán cuenta antiguas leyendas tradicionales sobre el peyote e invoca la protección del cacto durante sus viajes espirituales. Los participantes se pintan la cara, danzan y se reconectan con sus antepasados y sus deidades[53].

CACTO DE SAN PEDRO

Descripción etnobotánica

El cacto de San Pedro, formalmente conocido como *Trichocereus pachanoi*, está estrechamente relacionado con el peyote. Ambas cactáceas comparten el mismo compuesto psicoactivo, la mescalina. Sin embargo, el cacto de San Pedro es bastante más grande: puede alcanzar una altura de casi seis metros. Es nativo de las montañas de los Andes y de las regiones costeras del Perú. Aunque solo ocurre ocasionalmente, una hermosa flor blanca de gran tamaño brota en la parte superior del cacto para marchitarse al poco tiempo. El tallo se rebana y hierve por varias horas antes de beber la infusión. Sin embargo, también puede desecarse y molerse para uso posterior, mezclado en algún brebaje.

De vez en cuando, algunos chamanes intrépidos mezclan en la infusión otras plantas psicoactivas, como el toé. El cacto de San Pedro es conocido por sus grandes propiedades curativas y espiritualmente calmantes. Se utiliza para sanar enfermedades espirituales y físicas, revertir maldiciones o conectar con lo numinoso y "provocar el florecimiento del alma". Se dice que, en bajas dosis, su ingestión resulta tranquilizante, curativa y restauradora, mientras que, en dosis más elevadas, aligera el alma y permite viajes astrales y percepción extrasensorial. Un chamán nativo afirma lo siguiente sobre el cacto de San Pedro:

> La droga produce... un estado de somnolencia o ensoñación y una sensación de letargia... un leve mareo... luego, grandes visiones y una purificación de las facultades. Produce un ligero entumecimiento del cuerpo, seguido de una sensación de tranquilidad. Luego ocurre el desapego, un tipo de fuerza visual... e inclusive de todos los sentidos... incluido el sexto sentido, el sentido telepático de transmitirse uno mismo a través del tiempo y la materia... una especie de traslado del pensamiento a una dimensión lejana. Siempre en sintonía con los poderes de animales y seres con poderes sobrenaturales... Los participantes "se liberan de la materia" y emprenden vuelos por regiones cósmicas... transportados a través del tiempo y la distancia, con rapidez y seguridad[54].

Historia y tradición

El cacto de San Pedro ha sido utilizado desde el origen de la civilización andina. Fue empleado como sacramento religioso por la civilización inca y por las culturas que la precedieron. En principio, es nativo de las montañas andinas, pero también se le encuentra en otras regiones de Argentina, Bolivia, Chile, Ecuador y Perú. Antiguas obras gráficas datadas antes del 1250 a.c. representan a criaturas mitológicas sosteniendo el cacto. Entre ellas, la estela de piedra de Chavín es la más famosa. En ella se presenta un antiguo dios de aspecto híbrido, entre animal y ser humano, sosteniendo en cada mano un bastón parecido al cacto de San Pedro. Más tarde se hallaron cerámicas con motivos que representan al cacto junto con figuras de ciervos, jaguares, serpientes dentadas, abejas y espirales estilizadas que, según los arqueólogos, representan las propiedades psicoactivas del cacto[55].

Antes de caer víctimas de la ortodoxia cristiana, los pueblos indígenas se referían al cacto de San Pedro con el nombre de *huachuma*. La iglesia católica romana se opuso a que los indígenas lo utilizaran, alegando que lo hacían en rituales diabólicos; por lo tanto, trataron de prohibirlo, pero no lograron su erradicación. A pesar de los infructuosos esfuerzos por acabar con él, esta práctica sucumbió a la influencia cristiana, como resulta evidente en el nombre que hoy se le da a la planta. La idea se basa en que, dado que San Pedro tiene las llaves de entrada al paraíso, el cacto con su nombre permite que los usuarios "alcancen el cielo mientras están todavía en la Tierra".

Edmund Wade Davis escribió sobre un culto de curación mágico-religioso nativo del valle de Huancabamba, situado en la parte alta del norte de los Andes. Como el pueblo huichol, los miembros de esta tribu realizan peregrinajes a las lagunas sagradas conocidas como huaringas. Al llegar a su destino, recolectan huachuma y se bañan en las lagunas. Se cree que experimentan una transformación espiritualmente regeneradora al nadar en esas aguas sagradas. Los curanderos de esta tribu emplean el cacto de San Pedro para sanar enfermedades fisiológicas, psicológicas y espirituales. El cacto permite que los curanderos de varios pueblos meso-americanos estimulen una percepción extrasensorial que les da la oportunidad de ver la enfermedad del paciente. Una curandera de la tribu huancabamba afirmó: "El poder de la planta es lo que permite que uno vea. El poder reside en un espíritu que está en la planta; si no estuviera ahí, sería imposible ver"[56].

Al leer sobre la historia de estas plantas sagradas y las culturas indígenas entendí la lección compartida por Walt Kelly a través de Pogo, su personaje de tira cómica: "Hemos encontrado a nuestro enemigo: somos nosotros". En distintos lugares de América celebramos el Día de la Raza (*Columbus Day*, en Estados Unidos) como si hubiera algo de qué sentirnos orgullosos. Lo que ocurrió después de que Cristóbal Colón llegara a América en 1492 fue la mayor masacre en la historia de la humanidad. El papa católico, emperador universal, predicador del amor, la bondad, la compasión y el perdón, decidió que todo aquel que no se arrodillara ante la cruz debía morir por la espada. En los años que siguieron a la invasión europea, más de 95 por ciento de todos los pueblos indígenas fueron masacrados[57]. Si no morían por las armas, sucumbían por las enfermedades traídas al continente por los invasores.

A su llegada a México, los españoles se encontraron con grandes bibliotecas indígenas. El obispo español Diego de Landa escribió en una carta: "Les hallamos gran número de libros de estas sus letras, y porque no tenían cosa en que no hubiese superstición y falsedades del demonio, se los quemamos todos, lo cual sintieron a maravilla y les dio mucha pena"[58]. Ahora bien, el genocidio no comenzó aquí, sino en Europa. La difusión del cristianismo parecía exigir algún sacrificio. Los misioneros alemanes persiguieron a los pueblos indígenas chamánicos de Europa, los paganos y los estonios. Como los nativos americanos, ellos también estaban profundamente conectados con la naturaleza. No se creían superiores al resto de la naturaleza ni algo que no formara parte de ella. Entendían que la divinidad es inmanente y está entrelazada con todos los aspectos de la tierra viva. Adoraban a los ríos, a los árboles, a la luna y al viento.

Este periodo histórico se caracterizó básicamente por la guerra en contra de cualquier grupo humano que siguiera practicando el chamanismo, el animismo y el misticismo. Todo miembro de una tribu que no creyera en la existencia del único y sagrado Dios del cristianismo era masacrado como un cerdo.

La civilización occidental surgió a partir de la sangre de nuestros ancestros chamánicos; una civilización que no valora la naturaleza ni los espíritus, pero sí el límite de crédito y las opiniones ajenas. Este genocidio chamánico cercenó el cordón de la mente de Gaia y, desde entonces, vamos a la deriva, alejándonos cada vez más de la naturaleza. Las consecuencias actuales de este divorcio son la depresión, la falta de sentido y la añoranza de algo que no podemos determinar qué es. Tenemos nostalgia. Hay una parte de nosotros mismos que no podemos reprimir, que se resiste a negarnos nuestro derecho de nacimiento como hijos de Gaia. En ausencia de nuestra diosa ecológica, nos hemos convertido en enemigos del planeta. Desde mi punto de vista, las soluciones a nuestra situación actual no están delante, sino detrás de nosotros. El prometedor futuro ha sido anticipado por la serpiente Uróboros, que engulle su propia cola. Los pasos correctos, sin embargo, se han perdido en la tormenta de nieve de la historia y la cultura moderna. Como Teseo, que siguió el hilo de Ariadna para salir del laberinto de Cnosos, debemos seguir el hilo del chamanismo hacia el pasado, para restablecer nuestra conexión con las fuerzas numinosas de la naturaleza y reclamar nuestros derechos de nacimiento como hijos de la diosa Gaia.

Glosario

Alucinógeno. Los alucinógenos conforman un grupo específico de sustancias que alteran la percepción, los pensamientos y los sentimientos. La palabra suele asociarse con el delirio, pero su raíz etimológica latina significa "vagar en la mente".

Animismo. La idea de que todas las cosas –animadas e inanimadas– poseen un espíritu o esencia.

Antropología. El estudio de las personas en todo el mundo. Más específicamente, su historia evolutiva, su comportamiento, su adaptación a diferentes ambientes, y cómo se comunican e interactúan entre sí.

Ayahuasca. Antiguo brebaje psicodélico elaborado con plantas, que ha sido consumido durante milenios por los pueblos indígenas del Alto Amazonas.

Ayahuasquero. Curandero experto en el brebaje de la ayahuasca. Frecuentemente, pero no siempre, el curandero o curandera puede ser también chamán.

Circuito neuronal. Una serie de nervios conectados entre sí, cuyos impulsos eléctricos viajan en el cerebro.

Cognición. La acción o proceso mental de adquisición de conocimiento y comprensión a través del pensamiento, la experiencia y los sentidos. En términos simples, la cognición tiene que ver con los procesos asociados con el pensamiento.

Corteza cerebral. El cerebro está constituido por dos hemisferios, separados por un canal llamado fisura longitudinal. Cada uno de los hemisferios está recubierto por una capa de materia gris conocida como corteza cerebral. La materia gris es el componente principal y esencial del sistema nervioso. La corteza cerebral cuenta con aproximadamente 20 mil millones de neuronas. Representa el área más compleja y sofisticada del cerebro, y es responsable del más alto nivel del funcionamiento mental.

Curandero. Sanador tradicional indígena. Sería el equivalente a un médico, psicólogo y psiquiatra. La vida del curandero está dedicada a ayudar a las personas que padecen enfermedades mentales, emocionales, fisiológicas y espirituales. Como el chamán, se cree que el curandero tiene una profunda conexión con el reino espiritual y suele ser guiado por los espíritus en la sanación del paciente. No es estrictamente necesario que los curanderos entren en trance para llevar a cabo la curación. Por lo tanto, todos los chamanes son curanderos, pero no todos los curanderos son chamanes.

Dieta. Uno de los aspectos más importantes del trabajo con la ayahuasca consiste en acatar la honorable tradición de seguir una dieta especial, con la finalidad de preparar el cuerpo, la mente y el alma para incorporar la energía sanadora de la ayahuasca.

DMT. Acrónimo de dimetiltriptamina. Es la molécula psicoactiva presente en la ayahuasca, el brebaje psicodélico amazónico.

Endógeno. Término relacionado con una sustancia producida dentro del organismo. La palabra deriva de las partículas *endo* (dentro de) y *genos* (generado o formado).

Enteógeno. Dos palabras griegas, *entheos* y *genésthai,* se combinan para formar este término, que significa "generando lo divino en el interior". Se refiere al uso de una sustancia psicoactiva en un contexto religioso, chamánico o espiritual. El término enteógeno suele emplearse en contraste con el uso recreativo de la misma sustancia.

Farmacología. El estudio de la manera en que una sustancia afecta a un sistema biológico y cómo responde el organismo. La disciplina abarca las fuentes, las propiedades químicas, los efectos biológicos y los usos terapéuticos de varias sustancias.

Fenomenología. El estudio de la conciencia y de los objetos de la experiencia directa.

Glándula pineal. Estructura cerebral sin par, situada en el centro del cerebro. La glándula pineal está asociada con la secreción de una hormona llamada melatonina, la cual regula los ritmos circadianos (ciclos del sueño).

Gnosis. Sustantivo común griego para referirse al conocimiento; en el contexto de la naturaleza mística y espiritual de la realidad, es un conocimiento que implica transformación.

Ícaros. Los cantos o himnos entonados por los curanderos durante las ceremonias de ayahuasca. Se dice que la voz del chamán es un eco de los cantos reconfortantes y sanadores de los espíritus.

IMAO. Acrónimo de inhibidor de la monoamino oxidasa. Los alcaloides presentes en la liana de ayahuasca actúan como un IMAO al inhibir o suprimir la enzima monoamino oxidasa. Normalmente, la DMT es descompuesta casi de inmediato por estas enzimas intestinales, pero la inhibición de los IMAO permite que sea procesada en el organismo.

Inhibidores selectivos de la recaptación de serotonina (ISRS). Los antidepresivos más comúnmente recetados son los llamados inhibidores de la recaptación. La recaptación es el proceso en el que los neurotransmisores son naturalmente reabsorbidos por las células nerviosas del cerebro, después de haber sido liberados, para transmitir mensajes entre las células nerviosas. El inhibidor de la recaptación evita que esto ocurra. En lugar de reabsorberse, el neurotransmisor permanece, al menos temporalmente, en el espacio entre los nervios llamado sinapsis. Esta acción incrementa el nivel de serotonina en el cerebro, la cual suele ser deficiente en quienes padecen depresión o ansiedad. Imagine que la serotonina se libera y, normalmente, regresa por las mismas puertas por donde vino. Con los ISRS, estas puertas se cierran, de manera que la serotonina se mantiene en los espacios entre las neuronas.

Mapacho. Tabaco sagrado de gran potencia, empleado por los pueblos indígenas de la Amazonia como protección espiritual y para alejar las energías superfluas. Suele utilizarse en ambientes ceremoniales, antes de la ingestión de otras plantas alucinógenas.

Metacognición/Introspección. La capacidad de reflexionar acerca de los pensamientos y comportamientos propios.

Neuroesfera. Sistema de cultivo compuesto por grupos de células madre neuronales que flotan libremente. Las neuroesferas proporcionan un método para investigar células neuronales precursoras in vitro (literalmente, dentro del vidrio, es decir, en un tubo de ensayo o un instrumento similar).

Neurogénesis. El proceso a través del cual se forman nuevas neuronas en el cerebro.

Neurotransmisor. Mensajero químico endógeno que viaja a través del sistema nervioso. Estos químicos transmiten mensajes, al mismo tiempo que controlan procesos como los relacionados con los reflejos, las emociones y la memoria.

Numinoso. Concepto derivado del término latino *numen*, que significa "despertar emociones espirituales o religiosas; misterioso o impresionante".

Ontología. Rama de la metafísica que estudia la naturaleza del ser.

Planta maestra. Algunas plantas con propiedades que alteran la mente son consideradas maestros espirituales en algunas tradiciones chamánicas. De acuerdo con la tradición chamánica, estos espíritus serían fuentes de información y agentes sanadores.

Psicoactivo. Sustancia química que modifica la función cerebral y deriva en alteraciones en la percepción, el estado de ánimo, la conciencia, la cognición o el comportamiento.

Psicodélico. Término acuñado en la década de 1950 por el psiquiatra británico Humphrey Osmond. Se forma a partir de dos palabras griegas, *psyche* y *delos*, cuya unión significa "que manifiesta la mente" o "que revela el alma". Las sustancias psicodélicas son compuestos psicoactivos que alteran la cognición y la percepción, brindando la oportunidad de explorar los vastos continentes no estudiados de la mente.

Psicofarmacología. La etimología de la palabra es griega. Es una combinación de "aliento, vida o alma" y "farmacéutico o medicamento".

Es el estudio científico de los efectos farmacéuticos sobre el estado de ánimo, las sensaciones, el pensamiento y el comportamiento.

Psicotrópico. Sinónimo de psicoactivo.

Quechua. El quechua es una familia de lenguas indígenas hablada por un vasto grupo de pueblos asentados, principalmente, en los Andes peruanos y en las tierras altas de Sudamérica. Es una derivación de un lenguaje ancestral común, y se le conoce por ser la principal familia lingüística del imperio Inca. Fue prohibido por los colonialistas españoles, lo que provocó que su uso disminuyera drásticamente, a pesar de lo cual sobrevivió. Actualmente es hablado todavía por entre 8 y 10 millones de personas en Sudamérica.

Recreativo. Relacionado con las drogas ingeridas de manera ocasional y con propósitos de disfrute.

Rigveda. El término proviene del sánscrito *rc* (elogio) y *veda* (conocimiento). Se trata de una antigua recopilación de himnos védicos en sánscrito, uno de los más sagrados libros del hinduismo.

Sánscrito. Antiguo idioma indoario, ampliamente usado en el hinduismo, el budismo y el jainismo. El término sánscrito significa "refinado", "consagrado" o "santificado". El idioma sánscrito se denominó *Deva-Vani* (*Deva* significa "dioses" y *Vani* lenguaje), porque se creía que había sido generado por el dios Brahma, quien lo transmitió a los *rishis* (sabios). Es un idioma extraordinariamente complejo, con un extenso vocabulario; todavía es muy utilizado en la actualidad, en la lectura de himnos y textos sagrados.

Serotonina. Neurotransmisor con diversas funciones, entre las cuales regula no solo diferentes partes del cerebro sino también las actividades de otros sistemas neurotransmisores. La primera función conocida de la serotonina fue el control de la contracción de los vasos sanguíneos, pero más tarde se comprobó que está asociada con la función cerebral, y también con el estado de ánimo y el bienestar mental. Casi todas las células cerebrales se ven afectadas directa o indirectamente por la serotonina en la regulación de numerosos procesos, como el estado de ánimo, el comportamiento social, el sueño, la memoria y el aprendizaje.

Shipibo. Pueblo indígena nativo del río Ucayali, cerca de la cabecera del Amazonas, en las laderas orientales de la cordillera de los Andes. Es un pueblo chamánico, profundamente influenciado por el poder de las plantas de la floresta, y de la ayahuasca en particular.

Upanishad. Palabra sánscrita utilizada para nombrar a una parte de los Vedas. Se trata de textos antiguos en sánscrito, que contienen los conceptos e ideas filosóficas más importantes del hinduismo, algunos de los cuales son compartidos por tradiciones religiosas como el budismo y el jainismo.

Notas

CAPÍTULO 1. LA LIANA DEL ALMA

1. Eliade, *El chamanismo y las técnicas arcaicas del éxtasis.*
2. Cardoso et al., "Amazon Plant Diversity".
3. "Ayahuasca – A Mysterious Combination of Two Plants", Temple of the Way of Light (sitio web), visitado el 13 de marzo de 2024.
4. Terence McKenna, "Terence McKenna – Turning the Tide", video de YouTube, visitado el 13 de marzo de 2024.
5. Sidky, *The Origins of Shamanism, Spirit Beliefs, and Religiosity*, 43–44.
6. Lagrou, "Anaconda-Becoming", 17–49.
7. Luna, "Indigenous and Mestizo Use of Ayahuasca", 3.
8. Schultes et al., *Plants of the Gods*, 124.
9. Luis Eduardo Luna, "Luis Eduardo Luna (Brazil) – Speaker at Psycherence 2018", video de YouTube, visitado el 19 de marzo de 2024.
10. Schultes, "The Beta-Carboline Hallucinogens of South America", 205–7.
11. Kajuyali Tsamani, "Kajuyali Tsamani – Ayahuasca: Vine of the Soul, Cord of the Universe", Gaia Media, video de YouTube, visitado el 19 de marzo de 2024.
12. Luna, "Indigenous and Mestizo Use of Ayahuasca", 6.
13. Ehrman, *Lost Scriptures*, 307.
14. "What Is Santo Daime", SantoDaime: A Doutrina da Floresta (sitio web en portugués), visitado el 19 de marzo de 2024.
15. "What Is Our Religion", SantoDaime.org. (sitio web), visitado el 19 de marzo de 2024.
16. Luna y Amaringo, *Ayahuasca Visions*, 62–63.
17. Olaf Kraemer, *Luzifers Lichtgarten* (El jardín de luz de Lucifer), citado en Rätsch, *The Encyclopedia of Psychoactive Plants*, 705.
18. Davis, *One River*, 226.

19. Terence McKenna, "Terence McKenna – Sacred Plants as Guides: New Dimensions of the Soul", parte 1, video de YouTube, visitado el 19 de marzo de 2024.

20. Shulgin y Shulgin, *Tryptamines I Have Known and Loved*, 247–54.

21. Schultes et al., *Plants of the Gods*, 126.

22. Jung, *Aion*, 43.

23. Narby, *The Cosmic Serpent*, 21.

24. Calvo, *Las tres mitades de Ino Moxo*.

25. Luna y Amaringo, *Ayahuasca Visions*, 1.

26. Narby, *The Cosmic Serpent*, 21–23.

27. Hockenhull, *Neurons to Nirvana*.

28. "Jordi Riba: 'La ayahuasca no es una droga lúdica, todo lo contrario'", entrevista de Josep Fita, La Vanguardia (sitio web), 19 de diciembre de 2017.

29. Kaptchuk, "Placebo Studies and Ritual Theory", 16–17.

30. De Rios, "Drug Tourism in the Amazon", 16–18.

31. Gable, "Risk Assessment of Ritual Use of Oral Dimethyltryptamine (DMT) and Harmala Alkaloids", 29.

32. Bousco et al., "Ayahuasca Technical Report 2017", 1–10.

33. Schultes et al., *Plants of the Gods*, 20–21.

34. Jordt y Julius, "Molecular Basis for Species-Specific Sensitivity to 'Hot' Chili Peppers".

35. "An Interview with Julieta Casimiro", ShamanPortal (sitio web), archivo de audio, visitado el 19 de marzo de 2024.

36. Terence McKenna, "Linear Societies and Nonlinear Drugs", ponencia impartida en la Conferencia Etnobotánica de Palenque, 1999. Disponible como podcast 002 en el Psychedelic Salon (sitio web).

37. McKenna, "Terence McKenna – Sacred Plants as Guides".

CAPÍTULO 2. EL CEREBRO PSICODÉLICO

1. Hockenhull, *Neurons to Nirvana*.

2. Hockenhull, *Neurons to Nirvana*.

3. Buckner et al., "The Brain's Default Network", 1–2.

4. Sokoloff et al., "The Effect of Mental Arithmetic on Cerebral Circulation and Metabolism", 1102–6.

5. Carhart-Harris et al., "The Entropic Brain", 6–7.

6. Friston, "The Free-Energy Principle", 127–28.

7. Huxley, *Las puertas de la percepción*.

8. Huxley, *Las puertas de la percepción*.

9. Robin Carhart-Harris, "Psychedelics: Lifting the Veil", TED-Warwick, TED Talks, video de YouTube, visitado el 20 de marzo de 2024.

10. Feilding, "The Coming of Age of LSD", *The Huffington Post*, 12 de abril de 2016.

11. Terence McKenna, "Terence McKenna's True Hallucinations", película completa, video de YouTube, visitado el 20 de marzo de 2024.

12. Hockenhull, *Neurons to Nirvana*.

13. Simonsen y Møhl, *Grundbog i Psykiatri*, 273.

14. Josipovic et al., "Influence of Meditation on Anti-correlated Networks in the Brain", 1.

15. Stace, *Mysticism and Philosophy*, 110–11.

16. Kornfield, "Psychedelic Experience and Spiritual Practice", 131.

17. Fragmentos de Teodoto 22:2, Gnostic Society Library (sitio web), visitado el 20 de marzo de 2024.

18. Reichel-Dolmatoff, *The Shaman and the Jaguar*, 35.

19. Freud, *El malestar en la cultura*.

20. Fransson et al., "Resting-State Networks in the Infant Brain", 15531–32.

21. Calvo, *Las tres mitades de Ino Moxo*.

22. Sorg et al., "Selective Changes of Resting-State Networks in Individuals at Risk for Alzheimer's Disease", 18763–64; y Lustig, "Functional Deactivations", 14504.

23. Kennedy y Courchesne, "Functional Abnormalities of the Default Network during Self- and Other-Reflection in Autism", 180–82; y Kennedy et al., "Failing to Deactivate", 8276–77.

24. Sonuga-Barke y Castellanos, "Spontaneous Attentional Fluctuations in Impaired States and Pathological Conditions", 977.

25. Nietzsche, *Así habló Zaratustra*.

26. Van Essen y Dierker, "Surface-Based and Probabilistic Atlases of Primate Cerebral Cortex", 212–24.

27. Carhart-Harris et al., "The Entropic Brain", 2, 13.

28. Carhart-Harris et al., "The Entropic Brain", 12.

29. Calvo, *Las tres mitades de Ino Moxo*.

30. Palhano-Fontes et al., "The Psychedelic State Induced by Ayahuasca Modulates the Activity and Connectivity of the Default Mode Network", 1–2.

31. Jordi Riba, "Fourteen Years of Clinical Research with Ayahuasca", PsychedelicScience 2013, Multidisciplinary Association for Psychedelic Studies (MAPS), video de YouTube, visitado el 20 de marzo de 2024.

32. Timmermann et al., "Neural Correlates of the DMT Experience Assessed with Multivariate EEG", 1–12.

33. Timmermann et al., "Neural Correlates of the DMT Experience Assessed with Multivariate EEG", 8.

34. Borjigin et al., "Surge of Neurophysiological Coherence and Connectivity in the Dying Brain", 14432.

35. Borjigin et al., "Surge of Neurophysiological Coherence and Connectivity in the Dying Brain", 14436–37.

36. Terence McKenna, "Terence McKenna – Sacred Plants as Guides: New Dimensions of the Soul", parte 1, video de YouTube, visitado el 20 de marzo de 2024.

37. Advexon Science Network, "Quantum Theory", documental completo en HD, video de YouTube, visitado el 20 de marzo de 2024.

38. David Bohm, "The Best Dr. David Bohm Interview", entrevista de David Suzuki para "The Nature of Things", estación de radio CBC Canadian, 26 de mayo de 1979. Disponible en YouTube (video), visitado el 20 de marzo de 2024.

39. McKenna, "Terence McKenna – Sacred Plants as Guides".

CAPÍTULO 3. MEDICINA DE LA SELVA

1. Jung, *Mysterium Coniunctionis*, párr. 778.

2. Organización Mundial de la Salud, *Depresión y otros trastornos mentales comunes*.

3. "Suicide", Mental Health Foundation (sitio web), actualizado el 11 de septiembre de 2019, visitado el 20 de marzo de 2024.

4. "Why Today's Teens Are More Depressed Than Ever", Discovery Mood and Anxiety Program Mental Health Treatment (sitio web), visitado el 20 de marzo de 2024.

5. Gina Florio, "Do SSRI Antidepressants Have Long-Term Side Effects?", Bustle (sitio web), 11 de diciembre de 2015, visitado el 20 de marzo de 2024.

6. Simonsen y Møhl, *Grundbog i Psykiatri*, 379, 419–20, 394–96.

7. Chris Iliades, "7 Antidepressant Side Effects", Everyday Health (sitio web), actualizado el 23 de julio de 2015, visitado el 20 de marzo de 2024.

8. Cascade et al., "Real-World Data on SSRI Antidepressant Side Effects", 16-18.

9. Gotzsche et al., "Does Long Term Use of Psychiatric Drugs Cause More Harm Than Good?"

10. Amanda Siebert, "An Interview with Dennis McKenna", Inside the Jar (sitio web), actualizado el 13 de noviembre de 2019, visitado el 20 de marzo de 2024.

11. Terence McKenna, "The State of Stone". Disponible como podcast 128 en Psychedelic Salon (sitio web), visitado el 20 de marzo de 2024.

12. Osório et al., "Antidepressant Effects of a Single Dose of Ayahuasca in Patients with Recurrent Depression", 13–14; Sanches et al., "Antidepressant Effects of a Single Dose of Ayahuasca in Patients with Recurrent Depression", 77; Ellens, *Seeking the Sacred with Psychoactive Substances*, 353–60; Nichols, "Psychedelics", 264–65; Palhano-Fontes et al., "Rapid Antidepressant Effects of the Psychedelic Ayahuasca in Treatment-Resistant Depression", 655; Grob et al., "Human Psychopharmacology of Hoasca", 86–87, 93–96; Bouso et al., "Personality, Psychopathology, Life Attitudes and Neuropsychological Performance among Ritual Users of Ayahuasca", 1–2, 5–9; y Barbosa et al., "Psychological and Neuropsychological Assessment of Regular Hoasca Users", 95.

13. Bouso et al., "Personality, Psychopathology, Life Attitudes and Neuropsychological Performance among Ritual Users of Ayahuasca", 1–2, 5–9; Grob et al., "Human Psychopharmacology of Hoasca", 86–87, 93–96; y Barbosa et al., "Psychological and Neuropsychological Assessment of Regular Hoasca Users", 95.

14. Kjellgren et al., "Experiences of Encounters with Ayahuasca", 309, 311–14.

15. Hamill et al., "Ayahuasca", 108, 111–21.

16. Santos et al., "Effects of Ayahuasca on Psychometric Measures of Anxiety, Panic-like and Hopelessness in Santo Daime Members", 507–13.

17. Haijen et al., "Predicting Responses to Psychedelics", 8–12.

18. Pahnke et al., "The Experimental Use of Psychedelic (LSD) Psychotherapy", 1856–67.

19. Grof, *The Secret Chief Revealed*, 14.

20. Calvo, *Las tres mitades de Ino Moxo*.

21. Plotkin, *Tales of a Shaman's Apprentice*, 122.

22. Mortimer y Potter, *Coca: Divine Plant of the Incas*, 12–27.

23. American Psychiatric Association, "What Is Addiction?", Psychiatry.org (sitio web), visitado el 20 de marzo de 2024.

24. Carolyn Gregoire, "Why This Doctor Believes Addictions Start in Childhood", Huffington Post (sitio web), actualizado el 27 de enero de 2016. Visitado en MAPS (sitio web) el 20 de marzo de 2024.

25. Thomas, "Ayahuasca-Assisted Therapy for Addiction", 30.

26. Fábregas et al., "Assessment of Addiction Severity among Ritual Users of Ayahuasca", 257–60.

27. Halpern et al., "Evidence of Health and Safety in American Members of a Religion Who Use a Hallucinogenic Sacrament", 15–16.

28. Hadaway et al., "The Effect of Housing and Gender on Preference for Morphine-Sucrose Solutions in Rats".

29. Jung, *Letters*, 377.

30. Huxley, *Las puertas de la percepción*.

31. Leary, *The Politics of Ecstasy*, 52.

32. Doblin, "Pahnke's 'Good Friday Experiment'", 1–25.

33. Rätsch, *The Encyclopedia of Psychoactive Plants*, 671.

34. López-Giménez y González-Maeso, "Hallucinogens and Serotonin 5-HT2A Receptor-Mediated Signaling Pathways", 61–62.

35. Simonsen y Møhl, *Grundbog i Psykiatri*, 273–74.

36. Terence McKenna, "Terence McKenna – Turning the Tide", video de YouTube, visitado el 20 de marzo de 2024.

37. Goodreads (sitio web), cita atribuida a Carl Gustav Jung.

38. Hoppen y Morina, "The Prevalence of PTSD and Major Depression in the Global Population of Adult War Survivors", *European Journal of Psychotraumatology* 10, núm. 1: 1578637.

39. Maya Health, "Bessel van der Kolk (The Body Keeps the Score): A Revolutionary Treatment for Trauma", Psychedelic Therapy Podcast (en línea), visitado el 20 de marzo de 2024.

40. "Ayahuasca", episodio 7 en *(Un)well*, serie de Netflix.

41. Maté, "Postscript: Psychedelics in Unlocking the Unconscious", 101.

42. Inserra, "Hyphotesis".

43. Nathan Thompson, "For Me, Ayahuasca Was as Good as Therapy. Here's What the Science Says", Global Post (sitio web), 27 de noviembre de 2015. Visitado en el sitio MAPS (sitio web) el 20 de marzo de 2024.

44. Inserra, "Hypothesis"; y Coté, *From Shock to Awe*.

45. Riba et al., "The Alkaloids of *Banisteriopsis caapi*", 1.

46. Riba et al., "The Alkaloids of *Banisteriopsis caapi*", 9.

47. Luis Eduardo Luna, "Luis Eduardo Luna (Brazil) – Speaker at Psycherence 2018", video de YouTube, visitado el 20 de marzo de 2024.

48. Dias y Ressler, "Parental Olfactory Experience Influences Behavior and Neural Structure in Subsequent Generations", 86–96.

49. Simmons, "Epigenetic Influence and Disease".

50. Kellermann, "Epigenetic Transmission of Holocaust Trauma", 3–8.

51. Narby, *The Cosmic Serpent*, 79–101.

52. "Drug Scheduling", United Drug Enforcement Association (sitio web), visitado el 20 de marzo de 2024.

53. Eric Patterson, "Penalties and Sentencing", American Addiction Centers, DrugAbuse (sitio web), visitado el 20 de marzo de 2024.

54. Mitch Schultz, "DMT: The Spirit Molecule", 2010, video de YouTube, visitado el 20 de marzo de 2024.

55. Snake, *One Nation Under God*, 105.

56. Nutt et al., "Drug Harms in the UK".

57. "Alcohol", Organización Mundial de la Salud (sitio web), 9 de mayo de 2022, visitado el 20 de marzo de 2024.

58. "Smoking & Tobacco Use: Fast Facts", Centers for Disease Control and Prevention (sitio web), última revision el 21 de mayo de 2020, visitado el 20 de marzo de 2024.

59. Schultz, "DMT: The Spirit Molecule".

60. Hockenhull, *Neurons to Nirvana*.

CAPÍTULO 4. AVENTURAS HACIA LO DESCONOCIDO

1. Narby, *The Cosmic Serpent*, 5–6.

2. Pettersson y Karim, *Meetings with Mother Ayahuasca*, 24–25.

3. Pettersson y Karim, *Meetings with Mother Ayahuasca*, 29.

4. Pettersson y Karim, *Meetings with Mother Ayahuasca*, 25.

5. Pettersson y Karim, *Meetings with Mother Ayahuasca*, 27.

6. Pettersson y Karim, *Meetings with Mother Ayahuasca*, 28.

7. Pettersson y Karim, *Meetings with Mother Ayahuasca*, 30.

8. Pettersson y Karim, *Meetings with Mother Ayahuasca*, 27.

9. Pettersson y Karim, *Meetings with Mother Ayahuasca*, 32.

10. Harris, *Listening to Ayahuasca*, 67.

11. Harris, *Listening to Ayahuasca*, 44.

12. Harris, *Listening to Ayahuasca*, 71.

13. White y Luna, *Ayahuasca Reader*, 115.

14. White y Luna, *Ayahuasca Reader*, 117.

15. White y Luna, *Ayahuasca Reader*, 20.

16. Harner, "Science, Spirits and Core Shamanism".

17. Peter Meyer, comp., "340 DMT Trip Reports", Serendipity (sitio web), 20 de agosto de 2010, visitado el 23 de marzo de 2024.

18. Strassman, *DMT: The Spirit Molecule*, 223.

19. Waterfield, *The First Philosophers*, 38.

20. Aristóteles, *On the Soul*, citado en Cranz, *The Reorientation of Western Thought*, 8.

21. Corbin, *Avicenna and the Visionary Recital*, 75.

CAPÍTULO 5. DOMINIO SIN SENTIDO

1. Karban et al., "Plant Communication", 2–7.

2. Karban et al., "Plant Communication", 1.

3. Ueda et al., "Plant Communication", 222–23.

4. Michael Pollan, "The Intelligent Plant", *New Yorker*, 16 de diciembre de 2013.

5. Gorzelak et al., "Inter-plant Communication", 1–4.

6. Beiler et al., "Architecture of the Wood-Wide Web", 547.

7. Suzanne Simard, "How Trees Talk to Each Other", TED Talks, video de YouTube, 30 de agosto de 2016, visitado el 23 de marzo de 2024.

8. Narby, *Intelligence in Nature*, 69–70.

9. Gagliano et al., "Learning by Association in Plants", 1–7.

10. Gagliano et al., "Experience Teaches Plants to Learn Faster and Forget Slower in Environments Where It Matters", 63–66.

11. Appel y Cocroft, "Plants Respond to Leaf Vibrations Caused by Insect Herbivore Chewing", 1257, 1261–63.

12. Gagliano et al., "Tuned In", 151–54.

13. Walon Green, "The Secret Life of Plants", 1979, Top Documentary Films (sitio web) (archivo de video), visitado el 23 de marzo de 2024.

14. Green, "The Secret Life of Plants".

15. Jeremy Narby, "Intelligence in Nature", conferencia dictada en el foro Manifesting the Mind, celebrado el 28–29 de abril de 2011 en Madison, Wisconsin. Disponible en YouTube (video), visitado el 23 de marzo de 2024.

CAPÍTULO 6. AYAHUASCA Y CHAMANISMO

1. Bourguignon, *Religion, Altered States and Culture*, 239.

2. Michael J. Harner, "The Way of the Shaman: The Work of Michael and Sandra Harner", 2017, video de YouTube, visitado el 25 de marzo de 2024.

3. Terence McKenna, "Terence McKenna – Sacred Plants as Guides: New Dimensions of the Soul", parte 1, video de YouTube, visitado el 25 de marzo de 2024.

4. Eliade, *El chamanismo y las técnicas arcaicas del éxtasis*.

5. Harner, "The Way of the Shaman".

6. Harner, "The Way of the Shaman".

7. Luis Eduardo Luna, "ESPD50: Luis Luna – Ayahuasca, a Powerful Epistemological Wildcard", simposio Ethnopharmacological Search for Psychoactive Drugs, celebrado en Tyringham Hall, Reino Unido, el 6-8 de junio de 2017. Disponible en Vimeo (archivo de video), visitado el 24 de marzo de 2024.

8. Luna, "Indigenous and Mestizo Use of Ayahuasca", 15.

9. Beyer, "Ayahuasca and the Grotesque Body", 46.

10. Pratt, *An Encyclopedia of Shamanism* 1:76.

11. Luna, "ESPD50: Luis Luna".

12. Pratt, *An Encyclopedia of Shamanism* 1:49–50.

13. Pratt, *An Encyclopedia of Shamanism* 1:138.

14. Harner, *Hallucinogens and Shamanism*, 155–75.

15. Eliade, *El chamanismo y las técnicas arcaicas del éxtasis*.

16. Gebhart-Sayer, "The Geometric Designs of the Shipibo-Conibo in Ritual Context", 143–76.

17. Young, ed., *The Mystery of Matter*, 113–14.

18. "The Importance of the Rainforest", Growing Air Foundation (sitio web), visitado el 25 de marzo de 2024.

19. Pax Natura Foundation, "The Disappearing Rainforest", Paxnatura (sitio web), visitado el 24 de marzo de 2024.

20. Luis Eduardo Luna, "Luis Eduardo Luna (Brazil) – Speaker at Psycherence 2018", video de YouTube, visitado el 24 de marzo de 2024.

21. Rätsch, *The Encyclopedia of Psychoactive Plants*, 197.

22. Pratt, *An Encyclopedia of Shamanism* 1:124.

23. Terence McKenna, "Philosophical Gadfly", parte 2. Disponible como podcast 241 en Psychedelic Salon (sitio web), visitado el 24 de marzo de 2024.

CAPÍTULO 8. REINTEGRACIÓN

1. Huxley, *El genio y la diosa*.

2. Wittgenstein, *Tractatus: Logico-Philosophicus*, 74.

3. Pratt, *An Encyclopedia of Shamanism* 1:188.

4. Lao-tzu, *Tao Te Ching*, 10.

5. Heidi Petersen, Matt Busa y Jared Green, "Health Benefits of Nature", American Society of Landscape Architecture (sitio web), visitado el 24 de marzo de 2024.

CAPÍTULO 9. HIJOS DE GAIA

1. Jung, *El hombre y sus símbolos.*
2. Corbin, *Spiritual Body and Celestial Earth,* 42.
3. Larsen, *Forest of Visions,* 126.
4. Jung, *El hombre y sus símbolos.*
5. Huxley, *Las puertas de la percepción.*
6. Lao-tzu, *Tao Te Ching,* 32.
7. Terence McKenna, "Evolving Times", en Psychedelic Salon, podcast.
8. Fowler, trad., *Plato,* 244a–b.
9. Barnes, *Early Greek Philosophy,* 50.
10. "Richard Evans Schultes: Memorial Minute", Harvard Gazette (sitio web), 18 de septiembre de 2003, visitado el 25 de marzo de 2024.
11. Terence McKenna, "Shamanism", Matrixmasters (sitio web), visitado el 25 de marzo de 2024.
12. Goodreads (sitio web), cita atribuida a Confucio.
13. Dennis McKenna, citado en Doyle, *Darwin's Pharmacy,* 305.
14. Eliade, *El chamanismo y las técnicas arcaicas del éxtasis.*
15. Iyengar, *Light on the Yoga Sutras of Patanjali,* 230.
16. Albert Einstein en entrevista con Michael Amrine, "The Real Problem Is in the Hearts of Men", *New York Times,* sección SM, 23 de junio de 1946.
17. Grant, *Philosophies of Nature After Schelling,* 188.

APÉNDICE. OTRAS PLANTAS PSICOTRÓPICAS

1. Schultes et al., *Plants of the Gods,* 161.
2. Schultes et al., *Plants of the Gods,* 156.
3. Akers et al., "A Prehistoric Mural in Spain Depicting Neurotropic Psilocybe Mushrooms?" 122.
4. Samorini, "The Oldest Representations of Hallucinogenic Mushrooms in the World", 6.
5. Samorini, "The Oldest Representations of Hallucinogenic Mushrooms in the World", 5; y Rush, *Entheogens and the Development of Culture,* 488.
6. Lowy, "New Records of Mushroom Stones from Guatemala", 985–90.
7. Rätsch, *The Encyclopedia of Psychoactive Plants,* 671–72.
8. Lipp, *The Mixe of Oaxaca,* 187.
9. Brande, "Mr. E. Brande, On a Poisonous Species of Agaric", 41.
10. "An interview with Julieta Casimiro", ShamanPortal (sitio web), archivo de audio, visitado el 25 de marzo de 2024.

11. McKenna, *Food of the Gods*, 39.

12. Rätsch, *The Encyclopedia of Psychoactive Plants*, 208.

13. Luis Eduardo Luna, "ESPD50: Luis Luna – Ayahuasca, a Powerful Epistemological Wildcard", simposio Ethnopharmacological Search for Psychoactive Drugs, celebrado en Tyringham Hall, Reino Unido, 6–7 de junio de 2017. Disponible en Vimeo (archivo de video), visitado el 25 de marzo de 2024.

14. Devi et al., "Neurotoxic and Medicinal Properties of *Datura stramonium* L.", 139–44; Schultes et al., *Plants of the Gods*, 106–7; Rätsch, *The Encyclopedia of Psychoactive Plants*, 211–12.

15. Maheshwari et al., "Rediscovering the Medicinal Properties of Datura", 2885.

16. Rätsch, *The Encyclopedia of Psychoactive Plants*, 200.

17. Rätsch, *The Encyclopedia of Psychoactive Plants*, 200.

18. Nowak y Lata, "Datura Intoxication", 438–39.

19. Clementi, *General and Molecular Pharmacology*, 665.

20. Samorini, "The Oldest Representations of Hallucinogenic Mushrooms in the World", 2.

21. Schultes et al., *Plants of the Gods*, 106.

22. Schultes et al., *Plants of the Gods*, 10–11.

23. Rätsch, *The Encyclopedia of Psychoactive Plants*, 783.

24. Schultes et al., *Plants of the Gods*, 108.

25. Schultes et al., *Plants of the Gods*, 110.

26. Steward, *Handbook of South American Indians* 2:734.

27. Beverley, *The History and Present State of Virginia*, 24.

28. Rätsch, *The Encyclopedia of Psychoactive Plants*, 210.

29. Castaneda, *Las enseñanzas de don Juan: una forma yaqui de conocimiento*.

30. Rätsch, *The Encyclopedia of Psychoactive Plants*, 206.

31. Rätsch, *The Encyclopedia of Psychoactive Plants*, 198.

32. Rätsch, *The Encyclopedia of Psychoactive Plants*, 199.

33. Schultes et al., *Plants of the Gods*, 106–7.

34. Schultes et al., *Plants of the Gods*, 111.

35. Rätsch, *The Encyclopedia of Psychoactive Plants*, 213.

36. Rätsch, *The Encyclopedia of Psychoactive Plants*, 631.

37. Schultes, *Golden Guide to Hallucinogenic Plants*, 25.

38. Jamison y Prereton, *The Rig Veda*, 1294.

39. Lévi-Strauss, *Structural Anthropology* 2:226.

40. Flattery y Schwartz, *Haoma and Harmaline*.

41. Allegro, *The Sacred Mushroom and the Cross*, 75.

42. Allegro, *The Sacred Mushroom and the Cross*, 7–56.

43. Ver "Ynglinga saga", en la historia del siglo XII de Snorri Sturlson, *Heimskringla*, https://www.sacred-texts.com/neu/heim/02ynglga.htm.

44. Rätsch, *The Encyclopedia of Psychoactive Plants*, 634.

45. Buck, "Toxicity of *Amanita muscaria*", 663–64.

46. Robert Carver, "The Roots of Witchcraft", Spectator (en línea), 19 de agosto de 2017, visitado el 26 de marzo de 2024.

47. Rätsch, *The Encyclopedia of Psychoactive Plants*, 333–34.

48. Schultes et al., *Plants of the Gods*, 8.

49. Samorini, "The Oldest Representations of Hallucinogenic Mushrooms in the World", 2.

50. Schultes, *Golden Guide to Hallucinogenic Plants*, 116–20.

51. Eric Revell, "On This Date: Clinton Signed the Religious Freedom Restoration Act", Countable (sitio web), visitado el 26 de marzo de 2024.

52. José Stevens, "Pilgrimage to Huichol Land", School of Shamanism (sitio web), 2 de abril de 2009, visitado el 26 de marzo de 2024.

53. Schultes et al., *Plants of the Gods*, 148–50.

54. Schultes et al., *Plants of the Gods*, 168–69.

55. Glass-Coffin, "Shamanism and San Pedro throughout Time", 60–61.

56. Glass-Coffin, "Shamanism and San Pedro throughout Time", 75.

57. Luis Eduardo Luna, "Luis Eduardo Luna (Brazil) – Speaker at Psycherence 2018", video de YouTube, visitado el 26 de marzo de 2024.

58. Clendinnen, *Ambivalent Conquests*, 70.

Bibliografía

Akers, Brian P., Juan Francisco Ruiz, Alan Piper y Carl A. P. Ruck. "A prehistoric Mural in Spain Depicting Neurotropic Psilocybe Mushrooms?" *Economic Botany* 65, núm. 2 (2011): 121–28.

Allegro, John. *The Sacred Mushroom and the Cross*. Londres: Hodder and Stoughton, 1970.

Andrews-Hanna, Jessica R., Jay S. Reidler, Christine Huang y Randy L. Buckner. "Evidence for the Default Networks Role in Spontaneous Cognition". *Journal of Neurophysiology* 104, núm. 1 (2010): 322–35.

Antrobus, John S., Jerome L. Singer, Steven Goldstein y Martin Fortgang. "Mind-Wandering and Cognitive Structure". *Transactions of the New York Academy of Sciences* 32, núm. 2 (1970): 242–52.

Antrobus, John S., Jerome L. Singer y Stanley Greenberg. "Studies in the Stream of Consciousness: Experimental Enhancement and Suppression of Spontaneous Cognitive Processes". *Perceptual and Motor Skills* 23, núm. 2 (1966): 399–417.

Appel, H. M. y R. B. Cocroft. "Plants Respond to Leaf Vibrations Caused by Insect Herbivore Chewing". *Oecologia* 175, núm. 4 (2014): 1257–66.

Barbosa, Paulo Cesar Ribeiro, Rick J. Strassman, Dartiu Xavier Da Silveira, Kelsy Areco, Robert Hoy, Jessica Pommy, et al. "Psychological and Neuropsychological Assessment of Regular Hoasca Users". *Comprehensive Psychiatry* 71 (2016): 95–105.

Barker, Steven A. "N, N-Dimethyltryptamine (DMT), an Endogenous Hallucinogen: Past, Present, and Future Research to Determine Its Role and Function". *Frontiers in Neuroscience* 12 (junio de 2018).

Barker, Steven A., John A. Monti y Samuel T. Christian. "N,N-Dimethyltryptamine: An Endogenous Hallucinogen". *International Review of Neurobiology* 22 (1981): 83–110.

Barnes, Jonathan. *Early Greek Philosophy*. Londres: Penguin Books, 2001.

Beaton, J. M. y P. E. Morris. "Ontogeny of N,N-dimethyltryptamine and Related Indolealkylamine Levels in Neonatal Rats". *Mechanisms of Ageing and Development* 25 (1984): 343–47.

Beiler, Kevin J., Daniel M. Durall, Suzanne W. Simard, Sheri A. Maxwell y Annette M. Kretzer. "Architecture of the Wood-Wide Web: Rhizopogon Spp. Genets Link Multiple Douglas-Fir Cohorts". *New Phytologist* 185, núm. 2 (2009): 543–53.

Beverly, Robert Jr. *The History and Present State of Virginia*. Libro 2, *Of the Natural Product and Conveniences in Its Unimprov'd State, Before the English Went Thither*. Chapel Hill: University of Nort Carolina, 1705.

Beyer, Stephan V. "Ayahuasca and the Grotesque Body", *MAPS Bulletin* 21, núm. 1 (2011): 45–46.

Bluhm, R. L., J. Miller, R. A. Lanius, E. A. Osuch, K. Boksman, R. Neufeld, et al. "Spontaneous Low-Frequency Fluctuations in the BOLD Signal in Schizophrenic Patients: Anomalies in the Default Network". *Schizophrenia Bulletin* 33, núm. 4 (2007): 1004–12.

Borjigin, J., U. Lee, T. Liu, D. Pal, S. Huff, D. Klarr, et al. "Surge of Neurophysiological Coherence and Connectivity in the Dying Brain". *Proceedings of the National Academy of Sciences* 110, núm. 35 (2013): 14432–37.

Bourguignon, Erika. *Religion, Altered States and Culture*. Columbus: Ohio State University Press, 1973.

Bouso, José Carlos, Débora González, Sabela Fondevila, Marta Cutchet, Xavier Fernández, Paulo César Ribeiro Barbosa, et al. "Personality, Psychopathology, Life Attitudes and Neuropsychological Performance among Ritual Users of Ayahuasca: A Longitudinal Study". *PLoS ONE* 7, núm. 8 (agosto de 2012): e42421.

Bouso, José Carlos, Rafael Guimarães dos Santos, Charles S. Grob, Dartiu Xavier da Silveira, Dennis Jon McKenna, Draulio Barros de Araujo, et al. "Ayahuasca Technical Report 2017". ICEERS: *International Center for Ethnobotanical Education, Research, and Service*. Agosto de 2017.

Brande, Everard. "Mr. E. Brande, On a Poisonous Species of Agaric". *Medical and Physical Journal* 3 (1800): 41–44.

Brewer, J. A., P. D. Worhunsky, J. R. Gray, Y.-Y. Tang, J. Weber y H. Kober. "Meditation Experience Is Associated with Differences in Default Mode Network Activity and Connectivity". *Proceedings of the National Academy of Sciences* 108, núm. 50 (2011): 20254–59.

Buck, Robert W. "Toxicity of *Amanita muscaria*". *Journal of the American Medical Association* 185, núm. 8 (1963): 663.

Buckner, Randy L., Jessica R. Andrews-Hanna y Daniel L. Schacter. "The Brain's Default Network". *Annals of the New York Academy of Sciences* 1124, núm. 1 (2008): 1–38.

Calvo, César. *Three Halves of Ino Moxo*, Rochester, Vermont: Inner Traditions, 1995.

Carhart-Harris, Robin L., Mark Bolstridge, James Rucker, Camilla M. J. Day, David Erritzoe, Mendel Kaelen, et al. "Psilocybin with Psychological Support for Treatment-Resistant Depression: An Open-Label Feasibility Study". *Lancet Psychiatry* 3, núm. 7 (2016): 619–27,

Carhart-Harris, Robin L. y K. J. Friston. "The Default-Mode, Ego-Functions and Free-Energy: A Neurobiological Account of Freudian Ideas". *Brain* 133, núm. 4 (2010): 1265–83.

Carhart-Harris, Robin L., Robert Leech, Peter J. Hellyer, Murray Shanahan, Amanda Fielding, Enzo Tagliazucchi, et al. "The Entropic Brain: A Theory of Conscious States Informed by Neuroimaging Research with Psychedelic Drugs". *Frontiers in Human Neuroscience* 8 (2014): 1–22.

Cascade, Elisa, Amir H. Kalali y Sidney H. Kennedy. "Real-World Data on SSRI Antidepressant Side Effects". *Psychiatry* (*Edgmont*) 6, núm. 2 (2009): 16–18.

Castaneda, Carlos. *Las enseñanzas de don Juan: una forma yaqui de conocimiento. México: Fondo de Cultura Económica, 1974.*

Clementi, Francesco. *General and Molecular Pharmacology: Principles of Drug Action.* Hoboken, New Jersey: Wiley, 2015.

Clendinnen, Inga. *Ambivalent Conquests: Maya and Spaniard in Yucatan, 1517–1570.* Cambridge, Reino Unido: Cambridge University Press, 1987.

Corbin, Henry. *Avicenna and the Visionary Recital.* Reimpresión. Princeton, New Jersey: Princeton University Press, 2014.

Corbin, Henry. *Spiritual Body and Celestial Earth.* Princeton, New Jersey: Princeton University Press, 1989.

Côté, Luc. *From Shock to Awe.* Quebec: Les Films Adobe International, 2018. Filme.

Davis, Edmund Wade. *One River.* New York: Simon & Shuster, 1996.

De Landa, Diego. *Yucatan Before and After the Conquest.* Traducción al inglés de *Relación de las cosas de Yucatán* por William Gates. Baltimore: Maya Society, 1937. Reeditado como libro electrónico por Global Grey, 2015.

De Rios, Marlene Dobkin. "Drug Tourism in the Amazon". *Anthropology of Consciousness* 5, núm. 1 (1994): 16–19.

Dean, Jon G., Tiecheng Liu, Sean Huff, Ben Sheler, Steven A. Barker, Rick J. Strassman, et al., "Biosyinthesis and Extracellular Concentrations of N,N-Dimethyltryptamine (DMT) in Mammalian Brain". *Scientific Reports* 9, núm. 1 (2019).

Deussen, Paul. *Sixty Upanishads of the Veda*. 2 vol. Delhi, India: Motilal Banarsidass, 2010.

Devi, Maibam Rasela, Meenakshi Bawari, S. B. Paul y G. D. Sharma. "Neurotoxic and Medicinal Properties of *Datura stramonium* L. – Review". *Assam University Journal of Science and Technology* 7, núm. 1 (2011): 139–44.

Dias, Brian G. y Kerry J. Ressler. "Parental Olfactory Experience Influences Behavior and Neural Structure in Subsequent Generations". *Nature Neuroscience* 17, núm. 1 (2013): 89–96.

Doblin, Rick. "Pahnke's 'Good Friday Experiment': A Long-Term Follow-Up and Methodological Critique". *Journal of Transpersonal Psychology* 23, núm. 1 (1991): 1–25.

Domingos Cardoso, Tiina Särkinen, Sara Alexander, André M. Amorim, Volker Bittrich, Marcela Celis, et al. "Amazon Plant Diversity Revealed by a Taxonomically Verified Species List". *Proceedings of the National Academy of Sciences* 114, núm. 40 (2017): 10695–700.

Doyle, Richard. *Darwin's Pharmacy: Sex, Plants, and the Evolution of the Noosphere*. Seattle, University of Washington Press, 2011.

Ehrman, Bart D. *Lost Scriptures: Books That Did Not Make It into the New Testament*. New York: Oxford University Press, 2003.

Eliade, Mircea. *El chamanismo y las técnicas arcaicas del éxtasis*. México: Fondo de Cultura Económica, 2003.

Ellens, J. H. *Seeking the Sacred with Psychoactive Substances*. Santa Barbara, California: Praeger, 2014.

El-Seedi, Heshman R., Peter A. G. M. De Smet, Olof Beck, Göran Possnert y Jan G. Bruhn. "Prehistoric Peyote Use: Alkaloid Analysis and Radiocarbon Dating of Archaeological Specimens of Lophophora from Texas". *Journal of Ethnopharmacology* 101, núms. 1–3 (2005): 238–42.

Fàbregas, Josep Maria, Débora González, Sabela Fondevila, Marta Cutchet, Xavier Fernández, Paulo César Ribeiro Barbosa, et al. "Assessment of Addiction Severity among Ritual Users of Ayahuasca". *Drug and Alcohol Dependence* 111, núm. 3 (2010): 257–61.

Farb, Norman A. S., Adam K. Anderson, Richard T. Bloch y Zindel V. Segal. "Mood-Linked Responses in Medial Prefrontal Cortex Predict Relapse in

Patients with Recurrent Unipolar Depression". *Biological Psychiatry* 70, núm. 4 (2011): 366–72.

Farb, Norman A. S., Zindel V. Segal, Helen Mayberg, Jim Bean, Deborah Mckeon, Zainab Fatima, et al. "Attending to the Present: Mindfulness Meditation Reveals Distinct Neural Modes of Self-Reference". *Social Cognitive and Affective Neuroscience* 2, núm. 4 (2007): 313–22.

Flattery, David y Martin Schwartz. *Haoma and Harmaline*. Berkeley: University of California Press, 1989.

Fowler, Harold North, traductor. *Plato: Euthyphro, Apology, Crito, Phaedo, Phaedrus*. Loeb Classical Library. Cambridge, Massachusetts: Harvard University Press, 1999.

Fox, M. D., A. Z. Snyder, J. L. Vincent, M. Corbetta, D. C. Van Essen y M. E. Raichle. "From the Cover: The Human Brain Is Intrinsically Organized into Dynamic, Anticorrelated Functional Networks". *Proceedings of the National Academy of Sciences* 102, núm. 27 (2005): 9673–78.

Fox, Michael D. y Marcus E. Raichle. "Spontaneous Fluctuations in Brain Activity Observed with Functional Magnetic Resonance Imaging". *Nature Reviews Neuroscience* 8, núm. 9 (2007): 700–711.

Fransson, P., B. Skiold, S. Horsch, A. Nordell y M. Blennow. "Resting-State Networks in the Infant Brain". *Proceedings of the National Academy of the Sciences* 104, núm. 39 (2007): 15531–36.

Freud, Sigmund. *Civilization and Its Discontents*. Londres: Hogarth Press, 1930.

Friston, Karl. "The Free-Energy Principle: A Unified Brain Theory?" *Nature Reviews. Neuroscience* 11, núm. 2 (2010): 127–38.

Froeliger, Brett, Eric L. Garland, Rachel V. Koznik, Leslie A. Modlin, Nan-Kuei Chen, F. Joseph Mcclernon, et al. "Meditation-State Functional Connectivity (MsFC): Strengthening of the Dorsal Attention Network and Beyond". *Evidence-Based Complementary and Alternative Medicine*, 2012, 1–9.

Gable, Robert S. "Risk Assessment of Ritual Use of Oral Dimethyltryptamine (DMT) and Harmala Alkaloids". *Addiction* 102, núm. 1 (2007): 24–34.

Gagliano, M., Mavra Grimonprez, Martial Depczyinski y Michael Renton. "Tuned In: Plant Roots Use Sound to Locate Water". *Oecologia* 184, núm. 1 (2017): 151–60.

Gagliano, M., Michael Renton, Martial Depczynski y Stefano Mancuso. "Experience Teaches Plants to Learn Faster and Forget Slower in Environments Where It Matters". *Oecologia* 175, núm. 1 (2014): 63–72.

Gagliano, M., Vladyslav V. Vyazovskiy, Alexander A. Borbély, Mavra Grimonprez y Martial Depczynski. "Learning by Association in Plants". *Scientific Reports* 6, núm. 1 (2016): 38427.

Gebhart-Sayer, Angelika. "The Geometric Designs of the Shipibo-Conibo in Ritual Context". *Journal of Latin American Lore* 11, núm. 2 (1985): 143–75.

Gifford, Don y Robert J. Seidman. "Ulysses Annotated: Notes for James Joyce's Ulysses". Berkeley: University of California Press, 2008.

Glass-Coffin, Bonnie. "Shamanism and San Pedro throughout Time". *Anthropology of Consciousness* 21, núm. 1 (2010): 58–82.

Gorzelak, Monika A., Amanda K. Asay, Brian J. Pickles y Suzanne W. Simard. "Inter-Plant Communication through Mycorrihizal Networks Mediates Complex Adaptive Behaviour in Plant Communities". *AoB Plants* 7 (2015).

Gotzsche, P. C., A. H. Young y J. Crace. "Does Long Term Use of Psychiatric Drugs Cause More Harm Than Good?" *British Medical Journal* 350 (mayo de 2015): h2435.

Grant, Iain Hamilton. *Philosophies of Nature After Schelling*. New York: Continuum, 2006.

Griffiths, Roland R., Matthew W. Johnson, Michael A. Carducci, Annie Umbricht, William A. Richards, Brian D. Richards, et al. "Psilocybin Produces Substantial and Sustained Decreases in Depression and Anxiety in Patients with Life-Threatening Cancer: A Randomized Double-Blind Trial". *Journal of Psychopharmacology* 30, núm. 12 (2016): 1181–97.

Grob, Charles S., Alicia L. Danforth, Gurpreet S. Chopra, Marycie Hagerty, Charles R. Mckay, Adam L. Halberstadt, et al. "Pilot Study of Psilocybin Treatment for Anxiety in Patients with Advanced-Stage Cancer". *Archives of General Psychiatry* 68, núm. 1 (marzo de 2011): 71.

Grob, Charles S., Dennis J. McKenna, James C. Callaway, Glacus S. Brito, Edison S. Neves, Guilherme Oberlaender, et al. "Human Psychopharmacology of Hoasca, a Plant Hallucinogen Used in Ritual Context in Brazil". *Journal of Nervous and Mental Disease* 184, núm. 2 (1996): 86–94.

Gusnard, D. A., E. Akbudak, G. L. Shulman y M. E. Raichle. "Medial Prefrontal Cortex and Self-Referential Mental Activity: Relation to a Default Mode of Brain Function". *Proceedings of the National Academy of Sciences* 98, núm. 7 (2001): 4259–64.

Gusnard, Debra A. y Marcus E. Raichle. "Searching for a Baseline: Functional Imaging and the Resting Human Brain". *Nature Reviews Neuroscience* 2, núm. 10 (2001): 685–94.

Hadaway, Patricia F., Bruce K. Alexander, Robert B. Coambs y Barry Beyerstein. "The Effect of Housing and Gender on Preference for Morphine-Sucrose Solutions in Rats". *Psychopharmacology* 66, núm. 1 (1979): 87–91.

Haijen, Eline C. H., Mendel Kaelen, Leor Roseman, Christopher Timmermann, Hannes Kettner, Suzanne Russ, et al. "Predicting Responses to Psychedelics: A Prospective Study". *Frontiers in Pharmacology* 9 (2018).

Halpern, J. H., A. R. Sherwood, T. Passie, K. C. Blackwell y A. J. Ruttenber. "Evidence of Health and Safety in American Members of a Religion Who Use a Hallucinogenic Sacrament". *Medical Science Monitor* 14, núm. 8 (2008): 15–22.

Hamill, Jonathan, Jaime Hallak, Serdar M. Dursun y Glen Baker. "Ayahuasca: Psychological and Physiologic Effects, Pharmacology and Potential Uses in Addiction and Mental Illness". *Current Neuropharmacology* 17, núm. 2 (julio de 2019): 108–28.

Hannah, Barbara. *Jung: His Life and Work*. New York: G. P. Putnam's Sons, 1981.

Harner, Michael J. *Hallucinogens and Shamanism*. Londres: Oxford University Press, 1973.

———. "Science, Spirits and Core Shamanism". *Shamanism* 12, núm. 1 (primavera/ verano de 1999). Disponible en Shamanism.org (sitio web).

Harris, Rachel. *Listening to Ayahuasca: New Hope for Depression, Addiction, PTSD, and Anxiety*. Novaco, California: New World Library, 2017.

Hasenkamp, Wendy y Lawrence W. Barsalou. "Effects of Meditation Experience on Functional Connectivity of Distributed Brain Networks". *Frontiers in Human Neuroscience* 6 (2012).

Hockenhull, Oliver. *Neurons to Nirvana*. Vancouver, Canadá: Mangusta Productions, 2013. Filme.

Hofmann, Albert. "The Discovery of LSD and Subsequent Investigations on Naturally Occurring Hallucinogens". Cap. 7, en *Discoveries in Biological Psychiatry*, editado por Frank J. Ayd Jr. y Barry Blackwell. Philadelphia: J. B. Lippincott, 1970.

Hofmann, Albert. *LSD: My Problem Child*. Ann Arbor: Multidisciplinary Association for Psychedelic Studies, 2005.

Hoppen, Thole y Nexhmedin Morina. "The Prevalence of PTSD and Major Depression in the Global Population of Adult War Survivors: A Meta-Analytically Informed Estimate in Absolute Numbers". *European Journal of Psychotraumatology* 10, núm. 1 (2019): 1578637.

Hume, Robert. *The Thirteen Principal Upanishads*. New York: Oxford University Press, 1921.

Huxley, Aldous. *Las puertas de la percepción*. Madrid: Hamelyn, 1999.

———. *El genio y la diosa*. Barcelona: Editora y Distribuidora Hispano Americana, S.A., 2009.

Inserra, Antonio. "Hypothesis: The Psychedelic Ayahuasca Heals Traumatic Memories via a Sigma 1 Receptor-Mediated Epigenetic-Mnemonic Process". *Frontiers in Pharmacology* 9 (2018): 330.

Iyengar, B. K. S. *Luz sobre los yogasutras de Patanjali*. Barcelona: Editorial Kairós, 2013.

Jamison, Stephanie W. y Joel B. Prereton. *The Rig Veda: The Earliest Religious Poetry of India,* Volumen 1. South Asia Research. New York: Oxford University Pres, 2014.

Jordt, Sven-Eric y David Julius. "Molecular Basis for Species-Specific Sensitivity to 'Hot' Chili Peppers". *Cell* 108, núm. 3 (2002): 421–30.

Josipovic, Zoran, Ilan Dinstein, Jochen Weber y David J. Heeger. "Influence of Meditation on Anti-correlated Networks in the Brain". *Frontiers in Human Neuroscience* 5 (2012), 1–11.

Jung, Carl Gustav. Aion: contribución a los simbolismos del sí-mismo. Barcelona: Paidos, 1987.

———. *Letters*. Princeton, New Jersey: Princeton University Press, 1973.

———. *El hombre y sus símbolos*. Barcelona: Paidos, 2023.

———. *Mysterium Coniunctionis*, Madrid: Editorial Trotta, S.A., 2002, 2007, 2016

Kaptchuk, Ted J. "Placebo Studies and Ritual Theory: A Comparative Analysis of Navajo, Acupuncture and Biomedical Healing". *Philosophical Transactions of the Royal Society B: Biological Sciences* 366, núm. 1572 (2011): 1849–58.

Karban, Richard, Kaori Shiojiri y Satomi Ishizaki. "Plant Communication: Why Should Plants Emit Volatile Cues?" *Journal of Plant Interactions* 6, núms. 2-3 (2011): 81–84.

Kellerman, N. P. "Epigenetic Transmission of Holocaust Trauma: Can Nightmares Be Inherited?" *Israel Journal of Psychiatry and Related Sciences* 50, núm. 1 (2013): 33–39.

Kennedy, D. P. y Eric Courchesne. "Functional Abnormalities of the Default Network during Self- and Other-Reflection in Autism". *Social Cognitive and Affective Neuroscience* 3, núm. 2 (2008): 177–90.

Kennedy, D. P., E. Redcay y E. Courchesne. "Failing to Deactive: Resting Functional Abnormalities in Autism". *Proceedings of the National Academy of Sciences* 103, núm. 21 (2006): 8275–80.

Khan, Pir Vilayat Inayat. *Thinking Like the Universe: The Sufi Path of Awakening*. New York: Harper Collins, 2000.

Kjellgren, Anette, Anders Eriksson y Torsten Norlander. "Experiences of Encounters with Ayahuasca – 'The Vine of the Soul'". *Journal of Psychoactive Drugs* 41, núm. 4 (2009): 309–15.

Kornfield, Jack. "Psychedelic Experience and Spiritual Practice: A Buddhist Perspective". En *Entheogens and the Future of Religion*, de Robert Forte, 119–36. San Francisco: Council on Spiritual Practices, 1997.

Laccetti, Nicholas. *The Inner Church Is the Hope of the World: Western Esotericism as a Theology of Liberation*. Eugene, Oregon: Resource Publications, 2019.

Lagrou, Els. "Anaconda-Becoming: Huni Kuin Image-Songs, an Amerindian Relational Aesthetics" [en portugués]. *Horizontes Antropológicos* 51 (2018): 17–49.

Lao-tzu y Stephen Mitchell. *Tao Te Ching*. Londres: Frances Lincoln Publishers, 2015.

Larsen, Stephen. *Forest of Visions: Ayahuasca, Amazonian Spirituality, and the Santo Daime Tradition*. Rochester, Vermont: Park Street Press, 1999.

Leary, Timothy. *The Politics of Ecstasy*. Berkeley, California: Ronin Publishing, 1998.

Lemonge, Cédric, Pauline Delaveau, Maxime Freton, Sophie Guionnet y Philippe Fossati. "Medial Prefrontal Cortex and the Self in Major Depression". *Journal of Affective Disorders* 136, núms. 1–2 (2012).

Lévi-Strauss, Claude. *Structural Anthropology*. Volumen 2. Traducido por Monique Layton. Chicago: University of Chicago Press, 1983.

Lewin, Louis. *Phantastica: A Classic Survey on the Use and Abuse of Mind-Altering Plants*. Rochester, Vermont: Inner Traditions, 1998.

Lipp, Frank J. *The Mixe of Oaxaca: Religion, Ritual, and Healing*, Austin: University of Texas Press, 1991.

López-Giménez, Juan F. y Javier González-Maeso, "Hallucinogens and Serotonin 5-HT2A Receptor-Mediated Signaling Pathways". *Current Topics in Behavioral Neurosciences* 36 (2017): 45–73.

Lowy, Bernard. "New Records of Mushroom Stones from Guatemala". *Mycologia* 63, núm. 5 (1971): 983.

Lumholtz, Carl. "The Huichol Indians of Mexico". *Bulletin of the American Geographical Society* 35, núm. 1 (1903): 79.

Luna, Luis Eduardo. "Indigenous and Mestizo Use of Ayahuasca: An Overview". Cap. 1 en *The Ethnopharmacology of Ayahuasca*, editado por Raphael dos Santos, 1–21. Kerala, India: Transworld Research Network, 2011.

Luna, Luis Eduardo y Pablo Amaringo. *Ayahuasca Visions: The Religious Iconography of a Peruvian Shaman*. Berkeley, California: North Atlantic Books, 1991.

Lustig, C., A. Z. Snyder, M. Bhakta, K. C. O'Brien, M. McAvoy, M. E. Raichle, et al. "Functional Deactivations: Change with Age and Dementia of the Alzheimer Type". *Proceedings of the National Academy of Sciences* 100, núm. 24 (julio de 2003): 14504–9.

Maheshwari N., A. Khan y A. Chopade. "Rediscovering the Medicinal Properties of Datura". *Journal of Medicinal Plant Research* 7, núm. 39 (2013): 2885-97.

Manske, Richard H. F. "A Synthesis of the Methyl-Triptamines and Some Derivatives". *Canadian Journal of Research* 5, núm. 5 (1931): 592-600.

Maté, Gabor. "Postscript: Psychedelics in Unlocking the Unconscious; From Cancer to Addiction". En *The Therapeutic Use of Ayahuasca*, editado por Beatriz Caiuby Labate y Clancy Cavnar. Berlín: Springer, 2014.

McKenna, Terence. *Food of the Gods: The Search for the Original Tree of Knowledge; A Radical History of Plants, Drugs and Human Evolution.* Londres: Rider, 1999.

———. *True Hallucinations: Being an Account of the Author's Extraordinary Adventures in the Devil's Paradise.* New York: HarperOne, 1994.

Metzner, Ralph. *The Unfolding Self: Varieties of Transformative Experience.* Ross, California: Pioneer Imprints, 2010.

Moreno, Francisco A., Christopher B. Wiegand, E. Keolani Taitano y Pedro L. Delgado. "Safety, Tolerability, and Efficacy of Psilocybin in 9 Patients with Obsessive-Compulsive Disorder". *Journal of Clinical Psychiatry* 67, núm. 11 (2006): 1735-40.

Mortimer, W. Golden y Beverly A. Potter. *Coca: Divine Plant of the Incas.* Oakland, California: Ronin Publishing, 2017.

Narby, Jeremy. *The Cosmic Serpent.* Londres: Weidenfeld & Nicolson, 2016.

———. *Intelligence in Nature: An Inquiry into Knowledge.* New York: Jeremy P. Tarcher/Penguin, 2006.

Narby, Jeremy, Jan Kounen y Vincent Ravalec. *The Psychotropic Mind: The World According to Ayahuasca, Iboga and Shamanism.* Rochester, Vermont: Park Street Press, 2009.

Nichols, David E. "Psychedelics". *Pharmacological Reviews* 68, núm. 2 (2016): 264-355.

———. "N,N-Dimethyltryptamine and the Pineal Gland: Separating Fact from Myth". *Journal of Psychopharmacology* 32, núm. 1 (2017): 30-36.

Nicholson, Shirley. *Shamanism.* Wheaton, Illinois: Quest Books, 1987.

Nicoll, Mauric. *Living Time and the Integration of the Life.* Boulder, Colorado: Shambhala, 1984.

Nietzsche, Friedrich. *El anticristo.* Madrid: Alianza Editorial, 2011.

———. *Así habló Zaratustra.* Madrid: Alianza Editorial, 2011.

Nowak, A. y S. Lata. "Datura Intoxication – Report of Three Cases" [en polaco]. *Przegląd Lekarski* 67, núm. 5 (2010): 438-39.

Nutt, David, Leslie King y Lawrence Phillips. "Drug Harms in the UK: A Multicriteria Decision Analysis". *Lancet* 376, núm. 9752 (2010): 1558-65.

Organización Mundial de la Salud. *Depression and Other Common Mental Disorders: Global Health Estimates.* Ginebra: Organización Mundial de la Salud, 2017.

Osório, Flávia De Lima, Rafael F. Sanches, Ligia R. Macedo, Rafael G. Dos Santos, João P. Maia-De-Oliveira, Lauro Wichert-Ana, et al. "Antidepressant Effects of a Single Dose of Ayahuasca in Patients with Recurrent Depression: A Preliminary Report". *Revista Brasileira De Psiquiatria* 37, núm. 1 (2015): 13–20.

Pahnke, W. N., A. A. Kurland, S. Unger, C. Savage y S. Grof. "The Experimental Use of Psychedelic (LSD) Psychotherapy". *Journal of the American Medical Association* 212, núm. 11 (1970): 1856–63.

Palhano-Fontes, Fernanda, Katia C. Andrade, Luis F. Tofoli, Antonio C. Santos, et al. "The Psychedelic State Induced by Ayahuasca Modulates the Activity and Connectivity of the Default Mode Network", *PLoS ONE* 10, núm. 2 (2015): 1–13.

Palhano-Fontes, Fernanda, Dayanna Barreto, Heloisa Onias, Katia C. Andrade, Morgana M. Novaes, Jessica A. Pessoa, et al. "Rapid Antidepressant Effects of the Psychedelic Ayahuasca in Treatment-Resistant Depression: A Randomized Placebo-Controlled Trial". *Psychological Medicine* 49, núm. 4 (2019): 655–63.

Phelps, Kip. *Evidence of Hell: Twelve Reasons to Believe It Exists.* Bloomington, Indiana: WestBow Press, 2013.

Plotkin, Mark J. *Tales of a Shaman's Apprentice: An Ethnobotanist Searches for New Medicines in the Rain Forest.* New York: Viking Penguin, 1993.

Pratt, Christina. *An Encyclopedia of Shamanism*, 2 vol. New York: Rosen Publishing Group, 2007.

Rätsch, Christian. *The Encyclopedia of Psychoactive Plants: Ethnopharmacology and Its Applications*, Rochester, Vermont: Park Street Press, 1998.

Reichel-Dolmatoff, Gerardo. *The Shaman and the Jaguar: A Study of Narcotic Drugs Among the Indians of Colombia.* Philadelphia: Temple University Press, 1975.

Riba, Jordi, Mario De La Fuente Revenga, Sandra Alonso-Gil, María Isabel Rodríguez-Franco, Amanda Feilding, Ana Pérez-Castillo, et al. "The Alkaloids of *Banisteriopsis caapi*, the Plant Source of the Amazonian Hallucinogen Ayahuasca, Stimulate Adult Neurogenesis in Vitro". *Scientific Reports* 7, núm. 5309 (2017).

Rush, John A. *Entheogens and the Development of Culture: The Anthropology and Neurobiology of Ecstatic Experience.* Berkeley, California: North Atlantic Books, 2013.

Sai-Halász, A. S., G. Brunecker y S. Szára. "Dimethyltryptamin: Ein Neues Psychoticum" [en alemán]. *European Neurology* 135, núms. 4-5 (1958): 285–301.

Samorini, Giorgio. "The Oldest Representations of Hallucinogenic Mushrooms in the World (Sahara Desert, 9000-7000 B.P.)". *Integration* 2/3 (1992): 69–78.

Sanches, Rafael Faria, Flávia De Lima Osório, Rafael G. Dos Santos, Ligia R. H. Macedo, João Paulo Maia-De-Oliveira, Lauro Wichert-Ana, et al. "Antidepressant Effects of a Single Dose of Ayahuasca in Patients with Recurrent Depression: A SPECT Study". *Journal of Clinical Psychopharmacology* 36, núm. 1 (2016): 77–81.

Santos, R. G., J. Landeira-Fernandez, R. J. Strassman, V. Motta y A. P. M. Cruz. "Effects of Ayahuasca on Psychometric Measures of Anxiety, Panic-like and Hopelessness in Santo Daime Members". *Journal of Ethnopharmacology* 112, núm. 3 (2007): 507–13.

Schils, Griet. "Platos Myth of Er: The Light and the Spindle". *Lantiquité Classique* 62, núm. 1 (1993): 101–14.

Schultes, Richard Evans. "The Beta-Carboline Hallucinogens of South America". *Journal of Psychoactive Drugs* 14, núm. 3 (1982): 205–20.

——. *Golden Guide to Hallucinogenic Plants.* New York: Golden Guide Press, 1976.

Schultes, Richard Evans, Albert Hoffman y Christian Rätsch. *Plants of the Gods: Their Sacred, Healing, and Hallucinogenic Powers.* Rochester, Vermont: Healing Arts Press, 2006.

Shulgin, Alexander T. y Ann Shulgin. *Tryptamines I Have Known and Loved.* Berkeley, California: Transform Press, 2016.

Sidky, H. *The Origins of Shamanism, Spirit Beliefs, and Religiosity: A Cognitive Anthropological Perspective.* Lanham, Maryland: Lexington Books, 2017.

Simmons, Danielle. "Epigenetic Influence and Disease". *Nature Education* 1, núm. 1 (2008): 6.

Simonsen, Erik y Bo Møhl. *Grundbog i Psykiatri.* Copenhage, Dinamarca: Hans Reitzels Forlag, 2017.

Snake, Reuben A. *One Nation Under God: The Triumph of the Native American Church*, Santa Fe, Nuevo México: Clear Light Publishing, 1996.

Sokoloff, Louis, Renward Mangold, Richard L. Wechsler, Charles Kennedy y Seymour S. Kety. "The Effect of Mental Arithmetic on Cerebral Circulation and Metabolism". Parte 1. *Journal of Clinical Investigation* 34, núm. 7 (enero de 1955): 1101–8.

Sonuga-Barke, Edmund J. S. y F. Xavier Castellanos. "Spontaneous Attentional Fluctuations in Impaired States and Pathological Conditions: A Neurobiological Hypothesis". *Neuroscience & Biobehavioral Reviews* 31, núm. 7 (2007): 977–86.

Sorg, C., V. Riedl, M. Muhlau, V. D. Calhoun, T. Eichele, L. Laer, et al. "Selective Changes of Resting-State Networks in Individuals at Risk for Alzheimer's Disease". *Proceedings of the National Academy of Sciences* 104, núm. 47 (2007): 18760–65.

Spruce, Richard. *Notes of a Botanist on the Amazon and Andes*. Editado por Alfred Russel Wallace. 2 vol. Londres: Macmillan, 1908.

St. John, Graham. *Mystery School in Hyperspace: A Cultural History of DMT*. Berkeley, California: North Atlantic Books, 2015.

Stace, W. T. *Mysticism and Philosophy*. Londres: Macmillan, 1961.

Steward, Julian Haynes. *Handbook of South American Indians*. Vol. 2, *The Andean Civilizations*. New York: Cooper Square Publishers, 1963.

Stoloroff, Myron. *The Secret Chief Revealed*. Sarasota, Florida: Multidisciplinary Association for Psychedelic Studies (MAPS), 2004.

Strassman, Rick. *DMT: The Spirit Molecule; A Doctor's Revolutionary Research into the Biology of Near-Death and Mystical Experiences*. Rochester, Vermont: Park Street Press, 2001.

Strataridaki, Anna. "Epimenides of Crete: Some Notes on his Life, Works and the Verse 'Kretes del pheustal'". *Fortunatae: Revista canaria de filología, cultura y humanidades clásicas* 2 (1991): 207–24.

Szara, Stephen. "Are Hallucinogens Psychoheuristic?" National Institute on Drug Abuse Research Monograph 146. Rockville, Maryland: U.S. Department of Health and Human Services, Public Health Service, National Institutes of Health, 1994.

———. "The Social Chemistry of Discovery – The DMT Story". *Social Pharmacology* 3 (1989): 237–48.

Thera, Nārada. *A Manual of Abhidhamma*. Kandy, Sri Lanka: Buddhist Publication Society, 1979.

Thomas, Gerald, Philippe Lucas, N. Rielle Capler, Kenneth W. Tupper y Gina Martin. "Ayahuasca-Assisted Therapy for Addiction: Results from a Preliminary Observational Study in Canada". *Current Drug Abuse Reviews* 6, núm. 1 (2013): 30–42.

Thurman, Robert A. F. *The Tibetan Book of the Dead: Liberation through Understanding in the Between*. New York: Bantam Books, 1994.

Timmermann, Christopher, Leor Roseman, Michael Schartner, Raphael Milliere, Luke Williams, David Erritzoe, et al. "Neural Correlates of the DMT Experience Assessed with Multivariate EEG". *Scientific Reports* 9, núm. 16324 (2019): 1–13.

Ueda, Hirokazu, Yukio Kikuta y Kazuhiko Matsuda. "Plant Communication: Mediated by Individual or Blended VOCs?" *Plant Signaling & Behavior* 7, núm. 2 (2012): 222–26.

Van Essen, David C. y Donna L. Dierker. "Surface-Based and Probabilistic Atlases of Primate Cerebral Cortex". *Neuron* 56, núm. 2 (2007): 209–25.

Waterfield, Robin. *The First Philosophers: The Presocratics and Sophists*. Oxford: Oxford University Press, 2000.

Watson, Bruce. *Light: A Radiant History from Creation to the Quantum Age*. New York: Bloomsbury, 2016.

White, Stephen y Luis Eduardo Luna. *Ayahuasca Reader: Encounters with the Amazon's Sacred Vine*. Santa Fe, Nuevo México: Synergetic Press, 2000.

Wittgenstein, Ludwig. *Tractatus: Logico-Philosophicus*. Londres: Harcourt Brace & Company, 1922.

Wolfe, Tom. *The Electric Kool-Aid Acid Test*. New York: Farrar, Strauss and Giroux, 1968.

Young, Louise B., ed. *The Mystery of Matter*. New York: Oxford University Press, 1965.

Zhu, Xueling, Qiuling Zhu, Huaizhen Shen, Weihua Liao y Fulai Yuan. "Rumination and Default Mode Network Subsystems Connectivity in First-Episode, Drug-Naive Young Patients with Major Depressive Disorder". *Scientific Reports* 7, núm. 1 (2017).

Índice analítico

"acción fantasmal a distancia", 52
adicción
    ceremonias con ayahuasca y, 67
    chamanes y, 67
    como padecimiento psicoespiritual, 68
    desconexión y, 70
    falta de armonía y, 67
    psicodélicos y, 72
    teoría de, 69
ADN, 80–84
alcaloides, 77–78
Allegro, John, 214
ansiedad, 17, 44–45, 58–60, 64–65, 73, 140–41, 178, 225
antidepresivos, 59–63, 92
Aristóteles, 109
asháninca, pueblo, 5, 15, 88
ausencia de ego, estado de, 39
autenticidad, 107, 170, 178–79, 181
Averroes, 109, 111
Avilou con la ayahuasca, experiencia de, 99
Ayahuasca Reader, 88, 93
Ayahuasca. *Véase también* plantas psicotrópicas
    acerca de, 1
    chamanismo y, 122–39
    como uno de los alucinógenos más sagrados, 8
    como antidepresivo, 59–63
    como droga de Lista I, 84
    como guía divina, 14
    como "liana de los muertos", 48
    como medicamento realmente holístico, 59
    en el futuro, papel de la, 193
    en el tratamiento de las causas, 61
    en la sangre, 10–14
    escuchar a la, 92
    estudios sobre, 41–46
    infusión de, 10
    infusión de hojas con DMT, 10
    ingestión de, 2–3
    origen de la palabra, 2
    sabiduría popular sobre la, 3
    tipos de, 3
ayahuasqueros, 126–31
    peruanos, 13–14

Backster, Cleve, 119
Banisteriopsis caapi, 10
"beneficios gratuitos", 191
Blake, William, 30
Bohm, David, 53
budismo, 35–37, 49, 123

caos, 29, 33, 125, 150, 183
Carhart-Harris, Robin, 26, 31, 45,
    47, 56
Casimiro, Julieta, 201
"Centro Ecléctico de Fluyente Luz
    Universal", 7
cerebro
    alcaloides y el, 79
    ayahuasca y el, 77
    bayesiano, 29
    circuitos del, 44
    DMT y el, 46
    psicodélicos y el, 25–55, 108, 110
    red neuronal por defecto (RND),
        27–28, 32–34, 39–41
    reducción del flujo sanguíneo y, 26
    zona de confort y el, 183–84
cerebro bayesiano, 29
cerebro psicodélico, 25–55
ceremonias con ayahuasca
    adicción y, 67
    ayunar previo a, 16
    cantos chamánicos en, 132
    ingerir ayahuasca en, 144
    intensidad de las, 159
    la dieta y, 15–16
    mapacho y, 144
    meditaciones preliminares, 144
    miedo y, 147
    muertes y, 20
    primera del autor, 143–44
    "seguir viajando" y, 169
    segunda del autor, 145–46
    tercera del autor, 147–53
    última del autor, 153–59
chamanes

aborígenes, 192
    adicción y, 67
    aprendizaje, 130
    buriato, 131
    confianza en los, 18
    cultura y, 182
    curación y, 129, 133
    dagara, 171
    dietas y, 126
    enfermedad y, 125
    espíritus y, 127–28
    espíritus protectores (ah-kanul), 135
    experiencias de éxtasis, 124
    mestizos, 130
    naturaleza y, 120
    neo chamanes, 18
    Ostyak, 201
    perspectiva de la sociedad
    occidental de los, 126
    plantas y, 126
    segunda perspectiva, 127, 133
    shipibo, 131–33
    "técnica de succión", 129
    transformación de, 12
    tsonga, 209
    tzeltales, 215
chamanismo
    acerca del, 122
    definición, 123
    estudio moderno del, 137
    shipibo, 131–133
    trascendencia y, 124
cicatriz ancestral, 80–84
círculos de integración, 153
cognición de tipo infantil, 41
compuestos nitrogenados, 21

compuestos psicoactivos, 21–22
comunicación vegetal, 113
conciencia
    efectos de la ayahuasca sobre la,
        12–13, 46
    estado unificado de la, 35–36
    expansión de la, 109, 138, 196–97
    flujo y, 193
    liberación de la, 138–139
    normal, rompimiento de la, 11
    pura, 35
conexión
    con un yo superior, 31
    con la naturaleza, 23, 128
    con lo sagrado, 7, 182
    con una mente suprema colectiva,
        108
    pérdida de la, 188
Corbin, Henry, 46, 109, 175
cristianismo, 41, 71, 126, 217, 221
cultura, 183
cultura indígena, 8, 136, 197

dagara, pueblo, 135, 171, 186
datura. *Véase también* plantas
    psicotrópicas
    conocida como *jimsonweed*, 207
    descripción etnobotánica, 203–05
    historia y tradición, 205–10
    magia negra y, 208
    propiedades medicinales, 204
    pueblos chamánicos y, 207
    uso de la, 204–05
Davis, Edmund Wade, 8, 15, 220
De Rios, Marlene Dobkin, 18
decadencia, 190

depresión, 59–66, 76, 83, 160
desconexión, 38, 70, 74, 176
Dias, Brian, 80–82
dieta, 15–16, 126, 172
DMT
    clasificación de, 17
    como droga de la Lista I, 84
    receptor de serotonina y, 11
    estudio de, 46–49
    como alucinógeno, 8–9
    "Hojas de la reina" y, 9
drogas, guerra contra las, 84–87
dualidad, 35, 38

ego
    caos y, 33
    como ayuda en supervivencia, 42
    importancia del, 38
    neurobiológico, 28
    puntos de vista respecto del, 44
    RND y, 28
Einstein, Albert, 51–53
Eliade, Mircea, 122–25, 205
encuentros con la ayahuasca. *Véase*
    también experiencias del
    autor con la ayahuasca
    acerca de los, 11, 88
    autor y, 140–66
    Avilou, 99
    Ayahuasca Reader, 88, 93
    compartidas en internet, 102–06
    compartir, 169–72
    conocidos del autor, 94–102
    entrevistas de Petterson y Karim,
        88–89
    expansión de la conciencia y, 109

integración y, 167–72
intensidad de los, 101, 103
Janeth, 95–99
Jeremy Narby y, 84–85, 88
muerte y, 108
Noha, 101
reinos mágicos y, 130
Ulrik, 94–95
enigma psicotrópico, 21
"Entropic Brain, The", 28, 45
epigenética, 81–84
escapismo, 74–75
escenario y entorno, 19–20, 66, 75, 82
"espejo cósmico", 48
espiritualidad, 104, 109, 122, 179–81
espíritu de las plantas, 128
estimulantes, 74–75
estudio EEG, 47–48
experiencia mística, 184, 188
experiencia psicodélica
    analogías, 11
    cambio profundo y, 45
    sublime, 170
    compartir la, 167–68
    DMT y, 9
    farmacología y, 54
    utilidad de la, 189
experiencias del autor con la
        ayahuasca
    abandono del cuerpo y, 156
    acerca de las, 140–43
    acupunturista después de, 165
    aventuras místicas, 149
    ceremonia final y, 153–59
    ceremonia inicial y, 143–45

círculos de integración y, 153
descubrimiento de la ayahuasca y,
    142–43
energías de náusea y, 160–63
espíritu de un zorro y, 154
figura de una pirámide y, 161
gratitud y, 151, 159
llamado a regresar, 160–66
mareado y, 161
náuseas y, 144–46, 148, 150, 158,
    160
presencia en, 148–53
preparación para, 153
pulmones y, 161, 164–66
respuesta del cuerpo y, 158–59,
    163–64, 166
segunda ceremonia y, 145–46
sentido de la realidad
distorsionado y, 157
simbionte en nosotros y, 165
tercera ceremonia y, 147–53
tiempo y, 149, 155
visiones, 144–45, 150–51, 154, 157
éxtasis chamánico, 37

"flema mágica", 129
Freud, Sigmund, 10, 36, 39, 57–58, 178
Friedman, Barbira, 93
Friston, Karl, 29

Gagliano, Monica, 116–18
Gebhart-Sayer, Angelika, 133
gnosis, 37
gratitud, 151, 159
Grof, Stanislav, 26, 37, 65

harmalina, 78–79
harmina, 78–79
Harner, Michael, 107, 128, 132
Harris, Rachel, 88, 92
Heidegger, 25, 185, 191
hinduismo, 227–28
hipnoterapia, 56
hongo matamoscas. *Véase también*
    plantas psicotrópicas
    descripción etnobotánica, 210–11
    himno Rigveda y, 212
    historia y tradición, 211–12
    soma y, 211–13
    uso del, 213–15
hongos sagrados. *Véase también* hongos
    Psilocybe
huichol, pueblo, 31, 48–49, 216,
    218, 220
Huxley, Aldous, 30–32, 34, 171, 191

Iglesia Nativa Americana, 217
inconsciente, 57–58
"inconsciente colectivo", 12
individuación, 13, 57
inexistencia de un yo, 36
infante psicodélico, 39–42
integración
    acerca de la, 167–68
    compartir la experiencia e, 169–72
    curación y, 169, 173
intención de Gaia, 181, 194
internet, experiencias con ayahuasca
    compartidas en, 102
intoxicación por ayahuasca
    duración de, 12
    efectos sobre la conciencia, 12–13

experiencias de, 12
lado oscuro de, 17–21
pesadillas, 12
segunda perspectiva y, 127
introspección, 28, 61, 226
intuición psicodélica, 45
ISRS, 59–60

James, William, 32
Janeth con la ayahuasca, experiencia
    de, 95–99
Jung, Carl, 12–13, 57–58, 70, 75,
    106, 175, 177–78

Kant, Immanuel, 137–38
Karim, Hamoar, 88
Kierkegaard, 177–78
Kornfield, Jack, 37, 124, 126

lenguaje, experiencia psicodélica y el,
    169–70
"lentes de la percepción", 138
leyendas sobre la ayahuasca, 2
liana del alma, 2–4, 6, 9, 78–79,
    157, 191
    acerca de, 2–4
Lipp, Frank J., 199
Lista I, drogas de la, 84
Luna, Luis Eduardo, 88, 128, 130, 135

Marsh Chapel, experimento de, 71
Maté, Gabor, 15, 68, 77
McKenna, Terence, 11, 23, 33, 49, 55,
    62, 73, 87, 112, 124, 137, 159,
    174, 176, 183, 190–91, 203
meditación, 144, 147, 172–73

mente de Gaia, 70, 126, 175, 222

miedo, 42, 74–75, 80–82, 149–50

misterio cuántico, 49

mitología de la ayahuasca, 130

mixe, pueblo, 72, 199

Moxo, Ino, 14, 40, 46, 65

muerte, encuentros con la ayahuasca
    y, 108

Narby, Jeremy, 14, 84–85, 88, 115, 185

naturaleza. *Véase también* plantas
    chamanes y, 112
    como espíritu dormido, 186
    conexión con la, 23, 128
    consciente, 112
    frecuencia equilibrada de la, 168
    humanos se limitan a explotar
        la, 151
    mantener a raya la, 183
    nosotros, como producto
        emergente de la, 193
    relación simbiótica cooperativa
        entre especies, 114
    vibración, 50

neo chamanes, 18

neurobiología, 27–32

neurogénesis, 77–79

Nicoll, Maurice, 193

nierika, 46

Nietzsche, Friedrich, 41, 179–80, 187

Noha con la ayahuasca, experiencia
    de, 101

Nutt, David, 26

ondas delta, 47–48

ondas theta, 47–48

oni (sabiduría), 131

"parpadeo delta", 47–48

percepción y el procesamiento
    sensorial, 42

Pettersson, Linus, 88

peyote. *Véase también* plantas
    psicotrópicas
    descripción etnobotánica, 215
    historia y tradición, 216–18
    uso enteogénico del, 217

"planta sensitiva", 117

plantas
    chamanes y, 126
    comunicación entre, 112–15
    entrenamiento de la, 117
    escuchar, 118
    "planta sensitiva" y, 117
    plasticidad, 115
    propiedades curativas de las,
        135–36
    sexto sentido, 119–21
    sistema de señales, 116

plantas psicotrópicas. *Véase también*
    ayahuasca
    acerca de las, 196–97
    datura, 203–10
    hongo matamoscas, 210–15
    hongos *Psilocybe*, 197–203
    peyote, 215–18
    San Pedro, 218–22

plasticidad vegetal, 115

Platón, 31, 110, 177, 184

Pollan, Michael, 113

"principio de la energía libre", 29, 32

proliferación de nuevas células, 79

psicodélicos. *Véase también* ayahuasca
    adicción y, 67–75

cerebro y, 110–11

escapismo y, 74

hallazgos inducidos por los, 47

hippies y, 86–87

ilegales, 62

introducción a la medicina
occidental, 66

legalización, 62

memoria ancestral, 83

poderosas herramientas, 19

precaución y, 197

respuesta represiva hacia los, 74

uso en la sociedad moderna, 65, 73

uso inadecuado de los, 65

"psico-integradores", 34

Psychotria viridis, arbusto, 9

Psylocybe, hongos. *Véase también*
plantas psicotrópicas

descripción etnobotánica, 197–98

historia y tradición, 198–203

intoxicación por, 201

Terence McKenna y, 203

uso por pueblos nativos, 199

purga, 15–17, 162–63

realidad convencional, 171, 177, 184

receptor de serotonina, 11

red neuronal por defecto (RND)

acerca de, 27

analogía con salón de clases, 33

ausencia de, 40

cómo funciona la, 32–34

concepto de la inexistencia de un
yo y, 36

enfermedad de Alzheimer y, 41

introspección y, 28

"regiones guardianas", 32

relaciones débiles entre áreas, 41

Reichel-Dolmatoff, Gerardo, 38, 110

"Reina de la floresta", 6–8

reintegración, 167–73

religión, 122–24, 181. *Véase también*
religiones específicas

"Reporte Técnico sobre la
Ayahuasca", 20

Ressler, Kerry, 80–82

Riba, Jordi, 17, 46, 78–79

Sabina, María, 198

sagrado, conexión con lo, 7, 182

samadhi, 35, 192

sanación

ayahuasca y, 76

chamanes y, 130

integración y, 173

propiedades de la planta, 135–36

San Pedro. *Véase también* plantas
psicotrópicas

como huachuma, 220

descripción etnobotánica, 218–19

historia y tradición, 219–22

propiedades, 219–20

Santo Daime, 7–8, 64, 195

Schelling, Friedrich, 186, 194

sedantes, 75

selva amazónica, 2

"sentimiento oceánico", 36

serpiente, 5, 6

Serra, Raimundo Irineu, 7

shipibo, pueblo, 131–33

Shiva, danza cósmica de, 206

Shulgin, Alexander, 9, 25, 74

Schultes, Richard Evan, 2–3, 187
Simard, Suzanne, 114–15
Sobre el origen del mundo, 6
Sócrates, 41, 110, 182, 186, 188
Stace, Walter, 36
sueños, 96, 127–28, 144, 169, 176, 204

Tao, 171, 180, 190, 217
Tao Te Ching (Lao-tzu), 171, 173, 180
teoría cuántica, 50–51, 54
tetrahidroharmina (THH), 78
trastorno estrés postraumático (TEPT),
    17, 60, 65, 76–78, 100
Trewavas, Anthony James, 115–16
trompeta del diablo. *Véase también*
    datura
"Trono sagrado", 195
tübatulabal, pueblo, 210
tucano, pueblo, 3, 38
turismo de ayahuasca, 18

Ulrik con la ayahuasca, experiencia
    de, 94–95

Unión del Vegetal (UDV), 6
uso de la ayahuasca. *Véase también*,
    encuentros con la ayahuasca
    de los amazónico, 3
    entorno, 19–20, 64, 66, 75
    facilitadores experimentados y, 19

vacío, 175
van der Kolk, Bessel, 76
vegetalismo, 8
verdad absoluta, 177
verdades, 177
vínculo entre las plantas y los seres
    humanos, 66

Wakan Tanka, 217
Wasson, Gordon, 212
Whitehead, Alfred North, 122, 194

Yaiguaje, Ricardo, 94

Zaratustra (Nietzsche), 179–80